名师工作室成果文库

我行我数 智慧教学

广东省特级教师罗伟杰从教二十四载成果荟萃

罗伟杰 著

光明日報出版社

图书在版编目（CIP）数据

我行我数　智慧教学：广东省特级教师罗伟杰从教二十四载成果荟萃 / 罗伟杰著．--北京：光明日报出版社，2020.3

ISBN 978－7－5194－5637－5

Ⅰ.①我…　Ⅱ.①罗…　Ⅲ.①小学教学课—教学研究　Ⅳ.①G623.502

中国版本图书馆CIP数据核字（2020）第034398号

我行我数　智慧教学：广东省特级教师罗伟杰从教二十四载成果荟萃

WOXING WOSHU ZHIHUI JIAOXUE：GUANGDONG SHENG TEJI JIAOSHI LUO WEIJIE CONGJIAO ERSHISI ZAI CHENGGUO HUICUI

著　　者：罗伟杰

责任编辑：李月娥　　　　责任校对：周春梅

封面设计：中联学林　　　　责任印制：曹　净

出版发行：光明日报出版社

地　　址：北京市西城区永安路106号，100050

电　　话：010－63139890（咨询），010－63131930（邮购）

传　　真：010－63131930

网　　址：http：//book.gmw.cn

E - mail：liyuee@gmw.cn

法律顾问：北京德恒律师事务所龚柳方律师

印　　刷：三河市华东印刷有限公司

装　　订：三河市华东印刷有限公司

本书如有破损、缺页、装订错误，请与本社联系调换，电话：010－63131930

开　　本：170mm×240mm

字　　数：253千字　　　　印　　张：15.5

版　　次：2020年3月第1版　　　　印　　次：2020年3月第1次印刷

书　　号：ISBN 978－7－5194－5637－5

定　　价：56.00元

序

罗伟杰老师从教24年始终在教学一线带班上课，有着许多代表学术和师德水平的“头衔”。他是广东省小学数学特级教师、广东省第二批骨干教师、东莞市连续两届小学数学名师工作室主持人、东莞市小学数学第三批学科带头人。作为一名一线教师，这些头衔是如何获得的，本书将告诉你答案。

本书是罗伟杰老师的研究成果集。罗老师把他从教24年来的教学研究成果、学习心得汇集成书出版，这是一件十分有意义的事。说这件事有意义，是因为书的写作与出版的过程，既是罗伟杰老师对自己已有的教学经历和教学研究成果梳理、反思、提炼的过程，也是其明确自己的教学主张、教学风格的过程。这是一个一线教师继续成长的加油站。本书为同行们开展教学反思、从事教学研究、梳理教学成果提供了借鉴。

大家都知道，一线教师的工作比较多，而“教学研究”说起来很重要，但实际上是最容易被挤掉的，因为“教学研究”常常让人感觉不是必需的。实际上，对于“成长需求”的内驱力是教师专业发展中最为重要的因素，只有不断经历教学研究的教师才有可能成为一名优秀教师。从本书中我们可以看到，罗伟杰老师不断对自己施加内驱力，发展自身专业，实施“主动”学习的过程。本书的四个篇章都是以“主动”来命名的，它们分别是“主动发展”“主动探索”“主动实践”和“主动反思”。这四个“主动”道出了教师专业发展的核心要素。在这四个篇章中，有关于学生研究的论文、创新的教学设计、调查研究报告、课题研究报告，还有学习心得和主持人的主持稿等，这些丰富的内容记录了一个省特级教师的成长轨迹。本书中，无论是学术研究部分的理论阐述，还是实践部分的操作性方法，都凝聚着一个数学教师的心血，体现了一个名师的责任和担当。相信每一篇文章都将会给予读者一定的启示，彰显其实用的价值。

作为名师，罗伟杰老师不仅十分重视自己的专业发展，更重视带领团队一起成长，共同进步。罗老师带领着他的工作室和英文实验学校数学组全体老师，曾提出："绿叶教育，始终成长！相信自己，永不言弃！每天迈进一小步，日积月累跨大步！"这是他的名师工作室的口号，也是其工作室成员共同的心声！英文实验学校的数学教研组被评为东莞市先进教研组。罗伟杰老师的工作室与数学组的老师们参与的教学设计、教学论文、课堂教学的评比，多次获得莞城区、东莞市以及广东省的一、二等奖。这一个又一个成果是团队成员专业成长一个又一个坚实的脚印。在罗伟杰老师的带领下，在英文实验学校数学组的全体老师的共同努力下，英文实验学校的学生表现出了"善观察""爱表达""好提问""会合作"的良好素养。我们可以通过本书，深切地感受到一位省特级教师实实在在地促进了团队成员的专业发展，让团队成员的教学生涯更幸福，进而更好地促进学生的发展。

记得2010年，受当时莞城区教办领导的邀请，我有机会去东莞莞城区带一个小学数学骨干教师培训班，罗伟杰老师是培训班的学员，在培训的过程中我们相识。培训班结束后，我又受学校领导的邀请，基本上每学期都会去英文实验学校，与数学组的老师们一起开展教研活动。每次去英文实验学校时，罗老师都会热情且周到地接待我，我们在一起的时间也比较多。他对于数学教学研究的执着和他做事认真、踏实的态度都给我留下了深刻的印象。乐思教学成为他教学的风格，在他的课堂里，可以时刻感受到数学思维的气息。我们从罗伟杰老师的成长中，感受到了每一个教师的专业发展都需要"天时""地利""人和"的道理。

以上是我读了这本书后的一些感受，是为序。

朱乐平

2019年4月28日于杭州

目　录

CONTENTS

第一篇 01

主动发展
研修历练

扬起研究的风帆在乐思教学中起航

24 载讲台的生涯弹指一挥间，回想自己过往的研究，只觉历历在目。2010 年起，我师从全国著名数学特级教师朱乐平，勤于课堂教学改进实践，推开教学研究之窗，逐步形成自己“乐·思·悟”的教学风格，也提出自己的教学主张——乐思教学。作为广东省小学数学特级教师、广东省第二批骨干教师、东莞市连续两届小学数学名师工作室主持人、东莞市小学数学第三批学科带头人，我认为思维能力为小学数学学科培养的核心能力之首。以思为乐，就是要在教学研究中始终站在学生的角度看问题，在数学课堂中，师生共乐共慧，营造师生乐于思考、深度思考的思维课堂氛围，让思维的体操在数学课堂中释放出无穷的力量。

一、探索乐思教学，锤炼教学风格

在教学中，我一直致力于探求让学生获得情感与智慧生长的课堂，实践有生命力的课堂，不断提升我的教学品位，研究愉悦而充满思考力、深受学生喜爱的课。这样坚持下来，教学效果显著，我也逐步形成了“乐·思·悟”的教学风格。2010 年起，我师从实干派特级教师朱乐平，成了莞城区第一批骨干教师之一，专注教学行为研究，勤于课堂教学改进。从全区公开展示课“分数的认识”到全市送教公开展示课“数与形例 2”，我本着为同行呈现不同思考角度的思维课堂，践行着乐思教学——让学生在学习中“乐—思—悟”，收到了较好的成效。2006 年，教学设计《美丽的对称图形》获东莞市小学数学优秀教学设计评选一等奖；2010 年，论文《高效课堂从重视数学思想和方法的渗透开始——〈搭配问题〉的两节课例深度对比分析》获义务教育课程标准实验教科书

（人教版）全国小学数学经验交流会论文评选二等奖；2012 年，教学设计《平行四边形与梯形》获东莞市小学数学优秀教学设计评选三等奖；2013 年，执教“邮票中的数学问题”获市优课一等奖，执教“数与形”获市优课二等奖；2014 年执教“《6 整理与复习一》综合与实践”获广东省“一师一优课、一课一名师”省级“优课”，论文《整体建构　合理渗透　渡出精彩——例谈〈平行四边形面积〉教学中数学思想方法的渗透》获东莞市小学数学优秀教学论文评选一等奖。

二、主持课题研究，加速专业成长

课题研究是专业成长的发动机，我在个人教科研的路上也不断进行实践探究。作为主持人，我先后统筹研究一项省级立项课题“生命教育显性教材编写、实施和实效性研究”，两项市级立项课题“英特尔®未来教育模式在小学数学课堂教学中实效性的研究”“小学数学高年段翻转课堂教学模式实效性的实践研究”。作为主要研究者，我参与了市立项课题“小学低年级“数学童话”校本教材编写与实施研究”，其中，“生命教育显性教材编写、实施和实效性研究”已于 2014 年顺利结题并获得广东省德育课题科研成果评审二等奖，“英特尔®未来教育模式在小学数学课堂教学中的实效性研究”也已经结题并获得市教育科研成果三等奖。此外，2012 年“应用数学童话提高小学数学低段解决问题的能力研究”获莞城区自研课题评比二等奖。本人也从 2012 年起主管学校的教科研工作，通过分层落实、专家引领，研究效果显著。我校多个课题获得省、市级的教育科研成果奖，2013 年我校被评为东莞市先进科研单位，实现了集体与个人的共同成长。

由于课题研究不断深入，2012 年 9 月，我组织编著了数学科校本教材《走进数学童话世界》系列丛书一套，针对低年级学生认知特点，以童话的形式开展数学阅读教学探索，丰富了数学阅读教学的手段。自任现职以来，我在教研工作中孜孜不倦地探求，已有 8 篇论文获国家级、省级、市级论文评比一、二等奖，1 篇论文发表于市级教学期刊上。其中，论文《创设自由空间　释放无穷潜能》获 2008 年东莞市小学数学论文评选二等奖，《同伴引领　同课竞技　共同成长》获 2008 年东莞市小学数学优秀教研案例评选二等奖；主编的校本教材《生命教育》《生命的故事》获2015年东莞市中小学校本课程建设教材类成果一等奖，《走进数学童话世界》获2015年东莞市中小学校本课程建设教材类成果二等奖。

三、讲座经验推广，致力共同发展

2007年以来，我担任东莞市英特尔主讲教师和PBA项目助学导师，到过洪梅、东坑、东城、凤岗、塘厦、寮步等镇区进行教师培训，受训教师人数接近千人，专业的付出助力了东莞教育的发展。近年，在东莞各级小学数学学科教研公开展示活动中，我承担专题讲座共12次，其中，2013年作为市学科带头人在公开展示活动中做《渗透数学思想方法的几点思考》观点报告，2014年在市高效课堂交流研讨活动中做《构建乐思课堂“四环节”教学模式，且行且思》专题讲座，均受到参会老师的好评。在2015年12月受邀于东莞市企石镇数学骨干教师第八次培训活动中做《关注核心知识　把握方法本质》专题讲座，提出数学教学要关注核心素养的培养及相应实施的具体方法，受到企石镇数学骨干教师们的一致好评。2016年5月，在罗伟杰名师工作室送教凤岗明贤学校活动中，送教了翻转课堂课例《图形的旋转》和《关于智慧教学与翻转课堂的几点思考》专题讲座，与民校携手共研，为东莞双师教学的智慧教育而贡献自己的力量。通过培训活动、专题讲座等活动为东莞兄弟镇街的学校传经送宝，以实现教育共同发展。

四、培养乐思团队，扩大教学影响

一直以来，我非常注意专业团队的培养，特别是对年轻教师的培养，且效果十分明显，实现了团队与个人的共同成长。作为指导青年教师的“校内导师”，我以研磨课堂教学为抓手，实施实践教学与理论吸收双引擎发展，打造乐思教研团队。其中，金丽、田华春、李辉、姚婉霞4位教师参加教学能手比赛均获东莞市数学教学能手称号；2013年指导李辉教师获莞城区课堂教学一等奖、东莞市说课比赛一等奖；2014年指导姚婉霞教师获莞城区课堂教学比赛一等奖、张耀教师胜获东莞市2016年课堂教学比赛一等奖，教学课例获广东省录像课评比二等奖。2013 年教研组成为东莞市先进教研组。2016 年 5 月，东莞市罗伟杰名师工作室的挂牌建立为探索教学研究提供了更好的平台，工作室汇集各镇街的名师和学员，以课堂研究为突破口，实施绿叶教育并成功送教到凤岗、企石等镇区学校，产生了较好的教学影响。今后，我将继续前行，在探索教学研究的路上带领名师工作室全体导师和学员为实现智慧教学而努力！

学无止境，教也无止境，只有更新观念，脚踏实地，立足课堂，不断学习研究，乐思教学才能为东莞教育添光加彩！

我与绿叶教育的故事

图 1 是我在 2010 年 12 月 23 日收到的一张明信片，寄明信片的人是当时已升上初中的学生田笑雨，明信片这样写道：“老师，谢谢你这半年来对我的照顾，我的数学成绩由原来的 60、70 分，到现在 80、90 分，这一切都是你的功劳。”孩子在小学毕业后写下了对老师感恩之情的字句，我想这是我一直在坚持践行绿叶教育理念的一个小小收获吧。

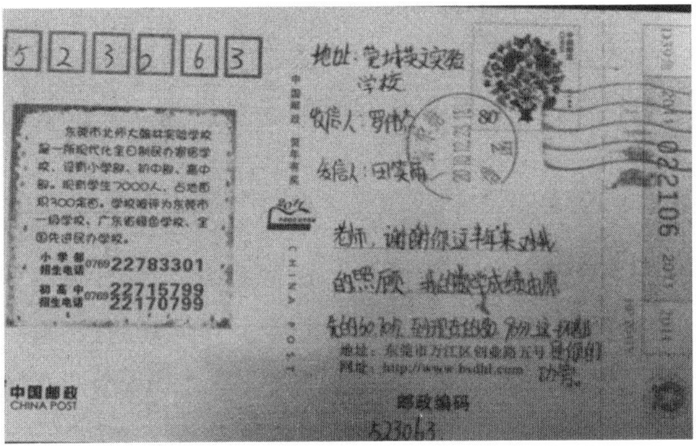

图 1　田笑雨所寄的明信片

我们都知道绿叶与园丁的故事，小树苗的健康成长与辛勤的园丁有着唇齿相依的关系，同样，绿叶与教育也有着如此紧密相连的关系。孩子们犹如一片片绿油油的叶子，充满着生机和朝气，散发着生命的强大力量，教师是园丁，爱护着这些叶子，让它们沐浴阳光，吸收养分，健康成长！有爱才会有教育，教育是洒播爱的种子的一个过程，田笑雨同学在数学学习中感受到老师对她的爱护与帮助，因而有感而发，给老师寄明信片感恩。看着这些文字，我的脑海中又浮现了有关田笑雨的一幕幕往事。

“爱护每一片绿叶，哪怕是有斑点的绿叶”，我践行着绿叶教育的理念，不放弃每一个孩子，坚信不同的孩子在数学学习上应得到不同的发展。顺应天性、张弛有度，使教育落实得自然、和谐，让叶子充满生命力和成长基因。这也是绿叶教育的真谛。绿叶教育是爱的教育、智慧的教育。绿叶代表着生命力与成长力，生命不可以重来，教育须以智慧相伴。

2016 年 5 月东莞市罗伟杰名师工作室挂牌成立后，我带领工作室团队坚持乐思精研，致力打造让师生获取知识与智慧共生的思维课堂，逐步形成“乐·思·悟”的工作室教学风格。搭建交流平台，送教共享成长，我们团队已走进凤岗、莞城、企石、光明小学等 10 多个镇区学校进行送教活动，传播着绿叶教育的理念。“绿叶教育，始终成长！相信自己，永不言弃！每天迈进一小步，日积月累跨大步！”这是东莞市罗伟杰名师工作室的口号，也是工作室伙伴们共同的教育心声！我们研究的教学是永不言弃，让每个孩子都得到合适的数学教育，散发绿叶般的生机，乐思乐学迈向成长！

绿色给人以希望，我愿成为一个乐于思考与总结的绿叶教育践行者。践行智慧教学，让每一个孩子的学习都像绿叶般焕发出强大的成长力，让课堂成为孩子们成长的沃土。

绿叶叶脉四通八达，给人以探索求真的启示，促使我们作为课堂引导者积极思考如何让数学课堂充满思考的乐趣、如何激发学生的数学思考潜能、如何让那些有“斑点”的学生成为自己教育生涯中引以为豪的经典。

“用心去培育你生命中的那些绿叶吧，你将会成为无比幸福的教育者！”这是我践行绿叶教育的座右铭。我正是带着这种智慧育才的想法在践行绿叶教育！愿所有的孩子都像绿叶一样有着强大的成长力！

实施乐思教研　培育智慧团队

——以数学教研组践行探索“乐思课堂”为例

2009 年，我校提出“乐思课堂”建设方向，以培育师生共慧的高效课堂为目标，培养基于学生思维能力的核心素养。俗话说：“知之者不如好之者，好之者不如乐之者。”我们提出“乐思”意为“以思为乐”，培养乐思会教的老师，从而培养会思考、善思考、乐思考的学生。因此，在教学中我们不断探索乐思教研模式，打造智慧型的教师团队，全面提升学校教学工作的格局和品位。如图 1 以数学教研组践行探索“乐思课堂”为例，阐述如何在乐思教研过程中打造智慧老师团队的做法。

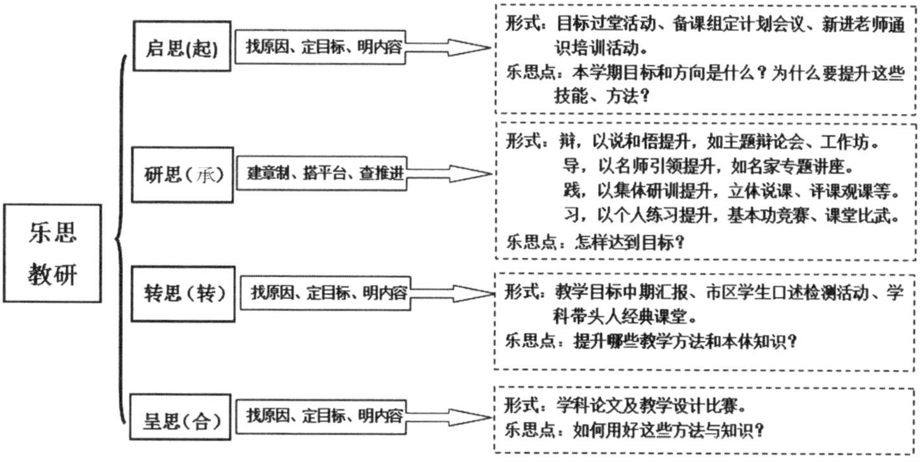

图 1　智慧老师团队的做法

数学教研组推进乐思教研主要是从教研制度构建、乐思团队培训、乐思学生培养三方面落实工作。

一、构建科学的乐思教研制度，为践行乐思课堂保驾护航

教学质量是学校的生命线，构建有效、科学、健全的常规教研制度，是确保教学质量的重要前提。我们科组以学校提出的构建“乐思课堂”，打造师生共慧的高效课堂为契机，在专家的引领下，多次组织反复研讨、商定，最终制定了一系列适合我校的教研制度，为践行乐思课堂提供了强大的制度保障。

（一）备课制度——二备四有

二备：个人备课和集体备课。

四有：有时间，有分工，有检查，有反馈。

备好课是上好课的前提，是课堂质量的基本保证，我们坚决要求每位教师走上讲台前必须做好充分的准备。个人备课和集体备课是我们备课的两种主要形式。

在个人备课上，我们做到以下两点。

一是教师在备课时，准确分析教材与学情，准确把握新教材的知识点，准确把握教学重难点，真正站在学生的角度来考虑教学目标的设定，制定合理的教学目标。

二是紧扣每个学期提出的乐思课堂研究关注点来进行教学设计，每节备课都能很好地在教学目标、活动设计等环节体现这些关注点；在电子备课中用红色波浪线标识加以区分。确保把乐思课堂“关注点”有效地渗透到教学全过程。

集体备课时，我们坚持做到：优势互补，集众之长，通过集教师集体智慧的结晶，形成教的合力，提升数学科组整体教研水平。

集体备课上，我们坚持做到“四有”：

一有时间，各备课组要确保每周一次集体备课时间，如表 1 所示；

二有分工，每次集体备课都有主持人、主讲人、记录人等，如图 2 所示；

表 1 各备课组集体备课时间制定表

业务种类	计费单位	资费标准（元）	
		本埠资费	外埠资费
信函	首重 100 克内，每重 20 克（不足 20 克按 20 克计算）	0.80	1.20
	续重 101-2000 克每重 100 克（不足 100 克按 100 克计算）	1.20	2.00

图 2 集体备课

三有检查，学科主管行政及科组长不定期检查集体备课活动情况，如图 3 所示。

图 3 学科主管行政及科组长检查集体备课活动情况

四有反馈，学科主管行政及科组长须及时把检查情况（优缺点）反馈给备课组以便及时跟进整改。每单元的集体备课同样要有体现乐思课堂的研究关注点，并用红色波纹线标记，每次集体备课须按要求填写好记录表，期末上交教导处，如图4所示。

【数学集体备课要求】

在备课要求上，每个年级都能做到：

（1） 各级部备课组集体备课都能在原有的教学课件及设计的基础上，经过思考、讨论作出适当的调整和修改。

（2） 各备课组要确保每单元开篇课前至少有一次集体备课时间，做到分工明确，落实主持人、主讲人、记录人等，并填好记录表。

（3） 要紧密联系乐思课堂研究点展开研讨，尤其是教学目标的合理定位和教学环节设计要充分体现对学生思维能力的培养。

（4） 学科主管行政及科组长须及时把检查情况反馈给备课组，以便及时跟进整改。

图4 集体备课反馈

（二）研课制度——十课四环

十课：指常规课、组内研讨课、新教师亮相课、新教师汇报课、复习开路课、教学比武课、教学观摩课、录播课、接待课、师徒汇报课共10种课型。

四环：目标互知—问题驱动—迁移提升—效果反馈。

我们坚持以“乐思课堂研究”为轴心，以“问题研究”为中心，以课堂教学为主阵地，以“十课研究”为切入口，以“四环节”为教学模式，开展乐思课堂教学研究，提升教师教学实施的水平，促进学生的学业发展。

对十种课型的开展，我们坚持落到实处。学期初，我们会事先确定好本学期乐思课堂关注的点，如去年我们关注的点是学生爱表达这一块，今年我们根据情况把关注的重点放在学习合作上。然后在开学初的工作会议上，组织科组老师全员学习、理解，明确本学期乐思课堂研究关注的方向，并明确课型开展的要求和分工，确保科组每个成员目标明确，能有效地围绕乐思课堂四大研究点开展教研活动，确保乐思课堂理念渗透教学全过程。

同时，为了确保十课的教学质量，我们以备课组为单位，认真组织组内老师进行教学研讨，反复磨课，课后及时地反思、小结。

当然，十课的开展，我们是紧扣着学校提出的乐思课堂“目标互知—问题驱动—迁移提升—效果反馈”四环节来展开的。

第一环节：目标互知，让学生明确本课的学习目标和任务，确保教师和学生作为课堂主导和主体地位的双方在明确目标的指引下进行教学，师生在课堂中时刻围绕目标开展教学活动。（这个环节的开展确保老师深究教学目标，并细化学习目标）

第二环节：问题驱动，以问题引导的形式（如老师设疑方式——老师设置具有引领性和带动性的问题，驱动学生主动投入“问题解决”中；学生质疑方式——老师抓住机遇引起学生产生疑问）激发学生的求知欲，驱动学生学习的积极性，达到自主而有质量的学习状态。

第三环节：迁移提升，就是老师在引领学生探索新知后，对学生进行有效训练，促进情感、知识、方法、能力的迁移。

第四环节：效果反馈，就是课末通过总结回顾（师生共同回顾本节课的学习过程，总结出学习内容和技能），或对照检测等评价方式来反馈学生的学习效果，检测教师的教学目标是否达成。

（三）活动制度——定一突二

定一：确定一个研究主题，每周定时（每周四 14：00—15：00）一次教研活动。

突二：活动中做到两个突出，即围绕乐思研究点研究突出，研究效果突出。

每个学期开学初，在学校教学工作计划的引领下，我们科组会统筹安排好整个学期的教研活动，确保每周定期开展一次教研活动，确保教研活动的主题方向如图 5 所示。

我们以备课组为单位，做到每个活动都有组织、有策划，全员参与。为了确保每次活动的有效性，我们注重活动前的统筹安排和计划，活动中有序有效地开展，活动后进行及时地总结反馈，撰写活动通讯稿或活动小结等。

定一突二　确定一个主题，突破两个方向

Happy“会表达”研课坊

——数学科教研活动计划

一、活动主题目的与内容

主题：聚焦乐思课堂具体教学目标的教学过程片段设计研究

内容：现场针对一个让学生教学目标进行片段教学的观察与分析，并进行二次备课

讨论：围绕单个具体目标，如何使教学过程有效服务于学习成果的达成？

二、活动背景与突破目标

根据上个学期“基于不同教学侧重的教学设计”教研及培训，深化老师们对于教学过程有效实施的认识。通过现场观摩、分析、实践的方式，帮助老师们更好地理解已有的概念与做法。更好地突破乐思课堂思考点，提升老师在教学过程设计中的针对性和有效性，使教学过程的实施更加有效地服务于学生学习成果的达成。

三、活动预期成果

总成果：活动总结1份

图5　莞城英文实验学校学科组教学工作计划

（四）评估制度——一量四检

一量：建立乐思课堂量化评价表，通过“检查备课、巡课、听课、成长杯教学、评课”等形式进行质量评定，如表2、表3所示。

四检：每月确定一次检查主题，跟踪检查教师常规工作，如表4所示。

表2　莞英“乐思课堂”数学科评价表（教师行为评价量规）

评价项目		评价标准	权重	得分
教师行为（35%）	定目标	1. 以培养学生思考能力为出发点，能正确把握、理解并运用好教材。	3	
		2. 了解学生，符合学生年龄特点和认知规律，关注学生的差异。	3	
		3. 乐思教学目标明确、具体，知识点把握准确，可操作性强.	4	
	明策略	1. 教与学的活动安排合理，组织程序严谨，探究空间适度，时间分配科学，练习设计精当。	4	
		2. 重视让学生经历数学知识的形成过程，获得相应的数学思想方法.	5	
		3. 教学方式恰当，问题设计难度适当，具有实效性，关注学生的生成资源，注重学生的学法指导，注重学生能力的培养。	6	
		4. 课堂反馈及时，评价准确，面向全体，照顾个体差异。	5	
		5. 教师语言准确、简练；善于组织教学，课堂调控能力强；板书设计合理，书写工整，示范准确。	5	
教学效果（15%）		1. 达到乐思教与学的目标，完成乐思课堂的教学任务。	8	
		2. 学生在原有基础上获得知识、技能、情感态度等方面的发展，能灵活地解决问题，探究能力和创新意识得到提升。	7	

表3　莞英“乐思课堂”数学和评价表（学生表现评价）

评价项目		评价标准	权重	得分
学生表现（50%）	善观察	1. 能有序地关注学习材料，观察目标明确，并选择合适的信息材料解决问题；	6	
		2. 能清晰地对数学信息进行比较、分析，合理地作选择和判断；	6	
	好提问	1. 在课堂中有较强的问题意识，有良好解决问题策略的习惯；	5	
		2. 学习过程表现出想问、敢问、好问、会问等良好学习行为习惯；	5	
		3. 对课堂中不同意见能辩析与反思，敢于提出疑问，能够独立思考，有探究意识和创新精神；	5	
	爱表达	1. 能对老师和同学们提出的问题积极回应并发表自己的见解，发言面广，次数足，养成用数学语言表述的习惯；	6	
		2. 主动运用数学语言叙述图意、复述题意、讲述解题思路；	6	
	会合作	1. 小组学习组织有序，学生主动合作，体悟知识形成过程，促进课堂学习活动向深层发展；	5	
		2. 经历与他人合作交往交流解决问题的过程，独立思考，形成解决数学问题的思想与方法；	6	

表 4　每月检查主题表

月份	检查项目
9月	作业普查
10月	跟进有问题的或新进老师的作业及备课普查
11月	试卷（单元卷）普查
12月	作业普查
1月	听课本普查

为了更科学、更具有可操作性地评价老师们乐思课堂教学开展的整体情况，我们多次组织备课组长集中讨论、研究，制定《“乐思四环节”课堂评价量化表》。同时，我们会以每个学期乐思课堂关注点为核心，不断地在实践中加以修改、完善，形成更完善的乐思课堂的课堂教学评价标准量规，确保乐思课堂评价标准的可操作性和科学性，为教师有效地进行乐思课堂教研活动提供更具体的行为指引和评价量规参考，也为乐思课堂的有效实施提供保障。

不管是的研讨课，还是普通的常规课，我们都是紧扣着评价标准来进行听课、评课的。我们会通过推门听课、巡课听课、检查教案备课等形式，检查教师乐思课堂教学落实的整体情况，从过程考察与认可度来评定质量，确保乐思课堂的实施质量。

我们组织科组成员，以乐思课堂的课堂评价指标为依据进行评课验证，引导科组成员运用乐思课堂评价标准开展评课活动，并由教导处对科组的实施情况进行各种常规检查和教学监督跟踪。

为了让常规教学落到实处，我们还加大了常规检查的力度和范围。制定了四检规定：每月确定一次检查主题，跟踪检查教师常规工作。对于每个检查的主题，我们还制度了相应的检查表格。检查完毕后，每个备课组长要根据年级教师检查情况及时小结反馈，科组长根据总体情况进行总结和反馈汇报。

二、乐思团队多轨并进，促进教师专业化成长

学校根据教龄等层次的不同，给老师们制定了具体的发展方向和目标。

为了迅速推动科组各个梯度老师不同层次的提升，数学教研组推行名师引领工程，以乐思课堂教学为抓手，搭建多元化教研平台，推进多种项目研究，

多轨并进，有效地促进教师专业化成长，进一步深化乐思课堂研究。

（一）搭建多元化教研平台，提升老师的教学能力

1. 搭建师徒结对平台，促进新秀教师快速成长

每个学期初，我们都会落实好师徒结对名单，为三年以内的新秀老师找好结对的导师。由导师带领进行一对一的导教，使新秀老师熟练常规教学，力求把控好课堂，快速成长。

2. 搭建“成长杯”教学比武平台，深化乐思课堂研究、促进老师成长

“成长杯”教学比武活动是我们莞城英文实验学校每年一度的头等大事。通过“成长杯”教学比武这个活动，进一步深化我校乐思课堂研究。活动中，科组围绕本学期的乐思研究点开展“成长杯”课堂比武活动。参赛老师尝试从不同的角度和多种方式，紧扣“乐思”研究点进行有效教学，促进学生思维能力的发展。

3. 借区、市等比赛平台展示风采，促进教师成长

以区、市的青年教师基本功比赛，以及莞城区教学能手比赛为契机，通过组内推选，科组选拔等制度，推选老师积极参赛，促进教师专业成长。

4. 借市名师工作室平台，促使学校第一梯度老师迅速成长，独当一面

我们数学科组借“近水楼台先得月”的机会，有效地借助东莞市罗伟杰名师工作室的平台，培养了一批优秀的市、区级骨干教师、教学能手，整体抬升我校数学教研组的整体教研综合能力，扩大了其在市内的影响力。

我校 4 名老师成了名师工作室的成员，并多次在名师工作室活动中进行讲座分享、课例展示等，在市级的活动中获得了一定的影响力。而李辉老师作为名师工作室的主要成员，也多次主动承担课例，送课下乡到企石镇，扩大了科组的影响力，获得了大家的一致好评。

5. 搭建校际结对平台，增进校际交流，共同提高

每个学期，我们数学教研组都紧密围绕市、区教研工作重点，开展与建设小学的校结对交流活动。我们以乐思课堂为活动主题，关注教与学方式的转变，有效地促进两校的数学教学研究与沟通，推进两校的协助与资源共享，达到共识、共享、共进的双赢结果。

（二）推进多种项目研究，深化乐思课堂研究

1. 推进思维导图在小学数学复习课中的实践与研究，促进乐思课堂开展

数学教研组在2015年初提出了思维导图在小学数学复习课中的实践与研究项目，有规划地分成四个学期逐步开展实践研究。主要目的是借助思维导图的辅助工具，提升学生的外在与内在学习动机，促进学生有效掌握知识、学会学习，培养学生“善观察”“爱表达”“好提问”“会合作”的能力习惯。通过前期的理论学习到摸索，再到后期的实践，思维导图在全校得到了全面的推广。学生能较熟练地运用思维导图工具进行单元知识的整理，在帮助学生构建知识点的全景图，加强对所学知识的全面理解的同时，也能有效地培养学生发散性思维能力和想象力，促进学生思维的全面发展，很好地培养学生“善观察”“爱表达”“好提问”“会合作”的能力。例如，有位老师在2017年莞城课堂教学比武中，有机地运用思维导图构建“智慧树”，帮助学生将所学习的零散的知识点构建成有机的脉络体现，形成了良好的认知结构。

2. 推行单元整体设计项目研究，引领科组教师专业发展

2016年初，我们学校与上海福山外国语学校签订“单元整体设计”项目研究，数学科组与语文、英语科组一起率先向福山外国语学校相应学科学习取经，以“不同版本的教材对比、优化，整合设计课时教学”作为内容研究重点单元整体设计研究。为了不额外增加老师们的负担，我们有机地把乐思课堂、单元整合、校级结对等主题教研整合在一起，提升了研究的质量。

近几年，我校在论文和教学设计上获区、市级奖励的人数越来越多，获市数学论文一等奖比例大幅提升，也侧面反映了单元整体设计项目在我科组中推进效果显著。

3. 试行“智慧课堂（平板电脑教学）”实验班和“小组合作学习”实验班，提升数学教师的专业素养与教学技能

为了进一步推动我校智慧课堂教学建设，深化课堂改革，2016年9月起，数学科组分别在四、五年级各挑了2个实验班进行数学课“智慧课堂（平板电脑教学）”、2个班进行数学课“小组合作学习”实验探究。

为了促进这些项目的推进，更快地在科组全面铺开，围绕这个项目活动，

我们科组开展了一系列的工作：理论学习，分享心得；开展项目研究，做好小组合作学习的评价研究、平板电脑的实操使用等，并且定期进行跟踪听评课，定期进行反馈交流，改进做法；邀请特级教师朱乐平老师来校开展“小组合作学习模式”校本教研培训，加强老师对“小组合作学习模式”基本理论的理解，并掌握与小组合作学习相关的指导方式和策略，提高教师开展小组合作学习的把控性和有效性；按期开展项目活动汇报课，期末做好评价小结。

（三）开展乐思课题研究，促进教师专业成长

数学教研组非常重视课题研究。我们以乐思课题研究为切入点，先后开展了多个市立项课题和区自研课题，旨在通过教师课题研究的过程，共同探讨学科内教师的教学技艺对学生能力培养的影响，促进教师在不断实践、反思、再实践的过程中积淀教育经验，分享教学智慧，更好地提升课堂教学的实效性。

5 年来，在学校课题组的引领下，数学科组参与课题研究的百分比达到 90% 以上，基本做到了人人都进行课题研究、人人都有课题项目可以研究。

为了确保教研组内立项课题的研究实效性，我们定期对市立项课题、自研课堂进行跟踪、督导，了解开展进程，并组织老师对疑难和困难地方出谋划策，加强对课题的把控和管理，争取提高各立项课题的研究实效性，提高课题的研究水平和质量。

这些年，我们在课题开展上也硕果累累。例如，“小学数学童话在低年段的实践研究”于 2016 年 6 月顺利结题，并获得了现场课题专家的一致肯定和通过；市立项课题老师的“小学数学高年段翻转课堂教学模式实效性的实践研究”“思维导图在小学中高年段数学复习课中的运用研究”和“小学数学课前三分钟活动实践研究”也顺利通过市科研办的验收；区自研课题“思维导图在小学高年级数学复习课中的运用研究”顺利通过区的审核，荣获区二等奖。

（四）推行名师引领工程，引领教师专业成长

我们数学科组共 29 名数学老师，年轻教师居多，平均年龄不到 30 岁。年轻老师富有朝气，可塑性大，为我们数学科组注入了新鲜的血液，也是我们数学科组强大的后备军，但也存在一些问题。年轻老师经验不足，整体水平参差不齐。多年来，学校不惜成本，加大师资培训力度，通过请进来、走出去，更

近距离地接触到名家、名师，以更快地学习到前沿的知识，更快地提升教师们的整体素养。

1. 名师进校园，引领助促成长

2013 年，我校聘请浙江省特级教师朱乐平老师为数学科组的校本培训导师，围绕着“乐思课堂”主题，专业引领数学科组研究探索适合莞英人的乐思课堂教学模式，致力打造师生共慧的高效课堂，全面推动教师专业化发展。

在名师的专业引领下，科组老师坚持理论与实践相结合、自主与交流相结合、学习与应用相结合、反思与提升相结合，专业化发展效果显著。短短几年，科组不断地涌现出市、区的骨干或教学能手，犹如雨后春笋。每年“紫钻奖”获奖人次节节攀升。2019 年教学论文评比中，上送的 5 篇教学论文 4 篇直送市进行参评，并且在市的论文评比中，1 篇获得市一等奖（要上送省参评），3 个获得市二等奖。

2. 走出去，阔视野

通过走出去学习，老师们开阔了视野，也吸收了精华。学习归来，老师们及时地在学校或科组内与其他老师围绕着“表达・乐思”等主题进行研究分享，共同分享外出学习的所得所思，把学习资源最大化，促进整个科组老师的发展。

三、组织丰富的学生活动，助力学生学科素养提升

数学教研组注重组织丰富的学生活动，通过竞赛、考评活动，促进学生学生思考、表达能力提升，发展学生数学素养。

（一）开展拓展课堂活动，发展学生数学素养

本学期数学教研组改良升级以往拓展课堂的做法，除了开设有针对性的不同层次的思维班，还开设了深受孩子欢迎的数学游戏班、快乐七巧板、神奇数独、理财班、桥牌班……丰富了孩子们的数学世界，开阔了他们的数学视野，拓展了他们的数学能力与素养。

（二）开展数学竞赛活动，激发学生数学学习兴趣

为了激发学生学习、钻研数学知识的兴趣，使学生逐步形成勇于实践、敢

于创新的思维和良好品质，拓展学生的知识面，提高学生的数学素养，发展学生的个性特长，我科组每学期定期开展数学竞赛专题活动。

（三）开展“爱表达”思维口述能力检测，培养学生数学表达能力

结合区“问题解决”口述检测主题，紧扣我校“爱表达”的研究点，做好命题、检测、分析、总结工作。

（四）围绕英语节开展活动

结合我校的英语节开展相关的活动，培养学生的综合能力和学科素养。

“十年磨一剑”，数学科组在十年践行乐思教研的道路上，取得了一定的成效。乐思教研磨炼了市教学能手 8 人，莞英成为全市学校数学科培养市级教学能手人数最多的学校，教研组于 2014 年被评为东莞市先进教研组。但是由于组内老师经验能力差异比较大，如何继续巩固现阶段乐思课堂教学研究取得的成效，并不断地摸索出一条更切合我们莞英数学教研组的实践之路，仍是我们未来全体老师要思索和共同努力的地方。乐思教研促进乐思教师团队的成长，让我们能更好地扩大经验教师、骨干教师在团队中的辐射和引领作用，让我们的团队在未来的教研道路上越走越远、越来越好。

抓住机遇在培训中历练成长

1995 年 7 月，我从东莞师范学校数学大专班毕业，当时大专的学历在小学界里算香饽饽的，因而我很顺利地分配到莞城中心小学成为一名数学老师。因为年轻无家庭负担，做事很用心，所以领导就安排我从三年级一直带到六年级毕业班，这是我唯一一次走了一个小循环教学。带完第一届毕业班后由于学生的毕业考核成绩优异，我便一直被安排教毕业班数学，作为学校数学科把关教师的一员，更多的是关注掌握知识的技巧教学，对学生本体的研究是有所缺失的，对前测等了解学生的认知起点的工具更知之甚少。好在 2010 年浙江省著名特级教师朱乐平老师来到莞城区开展骨干教师培训，开启了我的小学数学教育专业素养的提升之路。作为一位一线教师，向全国特级教师学习我觉得是一种幸福，也是个人专业成长的一次机遇，从教十多年，我恰好碰上了这样的人生际遇。

随着朱老师带领团队来到莞城，我开始了 2010—2011 年培训成长之旅。

一、深挖数学认识的有效教学策略

时间：2010 年 12 月 28 日　　地点：莞城区政府大楼

邵虹老师一早来到城区政府 503 室与我们一起来讲“数的认识教学研究”，邵老师在介绍时从数的起点开始，学生在进入小学学习数学知识前已经在生活中有一定的数学知识雏形，而且有一部分是家长教的，也就是说学生的起点不一样。

我比较同意邵老师所说的关于儿童学习必须遵循的五条原则：一一对应的原则、固定顺序的原则、基数原则、顺序无关原则、抽象原则。这五条原则是儿童学习数学基础知识的根基。同时邵老师也指出学生掌握数的概念必经三个阶段：直观形象水平、形象抽象水平、初步的本质抽象水平。

邵老师认为教材在关于数的认识知识有五大特点。新课程的特点是新课标精粹之处。其中第一点是重视与情景相结合，让学生经历数概念的抽象过程。教材在数的认识中结合情景进行呈现。例如，在一年级“认数”的教学过程中，创设一个富有童趣的情境，教师说：“同学们还记得在幼儿园上活动课时的情景吗？大家一起去滑梯，去荡秋千，去骑木马……”在学生们对幼儿生活的美好回忆渐渐被唤醒时，教师适时运用多媒体出示一个欢快、温馨的幼儿活动的画面，并说：“大家愿意和老师一起来数数这个幼儿园里的活动器械吗?”于是，小学生们开始兴趣盎然地数数：“1 个滑梯，2 个秋千，3 只木马……”从而经历了一个从日常生活中抽象出数的过程，理解了数的意义。可见，情境教学是培养学生数感的基础，如果较好地利用和创设情境，体验和感受数学的实际意义，学生不但能较容易地将知识与生活经验建构起来，获得丰富的表象和富有生命力的数学知识，而且能充分感受到数学无处不在，数感意识得以萌芽。

第四点是重视数感训练，加速从逐一计数向按群计数过渡。学生在识数时从单一的个体计数向按群计数过渡，培养数感。例如，在“千克的初步认识”的教学中设计让学生亲自动手体验的活动。称一称：让学生动手称苹果（1 千克）、盐（500 克、2 袋）、洗衣粉（250 克、4 袋）。数一数：让学生数 1 千克盐有几袋，1 千克洗衣粉有几袋，1 千克苹果有几个。掂一掂：让学生用手掂自己称的 1 千克的物品，再交换物品掂，边掂边闭上眼睛体会 1 千克的感变。找一找：拿出事先准备好的几个外形一样而重量不同的盒子，要求学生不能用秤称，只能用手掂找出重 1 千克的盒子。通过以上一系列操作活动，让学生真正体验到“1 千克”的实际重量，以获得亲身感受，了解数学与现实生活的密切联系，并借助对苹果等重量的感受来体会 1 千克究竟有多重，从而利用这种直接经验去测量其他物品的重量，增强学生的数感。同时，学生在操作过程中不仅认识到“1 千克”，更重要的是获得了对“千克”的认识，也就不会出现“一个苹果重 150 千克”的错误了。

邵老师指出，要从学生的实际情况出发，才能有效把握住知识的形成过程，更好地把数的知识教好，从而系统地培养学生的数感，提高学生的学习兴趣。

二、算法多样化与一题多解

时间：2010 年 12 月 29 日　　**地点：莞城区政府大楼**

12 月 29 日，朱乐平老师讲了“算法多样化”的内容，算法多样化与一题多解的本质区别在于：一题多解是在课堂练习巩固时对学生的要求，而算法多样化是指在新授的教学过程中，不同的学生有不同的解法。朱老师结合一些实际的课例进行讲授，而课下为了进一步弄清楚，我在网上查找了一些资料，知道了算法多样化是《数学课程标准（实验稿）》关于计算教学的基本理念之一，旨在改变传统计算教学“计算方法过于单一、技能培养过于侧重”的现状，强调关注学生的个性差异，尊重学生独立思考，鼓励他们探索不同的计算方法。提倡算法多样化不仅有利于培养学生的独立思考能力和数学交流能力，而且有利于因材施教，发掘每个学生的潜能，真正体现“不同的人在数学上得到不同的发展”这一教学理念。但在具体实施过程中，由于教师理解错位或落实不到位，造成学生“基本计算能力有所下降”“两极分化现象比较严重”“刻意追求奇特算法、排斥他人算法”等现象，这都有悖算法多样化的初衷。

我觉得“算法多样化”要与“一题多解”区分开来，在之前的教学实践中，我们常常把它和“一题多解”混为一谈。事实上，算法的多样化与“一题多解”两者确实具有一定的“共性”，它们都是对同一数学题材从不同的角度去进行思考与解答，共同凸显一个“多”字，但两者还具有较大差异。首先，主体对象不同，“一题多解”侧重数学题本身的分析、理解，重在“人”。其次，目标指向不同，“一题多解”立足思维灵活性训练，鼓励学生多角度想问题；而“算法的多样化”更侧重思维的独创性和独特性，尊重学生的个性差异和个性化学习，鼓励学生自主参与。最后，达成的要求不同，“一题多解”力求每位学生都能对同一数学题产生两种或两种以上的不同解法，是一种高技能要求，而“算法多样化”仅是对群体而言力求多样，对学生个体而言只要有自己理解的方法就行。“算法多样化”就是让学生用自己理解、喜欢的方式学习数学，关键是给学生创造一个经历与体验数学知识的过程。例如，教学“35 × 16 = ?”时，有的学生采用“35×16=35×2×8”，有的学生采用“35×16=35×4×4”……我觉得无论是哪一种方法，只要是学生自己想出来的都要鼓励，但学生同时要学会优化思想，学会选择更简便的方法进行运算，这样的“算法多样化”才有实际的意义。

朱老师指出，学生要在学习过程中学会选择优化，其实，人生也是一种比较与选择的结果。自己的人生永远是自己做主的，别人无法代替。

三、算法多样化与运算有效性

时间：2010年12月30日　　地点：城区政府大楼

观点报告开展得非常顺利，也得到朱老师的肯定。朱老师继续对“算法多样化”进行研讨。从教师的教与学生的学双边活动为出发点，考虑现在教学法存在什么问题，如何化解。

第一，教学中呈现的算法表面上看各种各样，而实际上大多数学生却因为思维的惰性而表现出算法单一的状态。尽管黑板上呈现的算法十分丰富，但是事实上这些算法基本上是个别学生（充其量也就是十来个学生）“凑”出来的。如果我们仔细地观察一下，就会发现其实大部分学生基本还是停留在一种单一算法的思维水平上。换句话说，算法的“多样”仅仅表现在黑板上，而不是真正的“多样”。很显然，在这些“多样”的算法背后，掩盖的事实是学生思维的积极化程度还不够。

第二，黑板上呈现的各种算法从表面上看归类整齐，实际上学生却缺乏“类方法”的意识。尽管黑板上呈现的各种算法一类一类排列得相当整齐，但是这些归类的工作不是学生自己亲历比较和归纳的过程来实现的，而是由教师包办替代学生来完成的。这一“替代”过程的背后是大多数学生对各种不同算法之间的差异和本质联系既不清晰也不敏感，他们对各种算法较多的是散点的认识和记忆，对将各种不同算法分别归“类”的过程还缺乏体验和认识。显而易见，教师不可能永远引导学生走，学生如果没有自己的亲力亲为又怎么会有真实的成长体验呢？

第三，教学中学生交流表达的状态表面上看热闹非凡，而实际上教师采用

“串联”的呈现方式不仅低效而且还占用了课堂大量的教学时间。当一个学生陈述自己算法的同时，教师在黑板上写板书呈现这个学生的算法，学生一个接一个地交流，教师又分别将这些算法一一呈现在黑板上。表面上课堂教学的气氛热烈活跃，学生踊跃参与，但深入观察会发现大部分学生其实满足于自己的算法，他们积极地争取机会仅仅是为了展示和表现自己，而不是通过交流来发现各种不同算法之间的区别和本质联系。再者，由于教师引导和点拨得不够，学生对于各种算法的认识也难以有本质的提升。不仅如此，由于这种“串联”的呈现方式占用了课堂大部分的教学时间，因此学生在一节课内要完成的题量由原来的十几个减至现在的三四个，这意味着教学从大题量、高密度练习的一个极端走向了“少数学生多说，多数学生少做”的另一个极端。因此，相对增加的教学时间并没有被高效地利用起来，相反，其教学效果无论从质量上还是从数量上，在一定程度上都表现出一种水平低下的状态。也就是说，在热烈的气氛背后，掩盖了一个事实，即学生对算法的认识依然停留在原来的水平。

我觉得优化算法多样化要遵循朱老师所提的“标准”：教得容易与教的容易，心理状态积极。例如，数学年级“数的运算”学习内容，10 以内的口算加减法最基本的算法有两类，一类是以“点数”为手段的算法，另一类是以“数的组成”为依托的算法；20 以内的进位加法最基本的算法也有两类，一类也是以“点数”为手段的算法，另一类是以“凑十”为核心的算法。显然“点数法”与“凑十法”在思维层次上是有差异的。如教学“9 + 6”时，有的学生所用的“用实物点数”的方法属于动作思维层次，有的学生所用的“在心里数”的方法属于形象思维，而多数学生所用的“凑十法”则属于逻辑思维，故我们将算法从“点数法”优化成“凑十法”。而“凑十法”中的拆较大数、拆较小数、两五凑十属同一思维水平，我们不予优化。在具体的优化过程中，我们认为算法作为解题策略有其适用性，其优化应考虑解决问题时所处之具体情景，不同的策略适用于不同的情景，同一策略在某个情景中可能是最优化的，而在另一情景中却可能完全不适用，原始的方法有时可能比先进的方法更优化。

算法多样化只是新课标内容的一部分，我想在实践教学中只有遵循教学规律，实事求是，灵活科学地运用算法，才能有效地提高学生的运算能力，才能提高学习的效率。

四、合适的就是最好的
——学习朱乐平老师关于“复习专题”讲座

时间：2011年03月23日　　地点：莞城区政府大楼

提到“复习”，我不由自主地想起孔子的一句名言：温故而知新，可以为师矣。确实，圣人一语道出复习的重要性。在新课程实施之前，我们经常能从日常或公开教学的新授课中看到复习铺垫这一环节，甚至教材的例题之前也安排了复习的内容。但新课程实施之后，无论是教材，还是公开的新授课上很少见到安排复习铺垫这一环节，取而代之的是引人入胜的教学情境。到底新课改中需要复习还是不需要复习呢？

朱老师在培训中引导大家对这个问题进行讨论，大家一致认为：新授课前“都安排”或“都不安排”复习，这种非此即彼的做法显然是两种极端化的行为，必有一定的偏颇。事实上，“情境引入”和“复习铺垫引入”是引入新课的两种方式，我认为二者没有绝对的优劣之分，到底采用哪种方式或是两种方式融合使用，其决定的重要依据，应该是知识本身的特点及学生已有认知结构的特点，也就是应根据教师教学的需要和学生学习的需要而定。

那么，怎样的内容适合由复习铺垫引入呢？在小学数学知识体系中，有许多新的概念、规律和计算方法都是已有概念、规律和计算方法的进一步发展，有很多内容的研究方法和过去的内容是大同小异的。根据数学知识螺旋上升的特点，对于具有“前沿后续”“大同小异”“异曲同工”关系的数学知识的深入学习，如果从复习铺垫引入，能在最短时间内帮助学生激活处于休眠状态的已有知识经验，促进知识与方法的迁移，实现知识的有效建构。

例如，乘法是加法概念的发展，百以内的加减法是20以内加减法的拓展，公因数和公倍数是因数和倍数概念的进一步延伸……对于这些具有“前沿后续”关系的学习内容，如果我们在教学新知识时，能够分析新知识的生长点，那么通过复习，激活学生已有的知识和经验，就能帮助学生驾起新知识和旧知识之间的桥梁，通过比较、建构，帮助学生形成完整的认知结构。

又如，整数除法的计算方法与除数是整数的小数除法的计算方法基本相同，只是除数是整数的小数除法需要处理商的小数点的位置问题。如果整数除法的计算方法还不准确、熟练，必然给新知识的学习带来一定的困难，更谈不上旧知识向新知识的迁移。对于类似这样的内容，有必要对旧知识进行复习，通过复习激活学生计算整数除法的知识经验，在复习的基础上呈现学生需要探究的新问题，引发学生的认知冲突，并在探究的基础上与旧知识进行比较沟通，形成合理的认知结构。在“大同小异”的知识之间通过复习架设桥梁，更有利于学生体会数学知识之间的内在联系，提高利用已有知识经验探索新知识的能力。

再如，小学阶段的运算定律虽然分散在不同的课时，但运算定律的获得、应用的过程是类似的，都要经历从一个具体的实例提出猜想，并通过不完全归纳的方式举例验证猜想，归纳、概括出运算律，进而在具体的计算中观察、判断和应用。这样的复习铺垫无须简单再现已经学过的知识，而是有意识地引导学生对获得知识的方法和经验加以提示，为学生自主探索做好方法上的铺垫。这样复习，也往往更容易激活学生带有鲜明个体认知特点的活动经验，使得学生在探索的过程中更容易发挥自己的主动性，更容易体会成功的愉悦。

有位名人说过：“最有价值的知识是关于方法的知识。”小学数学教学中，合适的复习方法莫过于对知识方法整理和加工并形成规律和体系，这样的复习是成功的知识再造。合适的方法就是最好的方法。

五、课例研究的评价标准

时间：2011 年 03 月 24 日　　地点：莞城区新沙小学

今天，我们都在新沙小学听课，共听了三个老师的课，第一节是李丽萍老师的“乘加乘减”，第二节是陈邓倩老师的“用有余数的除法解决问题”，第三节是邹晓君老师的“鸡兔同笼”。三个老师都做了充分的准备工作，每组都进行了前测和组内的集体研讨，经过小组内成员反复推敲而定下教学设计。故而，三位上课老师犹如省市名师般骨子里头透出一股自信味，挺像一个“腕儿”。下面说说听课的一些感受吧！

这三节课我个人认为都是比较好的课，主要体现在以下三个方面。第一，有效地创设情境，较好地激发兴趣。李丽萍老师创设了摘玉米的教学情境，使学生在具体的情境中理解题目的意思，也使学生清楚乘减、乘加的算理，更重要的是让学生明白乘加、乘减为什么要先算第二级再算第一运算的原因。陈邓倩老师通过游戏的方式，让孩子们较有兴趣地进入课堂的学习状态。兴趣是最好的老师，如果能有效地激发学生的学习兴趣，课就成功了一半。因此，我觉得这几节课很好地做到了这一点。第二，结构完整，层次分明，思路清晰，目标到位。这三节课，都有一个完整的结构模式，让学生完整地经历了探究知识的过程，而且层次非常分明，老师的思路非常清晰，有效地突破了重难点；学生的课堂表现积极愉悦，有效地突破了过程性目标。第三，重视学生知识形成的过程，让学生做学习的主人。这三节课都是以引导学生在探究中发现问题，从而进一步去解决问题，过程是学生通过商讨自主展开，结论是学生通过小组交流自主总结。学生是课堂中的主人，老师是课堂的引导者，是帮助学生学习的人。课堂主体的确立是学生学习成功的重要标准之一。

我觉得一节好课也应该有下面三大基本标准。首先，要着眼于学生全面素质的提高。教学不再是以“传授知识”为中心了，而是更加关注在数学教学过程中学生思维方式的变化、问题解决能力的培养和良好的情感和态度的形成。其次，要关注每一个学生的发展。老师必须在了解学生的基础上，因材施教，采用合适的方式对每个学生个体进行教学引导，做到上不封顶、下不保底，采取转难为易的方式，让每一位学生都得到发展。最后，要让学生主动积极地参与。学生积极参与的程度如何直接地影响教学的效果，激发学生思维要向“深”做功课，调动学生积极性要“广”下功夫。只有学生全情投入知识的探究活动中去，我们的课堂才会绽放光彩。

课例研究只是教学研究的一种方式，老师只有打好基本功才能在课堂上收放自如，才能生成资源，有效引导并提高教学效率。现在的问题是数学科低年级一周只有3—4节课，中高年级最多也只有5节课，既要做前测又要做分析，老师平时能吃得消吗？时间不充裕的话，实验过程中教学效果不理想，后面又怎样补救？

六、巧妙化曲为直 渗透转化思想
——听《圆的面积教学研究》讲座

时间：2011 年 03 月 25 日　　地点：莞城区政府大楼

2011 年 3 月 25 日，我们的培训仍在 503 室。邵虹老师做了《圆的面积教学研究》的讲座，其中圆的面积教学关于极限的转化思想值得我们深思。下面我对极限思想进一步深入分析。

对于“极限”，我从书中查到：极限概念是分析数学中最基本的概念之一，用以描述变量在一定变化过程中的终极状态。极限理论是微积分学的基础，它从方法论上突出地表现了微积分学不同于初等数学的特点。从古至今，人们对于极限概念的认识经历了一段漫长的过程。从最初时期朴素、直观的极限观经过了 2000 多年的发展，演变成为近代严格的极限理论，在现代数学中，人们又引进了更广泛和更一般的极限概念。这其中的思想演变是渐进的、相互推动的。在极限抽象的概念中，引入实例如“圆内接正多边形面积”，其内接多边形面积是该圆面积的近似值，当多边形的边数无限增大时，内接多边形面积无限接近圆面积，取极限后就可得到圆面积的精确值，这就是借助极限法，从近似认识精确。又如在极限式 $\lim n\to\infty\ X_n=a$ 中，当 n 无限增大时，数列的项 X_1，X_2，…，X_n 反映变量 X_n 无限的变化过程，而 a 反映了变量 X_n 无限变化的结果，每个 X_n 都是 a 的近似值，并且当 n 越大，精确度越高；当 n 趋于无穷时，近似值 X_n 转化为精确值 a。虽然近似与精确是两个性质不同、完全对立的概念，但是通过极限法，建立两者之间的联系，在一定条件下可以相互转化。

对于圆的面积教学利用极限思想是一种辩证思想。单位圆和它的内接正多边形分别是两个事物的对立面，内接正多边形是事物对自身的肯定，其中也包含着否定，这种内在的否定因素是通过圆内接正多边形边数的改变而体现的。随着圆内接正多边形的边数逐渐增加至无穷时，内接多边形的面积转化为该单位圆的面积，促使该事物转化为自己的对立面，由肯定达到自身的否定，这体现了否定与肯定的对立；圆的内接正多边形和圆虽是两个对立的事物，但是二者之间有紧密的联系，圆内接正多边形的面积可以转化为圆的面积，而单位圆是通过逐步增加内接正多边形的边数来实现的，从而建立了二者的联系，体现了否定与肯定的统一。

邵老师在讲座中也是以圆的外切和内接正多边的关系进行分析，我觉得比较合理，这也使大家提高了对教学知识中的思想与方法的重视，特别是巧妙地把曲线转变成直线图形来求面积，更是思想上的突破。只有这样学生才能学得活、学得深、学得轻松！

在不适的教学中往往欠缺的就是思想与方法的渗透，让我们一起重视，让我们的教学变得完整和美妙！

七、深入认识“同课异构”

时间：2011 年 03 月 26 日　　地点：莞城区政府大楼

今天的学习继续由邢佳立老师带领大家共同研讨。上午我们一起研究朱老师所给的任务，下午的研究我个人觉得比较实用，题目是《前测后测——数学目标的确定与达成专题》。刑老师对同课异构下的一个定义是由看一个心理测试图开始，即一个美女在舞蹈，她是顺时针旋转还是逆时针旋转？有的老师看到的是顺时针旋转，有的老师说是逆时针旋转。其原因是看的角度不一样，所以看到的结果也不一样。我觉得用一句话概括就是“境由心生，随心所想”，每个人看问题的角度不同所想也就不同，因有不同的看法而产生了“异”，课的建构也是一样，相同内容的课会有不一样的教学结构，这就是邢老师所说的自然状态下的同课异构。

怎样去备一节同课异构的课？邢老师根据她们的实际经验指出，“梳理知识、研读教材、了解学生”是三步必须要做的工作。梳理知识就是了解知识的构成，包括上位知识的整理要解决从哪里来到哪里去的问题；而研读教材是解决到哪里去的问题，也就是确定教学目标；了解学生是一个比较大的工程，首先要了解学生学习的起点，可以通过前测、访谈等方式进行。开始我还不清楚前测具体的意义，通过学习才明白，前测是一种了解学生的情况最直接最有效的手段，通过前测，老师可以调整自己的教学预设策略、教学方法，使教学做到有的放矢，从而提高教学的有效性。

邢老师还提到了同课异构“三段十步”的过程，给了我很大的启示。第一段是文献与创设，工作是选定课题、选定教案、前测访谈。第二段是检验与议论，上课听课、后测访谈、跟踪观察、评课交流、质疑答辩。第三段是反思与跟进，活动综述、编制《通讯》。这三段工作给了我一个明确的方向，即教研活动要有一个完整的全过程记录，有材料去支撑，有活动去牵引，这样的教研才是经得起他人推敲的。回想我们平时的教研活动，没有像他们这样有一个完整的体系来指导。在用人方面，作为学校数学科引路人，我更应该放手让科组长去负责，让骨干老师去负责，让他们经历负责整个教研的过程，使他们更快、更好地成长起来，使学校教研工作开展起来更轻松，覆盖面更广。

“同课异构”其实也叫“一课同研”或“多人研一课”，无论是哪一种模式，我觉得要从开始做好一个完整的计划，按照计划行事，让事情更具统筹性。市课题的实施需要统筹，接下来的工作要向这方面转移才行，看怎样使课题与教研工作更有效结合在一起，让老师不再那么累，不再做重复的工作。这样，老师做起教学工作来才有精力，才能够做精！

八、学习纵然辛苦，却是一种收获

时间：2011 年 07 月 23 日　　地点：莞城区政府大楼

今天是 2011 年 7 月 23 日，5 天的学习到今天是最后一天了，精神状态已经非常疲倦，没有一点点幸福的感觉。回想过去 4 天我学的东西，我的脑子是空的，好像都没有留下太深刻的印象。今天，朱老师给我们进行了提高课堂敏感度的训练，分片段进行分析，让我们对课堂教学行为进行提问，并特别强调是对做得比较好的与做得不够好的地方提出自己的想法。对于一节好课的标准，我还是很清楚的。评一节课应该从整体结构去评，因此，我比较关注一节好的数学课堂的特点。我认为应该多关注以下 6 个方面。

（一）要确定符合实际的内容范围和难度要求

每一节课都应当是有针对性的，没有一个适合任何学生的教材和教案。教师设计一节具体的课时，应当把它当作一个创造性的活动。只有根据学生的实际和充分考虑当时当地的教学条件，确定恰当的内容范围和难度要求，才能达到预期的教学目标。

（二）为学生创设宽松和谐的学习环境

好的课应当有宽松和谐的学习气氛，使学生能在探索和学习过程中产生丰富的情感体验。上板着面孔的课，学生可能会掌握有关的知识技能，但他们不会对学习数学产生兴趣，也不会有积极主动的探索热情。宽松和谐的环境并不意味着只有通过游戏或生动的情境才能实现，教师生动的语言、和蔼的态度、富有启发性和创造性的问题、有探索性的活动等都可以为学生创造和谐的环境。

（三）关注学生的学习过程，让学生有体验数学的机会

新课程的一个重要理念就是为学生提供“做”数学的机会，让学生在学习过程中去体验数学和经历数学。数学学习，特别是新概念、新方法的学习，应当为学生提供具体的情境，让学生在实际的操作、整理、分析和探索中去体会数学。

（四）尊重学生的需要，保护学生的自尊心和自信心，使学生都有机会参与教学活动

不同班级的学生会有不同的特征，同一个班级的学生也存在一定的差异。好的课应当关注学生的差异，尊重不同学生在知识、能力、兴趣等方面的需要。应当有针对性地设计不同层次的问题、不同类型和不同水平的题目，使学生都有机会参与教学活动，都能在学习过程中有所收获。应恰当处理学生学习活动中不同类型的反馈信息，保护学生的自尊心和自信心。

（五）运用灵活的方法，适应学生的实际和内容的要求

教学方法的选择和运用应根据不同年龄和不同发展水平学生的需要，同时也要符合不同的学习内容。探索与发现的方法是值得提倡的，但并不是所有的内容都应当用这样的方法。教学新概念、新方法的内容时需要学生去探索，但有些规定性的内容也可以用接受式的方法。

（六）为学生留下思考的时间

好的课堂教学应当是富于思考的，学生应当有更多思考的余地。学习归根结底是学生自己的事，教师是一个组织者和引导者。学习的效果最终取决于学生是否真正参与到学习活动中，是否积极主动地思考。而教师的责任更多的是为学生提供思考的机会，为学生留有思考的时间与空间。最简单的一个指标是教师提问以后是否给学生一定的思考时间，至少用几秒钟让学生思考，而不是急于下结论，判定学生会不会，特别是那些需要较深入理解和需要一定的创造性才能解决的问题，更要让学生有一定的思考时间。

由此可见，我需要学习的东西还有许多，只有学习，才有反思；只有反思，才有收获。学习过程可能是痛苦的，但学习肯定会有收获。

九、做一个“会思考”的研究型老师

时间：2011 年 10 月 01 日　　地点：城区政府大楼

今天一早来到莞城政府大楼，门卫靠着大厅的柱子对我说：“公共假期还这么早来？为何？”我答：“求学。”门卫立即恭敬站立说：“请慢走。”听后我心里挺感动的，与巧弟乘电梯上了 513 室。上午由朱老师授课，先是复习上一次所讲的内容，然后继续分析课例“年、月、日”。朱老师提到对观摩课例必须有课对课的灵敏度，要求在较短时间内能提出问题，并能想到解决问题的方法和理由。这点是我比较欠缺的，看来我的确是反应比较迟钝的一位了。朱老师所提出的是对一名研究型老师的要求，也是我要努力的方向。我们要做到在观摩教学录像时能提出问题，对所提的问题能用一两句话回答，也能从不同角度、有条理地阐述理由。

教师是人类灵魂的工程师，肩负着文化知识传承的重任。通俗地说，教师是靠嘴去赚钱吃饭的。做一名教师要学会敢说、能说、会说，特别是巧妙运用评价语言，好的评价语言对课堂中学生学习的意义重大。以前我总在想：做一名合格的老师只要能在课堂上讲清楚知识，让学生懂得如何去解决书本上和试卷上的问题就行了。但现在我想还要加上一条：会研究课、会提出问题，并能自圆其说。

朱老师在分析“年、月、日”一课时提出，作为上课的老师不能把问题弄碎喂给学生，要做一个有教学技巧的老师，提的问题要有连贯性，要学会等待，等学生把话说完，如果学生在说的过程中有一点停顿，这是正常的，教师不要急于让其他学生回答这个问题，或者老师急于去启发提示学生，特别是不要急于去肯定或否定学生的结论，要耐心地等待这个学生或其他学生经历完成问题的过程，最终自己经历思考与探索问题的全过程。

有这样一句名言：教育就是等待。我们要有耐心去等待孩子的成长。孩子每经历一个过程就是一个进步，作为老师要考虑的问题应该是如何去引导学生主动地思考和积极地探索知识的真谛，形成科学探究的正确方法和世界观，当一个学生对某个知识不熟悉的时候，会有一个解决问题的思考过程，“重复”有利于问题的思考。一分钟的等待可能换回来的是一百分的成功，我们应该有耐心去等待，让学生思考更有自信心，让学生完整地体验成功完成一件事的快乐（当然，一件事情包括了回答一个思考性的问题）。

回想我自己的教学生涯，有时候也会想到这样的一个问题：鼓励学生多讲、多思考，遇到问题也会要求学生静静地思考后再回答。而事实往往让我急躁。这就要求老师学会站在学生的立场上去思考，引导学生深入探索，在思考问题的过程中收获更大的进步。

学习是一件幸福的事

——2010—2012 年莞城区数学科骨干教师培训班总结

时间在不经意中逝去，转眼间在培训班的学习已经有两年了。记得在这个班开学仪式上，敬爱的余海花区长带领我们全班成员喊出培训的口号“好好学习，天天向上”还萦绕在耳边，那情景历历在目。两年来，我们在朱老师及培训团队的指导下经历了理论学习和实践探究的全过程，虽然过程是忙碌、辛苦的，但现在回想起来感受更多的是一丝丝甘甜。甜的是为自己的点滴进步感到高兴，更因为能面对面地接受朱老师的授课培训而感到幸福，我在幸福的培训中成长！

一、幸福学习：贤师引路

我们的导师——朱乐平先生是一位名师，在我的眼中他是一名智者贤师。他老人家是浙江省著名特级教师、国家新课程标准的研制组核心成员之一，小学数学浙教版新教材编者，曾任浙江省杭州市上城区教育局原副局长、上城区教师进修学校原校长。为了自己喜爱的小学数学教学研究，他放弃了别人梦寐以求的高级行政职位，这种在常人眼里不可想象的、勇于取舍的专业精神令我佩服得五体投地。朱老师做人心静，所以能醉心做自己心里想做的事情——研究教学；因为尊重生命，所以教学中总是能耐心聆听学生的想法。我想名师与贤师的差别就在于对人生境界的领悟。在培训中，朱老师的态度平易近人、和蔼可亲、脸带笑容、诙谐风趣；在授课时，朱老师出口成章、富有哲理、动人心弦；培训内容深入浅出、思路清晰、分析透彻。我想有这样的一位贤师引路，真是我们这班同学的福气！

朱老师最喜爱说的一句话是：要让学生有思考问题的空间。他倡导富有思考性的课堂，从培养孩子的思维习惯出发，课堂教师提出的问题要能激发孩子深层次思考问题，要留给孩子思考的时间。曾经有这样一个镜头：老师出示一道简单的问题，问学生想到什么？老师话音未落，学生纷纷举手，有的还站了起来。朱老师看了以后，认为这样的情况是活动有余、安静不足，他认为教师要引导学生安静、有序地观察，要让课堂安静一会儿，看看学生能否挨个按顺序来说，看看尖子生对于这种问题能否进行综述，能否对前面同学回答的内容做一个概括。原来，简单的问题也应该留给学生思考的空间。大家把朱老师这一课堂艺术称为“飞白艺术”。

在朱老师的课堂中我们经常看到一些现象。现象一：当一个问题抛出后，朱老师并不立即请学生回答，而总是稍做停留后再提请作答。现象二：学生作答后朱老师也并不立即做出是非判断，而是迟缓数秒钟后，再询问旁边的学生：“你听懂了他说的意思吗？有谁听懂了？”然后再根据情况做出具体反应。朱老师说这样做不仅留给学生一定的思考问题和咀嚼回味的时间，更重要的是激活了学生的思维，让孩子们的思维不会游离或懈怠，而是始终参与教学的进行。同时要求学生要学会倾听别人，学会思辨表达者的思考过程和表达内容的正误。

朱老师主张育人要先于教学。“所有的差生都要鼓励。”“人在活一个过程，不要在乎目的地，而要在于沿途的风景和看风景的心情。”“静静地与孩子们交流一定是一件幸福的事。”这些富有哲理的话出自朱老师之口。记得朱老师给大家授课或者评课时，他总会静静地聆听我们的想法，无论你回答得怎么样，他总是会从中找到优点给予鼓励。从他身上你可以感受到心静和做学问的幸福。从他身上你还可以感受到对生命的尊重。记得朱老师反复说，如果孩子不愿意将他的错误展示，就要尊重他，育人先于教学。“心静潜研”“尊重生命”是朱老师坚守的教育信条。我从朱老师身上看到了我国教育界的泰斗对教育的深刻理解。有师如此，是我等人生大幸！

二、幸福学习：专业成长

我们这个班培训的时间是从完成正常的教学教育工作后挤出来的，对于学校工作我们一件都不落下。有时是星期一至星期五培训，我们就得提前调好课、上完课才去培训；有时培训是星期六、星期日，一周连着一周都不休息，我们也都挺过去。培训时，白天听课，晚上回去整理笔记、写心得，培训完之后还要抓紧做调查报告、阅读资料……现在回想自己所走的每一步，有时也会佩服自己，佩服自己能够坚持走完这段成长之路。回顾朱老师给我们这个班的培训过程：理论课标学习—专项知识解读—专题课例研究—观点报告—研究报告—评课—公开展示。每一项都是非常专业的小学数学教学专项培训，过程虽然非常累，但收获颇多。我想这就是痛并快乐着的原因吧！

例如，朱老师系统地解读课程标准，让我更进一步理解了新课标的真正含义。特别是对关键的概念，朱老师都要求大家背诵出来。开始时，我一遍又一遍地背诵，但发现刚刚背完，过了一会儿又忘记了。主要是因为对一些数学专用术语没有深入弄清其内在含义，囫囵吞枣地背显然是“水流瓦背”，刚背又忘记。为了能更好地完成任务，我努力查找相关的内容解释，弄清每个名词的意思，根据平时的教学现象进行理解，并很快把要求背的内容记牢了。学习让我找到专业成长的途径，这是我最大的收获。

两年的培训即将结束，回想起我们一起走过的日日夜夜，无论是观点报告，还是面向全市的大型展示活动，都让我受益匪浅。我知道这种学习机会非常难得，再有这样的机会，我一定还会好好珍惜，在幸福的学习中成长和提高！

第二篇 02

主动探索 研究引领

小学“三角形面积计算公式”掌握情况的调查与分析

一、提出问题

“面积”在小学数学“几何与图形”教学中占有重要的地位，它是儿童几何思维发展水平的第三阶段。① 而三角形的面积知识则是小学阶段多边形面积系统知识中最重要的部分之一，三角形面积的计算掌握得如何将直接影响接下来的平面图形面积计算的解决。小学教材把三角形面积计算这一内容放在五年级上学期，现行的各版本教材都是把这个内容编排在平行四边形面积内容之后。新课标提出“让学生在理解的基础上会进行三角形的面积计算”，显然学生只掌握三角形的面积计算公式，对三角形进行面积计算是不够的，更需要教师引导学生探究深化三角形面积转化等本质性问题。

通过本次研究，我们将解决以下 4 个问题：①不同阶段学生对三角形面积计算的掌握水平如何；②学生对三角形面积的计算公式理解、保持和应用掌握情况如何；③学生对三角形面积的剪拼/转化等数学思想掌握得如何；④课堂教学三角形面积值得注意和探讨的问题是什么。下文试图从调查入手，研究这些问题，并对教学提出建议。

---

① 汪刘生，郭要红．小学数学教学研究［M］．合肥：安徽大学出版社，1997.

二、理论框架

（一）“面积”的内涵

现行小学教材一般是这样定义的：物体的表面或平面图形的大小，叫作它们的面积（表示二维平面图形的大小）。而北师大版教材叙述为：物体的表面或封闭图形的大小就是他们的面积。面积是对一个平面的表面多少的测量，因此，长方形、正方形、平行四边形、三角形等这些图形的平面大小学习，就是以测量表面多少为前提的知识探究过程。教材对三角形面积的计算教学是通过让学生对实物平面图形动手剪一剪、摆一摆、拼一拼的方法，探索出三角形面积与平行四边形面积的关系，总结出求三角形面积的规律，从而得到学习平面图形面积知识中的转化数学思想方法。

（二）面积计算掌握的水平层次

几何初步知识教学的目的，除了使学生掌握一些简单的几何形体的特征，计算有关形体的周长、面积和体积等，很重要的一点是要帮助学生形成初步的空间观念。空间观念是物体及它们之间的形状、大小、位置关系在人脑中获得的表象，小学生对空间的理解很大程度上依赖于其空间观念积累的程度。

面积计算主要通过动手操作将新知识转化为旧知识进行学习，这是一个小学生进入一种比较抽象或关联知识的学习阶段。对于三角形面积的计算不仅是对公式的套用，更重要的是对面积公式的意义要把握得清晰、准确，培养空间观念和实际应用能力。数学新课标也指出：要让学生在自主探索和合作交流的过程中真正理解和掌握基本的数学知识与技能、数学思想和方法，获得广泛的数学活动经验。因此，我个人认为学生掌握三角形面积有四个水平层次，分别是基础计算层次、基本运用层次、综合运用层次和灵活应用层次。这四种水平层次反映了学生对三角形面积的认识，以及比较、转化、替代、建模、数型结合等数学思想，体现了他们的空间观念的积累。下面对这四种不同的水平层次进行简单的阐述。

首先，所谓的基础计算层次是指学生不理解三角形的公式的由来，生搬硬套公式，只知道求三角形面积“$S = ah \div 2$”。这种层次的学生在学习过程中不注重学习方法的运用，只会死记硬背公式。由于受平行四边形面积计算的知识干扰，这些学生只知道底和高相乘的关系，经常在计算时不知道关注底与高的数据是否对应，也不会想底乘高表示什么，最后结果经常漏除以2。

其次，基本运用层次是指学生基本知道了三角形的公式推导过程，能找到底和高等直接条件正确解决简单的三角形面积计算的问题，但有时也会遗漏除以2。这种层次的学生能理解三角形与等底等高的平行四边形面积的关系，能够利用三角形的面积计算公式“$S = ah \div 2$”进行计算，知道底和高相对应时才能相乘从而求出三角形的面积。

再次，综合运用层次是指学生能用转化的思想推导三角形面积计算公式，能综合地利用间接条件解决或想办法求三角形面积。这种层次的学生能够利用数形结合和转化的思想方法充分理解三角形面积计算公式，利用间接条件解决求三角形面积、底或高，并能利用三角形面积计算公式解决生活中的问题。

最后，灵活应用层次是灵活运用三角形的面积公式准确解决与三角形有关系的个体平面图形的面积问题。活学活用是知识应用的最高层次，学生对所学知识不但知其然，还知其所以然，数学技能、思想方法、解决问题能力全面提升，学生会转换所给的间接条件解决有关长方形、正方形、平行四边形、三角形面积等平面图形面积以及组合图形的面积问题。

三、研究过程

（一）测试对象

考虑到研究的代表性和方便性，选取东莞市莞城某小学五、六年级的4个班，用随机抽签的方式，每级抽2个班，分别是五（5）班、五（6）班、六（2）班、六（4）班。各班人数分别是45人、46人、39人、36人。

（二）测试方式

本次调查我们采用试卷测查与个别访谈相结合的方式。测试后，对学生的解题情况进行了整理，在整理的基础上，选择了部分学生一一进行访谈。访谈在测试完的两周后进行。

（1）问卷测查。选取了某一天，班主任组织学生进行了测试。在测试前，我们没有给学生任何解题提示，也没有读题，直接让学生独立解题，并在完成后把测试卷交给班主任。学生在解题过程中没有任何的讨论和交流。整个测试过程基本反映学生在自然情景下解决问题的水平。

（2）个别访谈。在测查活动完成后，我们立即对卷子进行评卷分析，对部分学生进行访谈。

四、测试结果与分析

测试完后，我们对五、六年级学生的答题准确率进行统计，具体情况如下。

第一题：基础计算层次。目的在于考查学生对简单的平面面积计算基本知识点的掌握情况，在直接给底和高的数据的情况下，学生是否能利用平行四边形或三角形面积相关知识点准确进行计算。

其中，第 1 小题是根据画出的图形条件进行面积计算。先给出刚刚学过的平行四边形，再接着给两个三角形。通过让学生计算不同的两种图形面积，引起他们对这两种不同图形的面积公式对比，加强公式再次记忆。第 2 小题是给出文字描述的条件求三角形的面积。本题想通过测查了解面对抽象的文字描述和形象的图形出示两种不同呈现方式时，学生解题的差异度。第 3 小题是给三角形的底与高要求三角形的面积。本题想了解学生对条件和问题的理解又是怎样，是否对计算三角形面积有干扰。

通过统计，这 3 小题的解题准确率情况如表 1 所示。

表 1

题目 类别	第 1 题	第 2 题	第 3 题
五年级	98%	97.4%	95.4%
六年级	99.2%	97.9%	96.6%

从表 1 可以看出，五、六年级的学生对直接套用三角形面积基本计算已经

掌握得不错。而第 1 小题由于有了先求平行四边形面积，再求三角形面积，从不同的图形对比中，学生有意识地在求三角形面积时最后一步除以 2。从这 3 个小题的解题数据可以看出，图形、文字、表格三种不同的信息呈现方式没有给学生计算图形面积带来不同影响。

第二题：基本运用层次。本题初步考查学生对转化等数学思想方法掌握的情况，同时有效渗透探究过程与方法的测试，突显出三角形面积与平行四边形面积的关系。

第 1 小题是找出三角形图形相应的底和高，去求三角形面积。一个三角形出现三个数据时如何办？选择哪些数据才有效？这里同时也考查了学生对三角形的底与高一一对应关系的理解。这题的解题准确率情况如表 2 所示。

表 2

对象 题目	五年级	六年级
第 1 题	91.2%	96%

从表 2 来看，学生基本上懂得了找底与高相对应的关系，还有个别学生受到不同数据的干扰，导致了错误。五年级的错误率比六年级要稍高，为了了解情况，我们分别找了五、六年级出现错误的学生进行个别访谈。(见表 3)

表 3

师：第 1 小题是什么图形？ 生齐答：三角形。
师：第 1 小题你怎样想？ 生 1：我一开始时就看见 10 厘米与 8 厘米相近，就把这两个数相乘了。

通过访谈和对其他学生的调查情况可以看出，学生对题目中出现的数据没有认真审清楚是否为解题所需要的条件就立即相乘，这种错误情况比较普遍，在教学中有必要加强审题习惯的培养。同时也发现六年级学生错误较少是因为图形认知和寻找有效信息的能力是随着学生年级的增长而提高的，他们可以比较快地找出有效的信息。

第 2 小题是考查对学生探究三角形面积转化过程的再次呈现，求三角形先联想到由两个完全一样三角形所拼的平行四边形，让学生理解、掌握、深化由三角形转化为平行四边形的必要性。

基本运用层次是新课改后对学生在现行新课标教材背景下的基本要求，第 3、4 小题是生活中关于三角形面积的简单应用题目。让学生感受到生活处处有数学知识，数学知识就在我们的身边，使数学知识更容易理解。

第 2 至第 4 题的解题准确率情况如表 4 所示。

表 4

题目 类别	第 2 题	第 3 题	第 4 题
五年级	90%	95%	94%
六年级	92%	97%	96%

五、结论与建议

（一）本次调查所得结论

第一，学生对三角形面积的教学内涵没有很好地理解。学生计算三角形面积的首选方法是数格，那么次选方法是什么？他们的第二方案应该还是在自己的经验中寻找帮助。这些经验当中，与计算面积有关的直接、简单、容易操作的内容就是在前面的几节课刚学过的“切割平行四边形成长方形”的方法。他们对“切割”这个动作记忆犹新。其原因是：①这个技巧刚刚学过；②切割是个动作，但这个动作能把不规则变规则，所以印象深刻；③这个简单的动作能完成面积计算的任务。所以他们的下一步动作会是模仿上一节课的做法，想办法切割三角形的某一角移动填补另一角，变三角形成长方形或平行四边形。按这个说法，学生在寻找计算三角形面积的方法时，首先会在自己手中所拿的三角形卡片上琢磨，对这个三角形进行加工处理，这表明前面所学知识会对探究产生影响。

第二，教师的教学没有有效地渗透数学思想方法教育。教学中很多需要高水平认知活动的挑战性问题被只需模仿和记忆的低层次问题所取代，学生学习三角形面积的计算方法是在建立了平行四边形面积之后，在教师的引导下，他们通过观察、操作、探究、实践、合作、交流等活动主动建构的，是对三角形面积进行自主地扩充、再建而成的新的知识体系。如果把学生的学习活动降格为机械化的程序性练习，他们虽然在短时间内增加了知识的占有量，但内隐于面积计算方法中的鲜活的数学思想却无法领悟，学生的认知结构和思维能力难以吸收到有价值的营养元素。

（一）原因分析

第一，教材呈现三角形面积推导方法的缺失。学生在教师的引导下用两个“全等”三角形进行拼接时，是一个尝试的过程。教材举例说：小华拼出了一个长方形一个平行四边形，小林拼出了两个三角形。一个人拼的全是能利用的，一个人拼的全是不能用的，两个人的对比太大。我们想这不是教材的疏漏，是为了突出教学任务和目标。另外，教材举的例子是两个三角形能拼成一个长方形和一个平行四边形。但实际上能拼成两个平行四边形，加上长方形就是有三个图形是已经学习过的，都能用来推算三角形面积。教材忽略这个没有列出的平行四边形，我们猜可能是因为它的倾斜度过大，在视觉上有一种要“倒”的感觉。如果学生受视觉效果的影响，注意力分散，会影响到他们分析两种图形的底、高和面积的关系。教材作为学生主要的学习工具，有必要突出呈现主要的方法，做到科学性和针对性并重。

第二，教学中缺少对知识的拓展、应用。在教学“面积”的认识时，没有注重在生活中寻找有助于学生理解平行四边形、三角形概念的原型，丰富面积的内涵背景知识，将面积这一概念由静态的、抽象的知识加工成动态的、看得见、摸得着、可操作的活灵活现的内容，用实物摸一摸感受。在探究了三角形面积的计算公式之后，比较注重对学生机械化的计算练习，轻视了对学生所得结论理解过程的挖掘，轻视了学生对数学应用价值的体验。

（三）教学建议

第一，引导学生自主探究，形成用数学解决问题的思想方法。老师引导学生探究三角形面积公式的过程时，学生手拿三角形，听完老师布置任务。怎么拼、能拼出什么都不太清楚，只能先随便地拼一下试试。如果运气好或者预想能力较强，可能直接拼出平行四边形和长方形。学生在试验时会发现不等边拼接没有后续效果，因为这些组合图形都不规则，不能把握。然后，学生会把注意力放在那些特殊图形上。一类是那些中心对称的平行四边形，这是学习过的内容；另一类是那些左右对称的凸多边形，这是好奇心驱使，随即会放弃。学生的试验，开始可能是无序状态，随着注意力的集中，目标一个一个出现，学生的意识中必定会对自己刚才的所有拼接进行回顾（很多时候这个回顾是无意识的），找到拼出所有图形的方法得出两个全等三角形能顺次拼出 3 个形状不同的平行四边形的结论，使自己的思维进入有序状态。在教学中教师要激发学生强烈的探究欲望，让学生去猜测、去感受、去实验、去交流、去概括，重视把他们的思维引向深入，使学生扎实、透彻地理解三角形面积公式的转化过程，从而形成未知的知识可以想方法转化成已知的知识的思路，找到解决问题的方法。

第二，引导学生动手操作，关注知识形成过程。学生对公式的推导过程本身也是对公式的熟悉过程，过程熟悉了，结果也就熟悉了。以后也就无须用多得吓人的练习题让学生做，把公式强印到学生的脑子中。学生在探寻知识的过程中所取得的经验和教训就是知识发挥作用的结果。一般，我们认为把知识放在问题中解决问题，知识的作用就发挥出来了。但是，问题从何而来？来自思维。思考什么？思考我们看到的，感觉到的。如果对周围事物的发展、变化、规律、联系、相互作用、矛盾冲突以及相似性、特殊点（这些名词、概念确实存在于我们的意识和思维中）没有任何的反应，就不会产生问题、提出问题。不会发现问题的人，一般也不会主动回答别人的问题。让学生自己动手就是为了训练学生的动手能力、观察能力和感受性。

第三，关注知识联系，搭建知识点的纽带。学习活动中，知识点之间的联系是教学过程的生长点，找到知识间本质共性的特征能使知识本身更容易被理解，用一条纽带将各知识点串联起来，让学生学得更轻松，更有效！可谓是授人以鱼，不如授人以渔！

关于低年级学生口算能力情况调查与分析

一、测试的背景与问题

口算，又称心算。“口算”主要指不借助任何计算工具，直接通过思维活动计算出结果的计算方法，就是边心算边口说的运算。《数学课程标准解读》中提到心算是“用你的脑子去算”，而不是“在你的脑子里算”。心算不仅仅是作为笔算的台阶，而是一种不同的训练，是课程中独立的部分。在数学教学中，最基础的能力培养是口算能力的培养，口算能力直接关系到学生的学习习惯、情感、意志等非智力因素的发展。口算是笔算的基础，只有抓好口算，计算能力才能提高，速度与准确率是口算的两个重要检测指标。同时，在人们平时的生活中也经常要用到口算，特别是在低年段的数学教学中表现尤其突出。那么，影响低年级学生口算能力的因素有哪些？怎样提高低年级学生的口算水平？根据这些问题，我们对莞城英文实验学校一、二年级学生抽测进行分析，以期找出其中的原因。

根据一、二年级学生心理认知水平、年龄特点、数学能力，我们把测试题分成以下 4 个纵向的水平。

水平 1：不退位（不进位）的准确顺推直接写出得数。由于一、二年级的学生认知水平不高，水平处于第一学期还需要老师读题的位置，因此对“掌握基本的运算”这一个课程标准要求每一个学生应达到基本水平。

表 1

一年级基础题：
2 + 7 = 　6 − 1 = 　10 − 9 = 　3 + 4 = 　7 + 1 =
二年级基础题：
6 × 6 = 　28 − 20 = 　70 + 5 = 　3 × 3 = 　18 − 9 =

水平 2：退位（进位）的准确顺推直接写出得数。退位（进位）的口算对学生答题的思维层次要求更高了，首先要求学生掌握如何退位，退下的如何处理，进位的也是如此。一、二年级退（进）位口算内容面比较窄，只局限在加、减法。

表 2

一年级退（进）位题：
10 − 9 = 　9 + 7 = 　7 + 4 = 　8 + 6 = 　10 − 8 =
二年级退（进）位题：
34 + 9 = 　45 − 7 = 　29 + 8 = 　50 − 6 = 　29 + 8 =

水平 3：不退位（不进位）的准确逆推直接写出得数。逆推是反向思维，是上升了一个层次的思维。利用逆推直接写出得数也就是说除了思考如何口算还要思考为何这样算。这样不再局限于算，更重要的是落脚点在于使学生明白算理：为什么要这样算？因此，能按时准确口算出结果的是先明白算理，再按不退位（不进位）的加减算出结果。

表 3

一年级逆推题：
2 +（　）= 6 　（　）− 1 = 3 　5 −（　）= 1 　3 +（　）= 8
二年级逆推题：
6 ×（　）= 30 　28 −（　）= 20 　75 +（　）= 5 　3 ×（　）= 18

水平 4：退位（进位）的准确逆推直接写出得数。准确利用逆推中退位（进位）口算是低年级学生口算水平最高层次，体现学生对算理和计算的法则运用自如。这种题型题量要小，特别是一年级应该要注意让学生认真完成答题，保证结果不受不必要的因素影响。

表 4

一年级逆推题：
2＋（ ）＝10　（ ）－1＝9　10－（ ）＝1　3＋（ ）＝10
二年级逆推题：
28－（ ）＝9　70－（ ）＝18

二、调查对象与方法

（一）调查对象

莞城英语实验学校一年级和二年级中各随机抽取 45 名学生，共 90 人。

（二）调研方法

书面检测和个别学生访谈相结合。书面检测时间于 2010 年 12 月 13 日上午，用时 10 分钟。

三、调查结果

从整体上看，学生卷面书写得非常干净，大部分学生掌握了计算方法，能正确计算出结果，能在十分钟内完成口算，计算能力较强。也有部分学生虽然能在规定时间内完成口算，但正确率不是很高。结果如表 5 所示。

表 5　一、二年级口算测试情况统计表

学校	年级	参测人数	10 分钟内完成	10 分钟内未完成	全对人数	错 5~10 题的人数	错 5 题以内的人数
莞城英文实验学校	一年级	45 人	40 人	5 人	35 人	4 人	6 人
			88.9%	11.1%	77.8%	8.9%	13.3%
	二年级	45 人	43 人	2 人	29 人	7 人	9 人
			95.6%	4.4%	64.4%	15.6%	20%

从测试结果来看：一年级参测的 45 名学生中，有 35 人全对，占一年级参测总人数的 77.8%；5 人在 10 分钟内未能完成，占 11.1%。二年级参测的 45 名学生中，有 29 人全对，占二年级参测总人数的 64.4%；2 人在 10 分钟内未能完成，占 4.4%。整体来看成绩较好，学生基础知识和基本技能过关。特别是基本题学生答题的正确率比较高，说明学生审题较认真，注意力集中。

四、测试错例分析和个别访谈

试卷共设计了 80 道口算题，其中两位数加两位数 7 道，两位数加一位数进位加法 13 道，两位数减一位数退位减法 14 道，两位数减两位数 6 道，加减混合运算 8 道，乘法 32 道，口算的知识点覆盖比较全面，难易适中，符合教学进度，没有超出学习范围的题目。规定时间为 10 分钟，与题目数量安排得当，照顾到了不同层次学生的能力。

一年级学生错误的原因多是写错、看错、算错，而知识性错误比较多的题目，如（　）$-1=9$，有 25 人填了 8，我们做了一个访谈，记录如表 6 所示。

表 6

> 师：你为什么错了？错在哪里？
>
> 生：主要是没有审清题意，看到算式中的减法就用了 $9-1=8$。

根据现场统计，25 名学生的错误基本上是以上原因，错因比较一致。

二年级错误比较明显的是漏写、算错等情况，还有的学生速度比较慢，在

10 分钟内未能完成。另外，如 28 - （　） =9 的结果填了 20，18 + （　） =70 的结果填了 78，访谈如表 7 所示。

表 7

师：你为什么错了？错在哪里？ 生 1：看错了，28 错看成 29。 生 2：用 70 +8 =78。

一、二年级学生的错误有共性的地方是学生时间不够、看错了，没有看清楚就急忙动笔填。

五、测试后所采取改进的措施

（一）端正学习态度，培养良好学习习惯

从小学生的计算中可以看出，学生的口算能力较强，对于计算的方法也已经掌握，但仍有学生在练习、考试中计算出现失误，经分析原因有以下几点：数字的书写不规范；审题不认真，看题不仔细，导致看错、抄错题目；计算过程未按要求进行；做完不检查，不验算。因此，我们应该在平时的教学过程中注意培养学生良好的计算习惯，从而提高学生的计算能力。

（1）培养学生良好的计算习惯。良好计算习惯的培养从书写开始。要求学生认真书写阿拉伯数字和运算符号，计算后要检查。教师要教育学生拿到题目后认真审题，看清楚题目要求，想明白算理，然后再算，算后仔细检查，作业要写得干净整洁。

（2）重视良好学习习惯的养成。教师应培养学生在计算时一丝不苟、严肃认真、及时检验的学习习惯。对学生在作业本上出现的计算错误，先不打叉，而打个点，让学生找出错误改正后，再打对号。这样，就可以帮助学生树立自信心。

只有在教师严格要求下的反复训练，坚持不懈，良好的学习习惯才能逐步形成。只有培养学生良好的学习习惯，才能提高学生的计算正确率。因此，我

们应该在教学中要求学生做到：细心观察，认真审题，仔细抄题，题做完后从多角度进行验算，并检查。对阿拉伯数字，运算符号严格要求，规范书写。经常这样要求，使学生养成良好的学习习惯，就可以避免一些不必要的错误出现，从而真正地为学生的计算“保驾护航”。

（二）创设教学情境，促使学生明白算理

低年级学生尤其是一年级学生以具体形象思维为主要形式，因此，教学时要特别注意创设情境，让学生通过事物的感知来理解算理。

例如，“9 加几”的教学，可以让学生通过实物操作来感知“凑十”的过程和方法，进而理解“凑十”的算理。

“9 加 4”，出示共有 10 格的盒子，其中已经装了 9 个皮球，盒子的外面有 4 个皮球。让学生通过观察，动手摆，知道为了能很快算出一共有多少个皮球，只要把盒子外面的 4 个皮球，拿出一个放在盒子的空格里，凑成一整盒 10 个，盒子外面的皮球由于拿走 1 个，还剩下 3 个，即把 4 分为 1 和 3。进而说出 9 个和 1 个凑成 10 个，10 个再加剩下来的 3 个就是 13 个，接着列出下列算式：$9+4=13$。

同样，教学“$9+7$”“$9+8$”，先出示实物图，让学生画一画，凑成十，再相加。

教学“$9+3$”“$9+5$”要求学生动手摆小棒，边操作边说过程边计算。

这样使学生在“动一动、画一画、摆一摆”中充分感知“看大数，分小数，凑成十，再相加”的计算过程，进而理解“凑十”的算理。

在教学活动中，我们不光要注重交给学生理论知识，还要让学生在实践中形成正确的逻辑思维能力，使学生系统地掌握知识，形成数学能力。

（三）加强计算练习，提高学生计算水平

虽然我们反对过度练习，但熟能生巧，计算能力的培养离不开适度的练习，任何知识都需要在用的过程中逐渐被接受和内化。我们可以在练习形式多样性和趣味性方面下功夫，提高练习的操作性，寓学于做，教、学、做合一；增强练习的游戏性、挑战性和趣味性，寓学于乐。因此，培养学生的计算能力，要重视基本的口算和笔算的训练，引导学生在理解算理的基础上，通过必要的练习逐步达到教学要求。

（1）进行经常性的基本口算练习。口算是笔算的基础，它具有费时少、容量大、形式活、速度快的特点。因此，通过口算训练，可以促使低年级学生计算能力的形成，培养思维的敏捷性。口算教学时也应注重算理和算法的教学，使学生知其然，又知其所以然。例如，教学“20 以内进位加法”时，可以通过摆圆片的活动让学生自己找“9 +（ ）”的算式，在移动 1 个圆片凑“10”的计数过程中使得不同层次的学生体会到“凑 10 法”，进而迁移算理，学习“8 +（ ）”“7 +（ ）”，最后引导学生找出窍门：看几，拆几，拆成几和几，等于几。

口算训练的基本形式是视算和听算。视算是通过眼看、脑算、口说得数；而听算则要通过耳听、脑记，才能说出得数。在口算训练中经常变换口算形式，将视算和听算相结合，交替使用，可以提高学生的口算兴趣。

（2）加强课堂练习的指导。在课堂上，教师不仅要教给学生计算方法，掌握计算法则，而且要多给学生练习的时间，力求在课堂上多练，完成课堂作业，特别是对学生在计算中易出现的失误应及时指导。

（3）重视运算过程的检查。在批改混合运算的计算题时，如果得数不对，先让学生检查运算过程，找出问题，及时纠正运算程序中的错误。这样，学生就会养成主动检查的习惯，从而不断地提高计算的正确率。

（4）练习的形式多样化。教学时要吸引学生主动参与，变“要我练”为“我要练”，把练习过程变成小竞赛，挑战同学，挑战自己；把练习变成技巧的探索，我发现，我总结，我成功；把练习变成小游戏，我游戏，我快乐，我喜欢；此外，学生的小组听算检查、比赛，自编计算题都是很好的练习形式。这样通过充分发挥学生主体的自主性来巩固计算技能，学生的计算技能就在不知不觉中提高了。

（5）引导学生了解一些速算的技巧。虽然我们反对教师一味地把一些计算技巧塞给学生，但是仍然认为学生有必要适当了解一些计算的技巧。任何事物都会有潜在的规律，人总会自觉不自觉地去琢磨其中的一些技巧，学生也不例外。

在计算题中，数与数之间有许多紧密的联系。掌握了这些关系，也就抓住了其中的规律，使得许多大规模的运算简单起来，从而提高运算速度，同时也能增加解题的趣味性和灵活性。正是由于许多学生缺乏这种灵活解题的能力，才使得计算变得既枯燥又低效。

六、测试后的一些思考

在推行课改的今天，一些老师认为课程改革降低对学生计算能力的一些要求，就是说计算教学不那么重要了，进而大大地放松对计算技能的练习，这是一个误区，且非常有害。实际上，学生的计算能力直接影响到学生其他数学能力的提高。因此，在计算教学过程中，老师应该首先从思想上重视计算内容的教学，要根据小学生的心理特点，培养学生养成良好的学习习惯，通过加强练习，不断地提高学生的计算能力，进而发展学生的思维水平和提高学生的数学能力。

英特尔® 未来教育模式下小学数学课堂教学实效性的实践与研究

——东莞市教育科研“十一五”规划 2015 年度课题开题报告

一、课题的提出

（一）现代社会信息化发展的需要

在这个经济快速发展的现代社会，信息资源不断更新，人们意识到知识共享的强大影响。信息化的世界互联，达到全球知识资源共享。在这样的信息化背景下，传统教学被淘汰的趋势已不可避免，现代的教学设计中教学方式、学习方式、学习目标等将会发生变革。美国、印度、日本以及欧美等信息技术发达的国家早已经把信息能力融入学科的教学之中，享受着高科技给教育带来的好处，为我们教育发展提供较好的借鉴意义。

（二）新课标落实发展的需要

传统的教学由于过多关注知识掌握的结果，忽略了学生是通过什么样的学习方式和策略来学习，不利于学生持续发展。新课标提出教学要更强调学生的主动参与，创新学生的学习方式，激发学习的热情，使学生学习成为终身学习。教育目标是提升学生的素质和能力，而不再是简单僵化的分数指标。因此，需要探索一种与新课标相吻合的教学模式，提升学生学习的效率，面向学习过程和以学生为中心是新模式的基本特征。

（三）教师自我成长的需要

新课程实施的环境下教师角色发生改变，教师是学生学习的助学者、授导者、合作者、研究者。从个体意义上讲，教师自身是个“自我成长者”，能够利用每一种体验来提高自己的教学效能，寻求挑战，自我评估，自我指导，在教学过程中与学生共成长。

集信息化、合作化、过程化于一体的英特尔®未来教育（Intel® Teach to Future）项目的出现为我们加快教育改革，实现创新教育和素质教育提供了一条可探索的新途径。教学创新的关键不该简单表现在形式上，更应落实在这种新的模式下。小学数学课程教学的有效性，表现为是否能提高教与学的效率与质量，是否在教学中产生更高的效能。因此，我们提出英特尔®未来教育模式下小学数学课堂教学实效性的实验研究。

二、课题研究的意义与界定

（一）研究意义

实施英特尔®未来教育模式下小学数学课堂教学实效性的研究有以下 4 点意义。

1. 改善传统小学教学的弊端与不足

小学生学习的自控性较弱，注意力不容易集中，传统传授知识方式的讲课枯燥乏味，学生没有学习兴趣，课堂上经常出现教师是“霸主”的情况，重教而不关注学。一堂课下来学生仅仅是课堂的旁观者，课堂实效差，课后作业又“压力山大”。本课题是为了探索更好的教学方法，以激发学生学习兴趣，提高课堂学习的效率。

2. 探索英特尔®未来教育模式教学应用的意义与作用

教师的信息教育能力培训已经完成，本课题探究了如何实现培训教师为教学增效的功能，检验培训的效果。同时，研究英特尔®未来教育模式在教学中的有效性，以实验研究的方法进行课堂教学探究，验证实施的效果。

3. 转变师生教与学的观念与方式

教育部师范教育司马立司长曾说过：英特尔®未来教育以学生为中心的先进

理念，任务驱动、设计项目、问题引导、资源共享、合作学习等一系列教学手段和教学思想值得借鉴。课程改革启迪我们，基础教育不再是仅仅利用计算机制作课件，而是探究信息化教学，将信息技术与教学内容、方法、手段有效地融合在一起，实现基于信息化手段与资源的教学设计。转变原来过时的教学观念与方式，实现“以教师为中心”向“以学生为中心”，“面向结果”向“面向过程”两个观念的转变。

（二）厘清概念内涵界定

1. 英特尔®未来教育模式

英特尔®未来教育培训项目是全球性和公益性的教师培训项目，是美国英特尔公司开发设计的培训计划，是为教师专业发展服务，实施有效利用信息技术的课堂教学新模式。项目是通过培训少量的学科主讲教师从而让主讲教师培训更多学科教师的模式，使受训教师充分领悟如何设计并实施开展教学中的探究性学习，有效掌握怎样把现代教育技术带来的先进教学手段与小学数学新课程结合起来，与整个教学实践过程融合，实现新课程标准知识目标、能力目标和情感目标，其本质就是现代教育技术在教学中的高效运用，探究信息化的教学。

英特尔®未来教育模式是一种顺应新课程改革要求的全新教育理念，主要体现以学习活动为中心和以学生为主体的教学模式，采用研究性学习、个性化学习、任务驱动及协作学习。整个教学过程是由 10 个模块组成：模块一，单元计划；模块二，查找实施单元计划的资源；模块三，创建学生的演示文稿；模块四，创建学生出版物；模块五，准备教师支持材料；模块六，创建学生网站；模块七，建立单元计划支持材料；模块八，整合单元计划；模块九，评价单元计划；模块十，建立单元计划实施方案。该模式以单元计划贯穿教学始末，完成教学的全过程。

2. 实效性的表征

英特尔®未来教育模式下教师要有较好的信息化教学设计能力，这是搞好教学工作的前提条件，教学的实效性表现为两个方面：一方面是师生信息技术能力的提升，另一方面是学科本位知识与能力水平的提升。对学习主体即学生而言是指在教学过程中是否促进学生的学习能力和兴趣的提升，研究中将通过案例实验进行教学实施的前后数据对比分析，实现教学活动的效能最大化。而对教学组织者即教师来说应体现是否促进教学能力的提升，包括理论水平和实践教学技能水平的提升。

如果达到预期研究，本课题有积极的理论意义和现实意义。它将更有效地优化小学数学课堂教学，重视学生三个维度目标的培养，使学生学到知识，增长技能，培养具有信息处理能力的、独立的终身学习者；它将改变现行小学数学课堂的传统教学模式，创立一套有效的可供借鉴的小学数学课堂教学模式。因此，对这一课题的研究具有较高的创新应用价值。

三、课题研究的现状

（一）国外研究现状

“英特尔®未来教育”项目出现于19世纪60年代，是一个大型国际合作项目，首先盛行于美国、英国、加拿大、日本等一些发达国家。20世纪初，随着项目的逐步完善和成熟，此项目扩展到一些发展中国家，应用的范围不断扩大。目前已在世界上70多个国家开展培训工作，到2011年10月已经培训了1000万名教师，接受项目培训的教师利用所学的新的教学手段在世界各国开展教学活动，以新的理念完成自己的教学。

自2003年起，教育开发中心开始对英特尔®未来教育核心课程进行全球评估。评估结果显示，接受培训的教师在以后的教学过程中运用信息化技术进行教学的占82%，96%的受训教师认同这种以学生为中心的教学模式，93%的受训教师认为在英特尔®未来教育理论指导创建的教学计划能够激发学生学习的热情，提升高级思维能力，使学生更积极地参与到学习中去。

（二）国内研究现状

英特尔®未来教育从2000年7月正式进入中国，与教育部共同启动了“共创未来教育计划”，至2008年底，已有100多万名中小学一线学科教师通过培训，大面积提高了信息技术在课堂上的有效应用。2010年12月，英特尔与中国教育部再次签署了2011—2015年深化教育合作谅解备忘录，共同推进中国的教育改革与创新人才培养，英特尔®未来教育已经深入扎根中国的教育。

未来的竞争是科技的竞争，是创新人才的竞争。英特尔®未来教育模式培养的是未来的人才，现在在教师培训方面发挥了较大的成效，在基础教育中也有关于英特尔®未来教育相关的理论，但在实际课堂教学中运用英特尔®未来教育模式进行课堂实效性研究的并不具体，还没有出现与现行具体教学情况相一致的研究体系，是一块尚未开发的领域。

四、课题研究的理论依据

本课题是基于信息资源环境下的探究性学习研究，也是基于未来的教育模式的研究，研究主要依据的理论有以下 3 个。

（一）建构主义学习理论

建构主义学习理论是把以学生为核心这一主旨观念作为根本要点，主要关注学习主体的学习主动性，要求学生主动探索、发现和积极主动建构意义。建构主义学习理论提倡学习环境的四大要素，即情境、协作、会话和意义建构，这些与英特尔®未来教育的要求是一致的，也可以说是建构主义学习新内涵的具体体现。具体表现为：①关注学习主体的学习过程；②充分发挥学习要素的作用。

（二）多元智能理论

美国著名的心理学家霍华德·加德纳提出人有多种不同的智能，通过适当的教育方法，不同的人会得到不同的发展。以学生为中心就是要关注学生个体的发展，强调以学生为本的可持续发展的全新的学生观，注重教学实践评价的多元化、动态化和互动化的评价观。

（三）布鲁纳的发现教学理论

“结构—发现”教学理论从教学角度看，教师作为教学组织者在教学实践活动中引导学生自己发现问题，在解决问题过程中学习知识，研究内容，总结规律。发现能力与高级思维呈正相关，问题引导、任务驱动是发现教学理论的核心，能够更好地实现学生自主学习。

五、课题研究的目标

（1）通过英特尔®未来教育模式下小学数学课堂教学的研究提升师生的信息技术能力。

（2）通过英特尔®未来教育模式下小学数学课堂教学研究提升教师信息化教学设计能力。

（3）通过实施英特尔®未来教育模式下小学数学课堂教学的实效性研究，探索有效的课堂教学新模式。

（4）通过英特尔®未来教育模式下小学数学课堂教学的实效性研究转变教师的教学观念。

六、课题研究的主要内容及对象

（一）研究的主要内容

（1）形成英特尔®未来教育模式下小学数学课堂的现状调查及其研究报告。

（2）确立英特尔®未来教育模式下小学数学课堂教学实践研究的基本工具及研究方法。

（3）开发英特尔®未来教育模式下小学数学课堂教学的优秀单元作品集。

（4）创建英特尔®未来教育模式下小学数学课堂教学的专题网站。

（5）形成英特尔®未来教育模式下小学数学课堂教学的单元计划集。

（二）研究的对象

莞城英文实验学校数学科 12 个班，其中一个年级选择水平大致相同的 2 个班。实验教师共有 6 名，其中 1 名信息技术科老师负责技术指导。

七、课题研究的方法

（一）文献研究法

课题组运用文献法，查阅和学习文献期刊和专业书籍，对英特尔®未来教育有了较深入的了解，从小学数学高效课堂的分析中找到两者的切入点，参考相关课题中的研究方法，为课题的后续研究提供依据。

（二）经验总结法

小学数学应用英特尔®未来教育模式进行课堂教学是建立在教师受训英特尔®未来教育项目之后，在实际教学之中出现怎样的情况，如何解决出现的问题，需要教师在这个过程中不断反思、不断总结，形成经验，为后续的研究理论提供支持。

（三）实验研究法

通过设立大致相同的班级选取为实验班和对照班，实验班实施英特尔®未来教育模式教学法，对照班实施传统教学法，经过对不同的班实施不同的教学，对所出现的实验效果情况进行详细分析，形成实验成果。

（四）调查统计法

研究前期和后期都采用了问卷调查法，对学生的知识能力、操作实践、学习积极性和学习动机进行研究分析，促使研究过程的顺利进行，为教学的实施成果和存在问题的分析提供参考。

八、课题研究的步骤

（一）准备阶段：（2007 年 3 月—2007 年 8 月）

通过培训使课题组成员能更熟练地操作计算机、投影仪等教学设备，熟悉常用办公软件；了解信息技术与学科教学整合的意义、方法及进程，了解建构主义理论对实际教学工作的指导意义；熟悉网络资源查找及网页制作软件并制作课题网页。制定出具体的课题研究方案。

（二）实施阶段：（2007 年 9 月—2010 年 9 月）

探索研究信息技术融合于小学数学课堂教学的具体方法；探索师生在英特尔®未来教育模式下教与学的活动课例，初步形成适合我校学情的创新教学模式；研究英特尔®未来教育模式的课堂教学相应的评价量规等评价方式，并积累研究资料，初步形成文档。

（三）总结阶段：（2010 年 10 月—2011 年 9 月）

初步开发英特尔®未来教育学科研究交流的专题网站；进一步探索并形成适合我校学情的全新教学模式；探索形成适应新要求的教师教学评价和学生学习评价机制；整理英特尔®未来教育模式下教与学典型课例录像、课件、学件，并制作成光盘，汇编论文；完成实验研究报告。

九、课题研究的主要过程

实施英特尔®未来教育在课堂教学应用研究从技术保障、课堂实验、课例分析、问卷调查等方面来进行逐步推进。

（一）开展了实验教师的信息化理论和能力深化培训

英特尔®未来教育是基于信息技术能力的教学，要实现信息技术能力在课堂教学中作为教学内容和教学工具的两种功能，为课题研究提供强有力的技术和理论支持。因而实验教师的理念和信息技术能力直接影响到课题实验研究的效果，为此我们课题组在参加了原有培训的基础上由课题主持人、英特尔®未来教育主讲教师罗伟杰组织技术和理念的再培训。

1. 技能培训

培训内容：Word、PowerPoint、Flash 及 Frontpage 建站的技术培训。

培训时间：每周五下午。

培训目标：使课题组成员的 Word、PowerPoint 及 Flash 应用技术水平达到中级以上，能较熟练地处理各种技术的应用。

2. 理念学习

多次组织对《英特尔®未来教育核心课程》和《新课程标准》的再学习。由于英特尔学科培训的时间比较短，教师对课程整体理念和架构流程没有深入理解，需要时间和实践去领会和消化新的理念。因此，我们课题组组织内部学习培训，对框架问题引领、任务驱动、项目设计、评价量规等关键概念的意义做了进一步的理解和讨论，达成理念与认识的一致。

（二）开发英特尔®未来教育模式的小学数学教学单元作品集

基于信息化的教学与现行教学方式、教学内容、教学评价有很大的区别，现行的教学都是以授导书本知识点为主，教科书是教学唯一的学习依靠，学习途径、评价手段单一。而英特尔®未来教育模式教学是以教学单元作品的形式呈现包括单元计划（教案）电子作品范例、作品评价量规、教学支持材料、单元实施方案。为了提高课堂实施的有效性，我们对英特尔®未来教育模式课堂教学单元作品进行开发，为更好地在课堂教学中实施提供支持。

1. 整理研究内容

英特尔®未来教育模式是一种探究性课堂教学，我们从现行的小学数学教科书的知识内容体系中选取了便于进行探究性教学的知识与内容进行整理。

2. 设计研究方案

英特尔®未来教育模式教学单元作品集的开发重视学习过程设计，体现学习活动的探究性和任务驱动的教学方式，同时重点培养自主、协作、探究和创新方面的能力。

（1）关于设计单元计划：单元计划即教案，是具体地描述教学单元的主题、学习目标、学习活动、学习资源的指导性文档，是教学设计中的一个重要部分。

（2）关于设计框架问题：问题引导探究学习是英特尔®未来教育的一大特色，有助于学生培养高级思维能力。框架问题包括了基本问题、单元问题与内容问题，每一个单元计划都有这三个层次的一组问题，用于框定单元学习范围并引导学生深入学习与探索，是学习目标的一种呈现形式。

（3）关于设计学习支架：关注学生学习的最近发展区，教师作为有经验的学习参与者设计适当的学习支架，为学生提供更具体、更有针对性的帮助，也更能关注学习的过程。

（4）关于设计评价量规：一个好的评价工具可以为评判者提供量化的评价。学习活动是任务驱动，因此需要制定相关的评价工具关注学习过程的实施。

（三）实施英特尔®未来教育模式的小学数学教学研究活动

1. 开展实验班研究的调查与分析（案例）

“生活中的规律美”学习过程体验的调查与分析。

（1）调查对象：二年级（4）班46名学生。

（2）调查时间：2009年12月15号—20号。

（3）执教教师：楚建平。

（4）调查内容：

第一，你从哪里寻找到有规律的现象？

表1

地点	网上	书本	家里	超市	问家长	服装
人数	12	4	8	10	10	2

第二，这节课你的收获大吗？

表2

收获	很大	大	一般	较少	很少
人数	25	12	7	2	0

第三，你喜欢这种上课形式吗？

表3

程度	很喜欢	喜欢	一般	不太喜欢	很不喜欢
人数	30	12	2	2	0

第四，你是在谁的帮助下创造这些有规律的美的事物的？

表 4

方式	自己一个人	本小组成员	父母	其他人
人数	10	8	25	3

第五，你喜欢这种自主探究的学习方式吗？

表 5

程度	很喜欢	喜欢	一般	不太喜欢	很不喜欢
人数	28	13	1	3	0

（5）调查分析：从学生收集资料的来源看，由于学生年龄太小，收集资料的方式还不够广泛，大部分学生眼光局限于自己家里、超市等自己非常熟悉的场所，21% 的学生是通过直接问父母收集到有规律的图片和资料，26% 的学生是自己通过上网收集的资料。从这些数据分析来看，有以下特点：①学生收集资料的方式和途径还有待扩展，可以建议学生扩展到野外的大自然、生产工厂等地方调查收集资料；②学生自主性还得不到充分体现，大部分学生需要在家长的帮助下收集资料；③在收集资料的过程中，学生之间的合作性没得到充分发挥，大部分学生是自己单独收集资料。

从调查学生对本节课的上课形式和探究方式的喜好来看，60% 的学生表示很喜欢这种自主探究方式和上课形式，28% 的学生表示喜欢，说明大部分学生能接受并喜欢这种学习方式和上课形式。

从调查学生的收获和成果来看，通过本单元的探究，学生觉得收获很大的占 54%，觉得收获大的占 26%，觉得一般的占 15%。从这些数据来看，过半学生觉得收获很大，一部分觉得收获大，一部分学生觉得收获一般，由此可见学生的参与程度和收获程度成正比，参与程度高的收获就大。因此以后应提高所有学生的参与热情和参与程度，给每个学生提供探究任务并鼓励其完成。从学生创造的有规律的事物数据分析来看，54% 的学生是在父母的帮助下完成创造成果的，21% 的学生是自己一个人独立完成的，17% 的学生是通过小组合作完成的，从这些数据来看，大部分学生需要在成人的帮助下才能完成，而学生小组合作自主学习的方式还有待进一步强化落实。

2. 开展英特尔®未来教育模式课堂教学实验班和对照班的前后测与分析

以课题组沈敏丽教师执教五年级上册单元《游戏公平吗?》为例，我们对实验班五（1）班与五（5）班的学生进行前后测，前测卷和后测卷都为课题组成员编制，试卷都采用标准化的答案模式，总题数为30题。

前测情况：五（1）班和五（5）班都采用了同一张前测卷，完成后立即由课题组的老师批改。批改后进行成绩统计并分析，发现这两个班的前测平均成绩差为0.1，对比班五（5）班比实验班五（1）班的成绩要稍高。

后测情况：五（1）班采取英特尔®未来教育模式进行教学，五（5）班采用常规传统授导方式。完成教学后都采用了指向能力和思维为主的检测卷进行测试，完成后立即批改。经过对结果进行分析，得出以下结论：实验班五（1）班和对比班五（5）班虽然成绩都为正态分布，但五（1）班的检测结果要明显优于五（5）班，具体情况如图1所示。

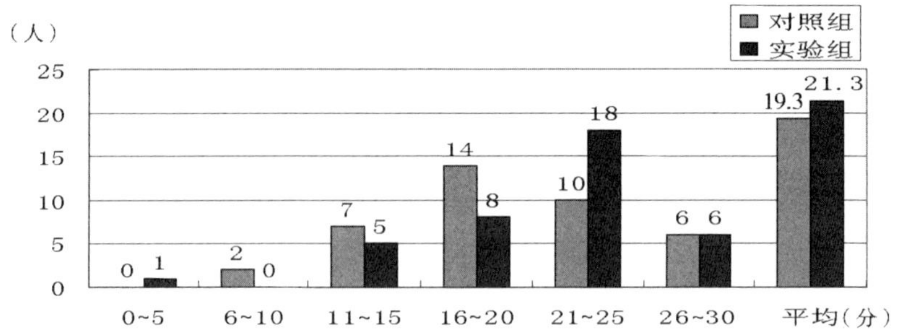

图1

3. 开展课例研讨活动，尝试用课堂观察来分析教学的实效性

（1）组织课题组课例研究的展示活动，探索实施英特尔®未来教育模式小学数学课堂教学的成功经验。课题组在研究期间组织的课例研讨如表6所示。

表6

活动日期	课例名称	执教者	范围
2008年5月23日	“游戏公平吗?”	楚老师	校内研讨
2008年12月23日	“寻找数学规律的美”	金老师	校内研讨
2009年6月23日	“条形统计图”	沈老师	区内研讨

续表

活动日期	课例名称	执教者	范围
2009 年 11 月 25 日	“对称图形”	楚老师	市内研讨
2010 年 4 月 25 日	“小小理财家”	沈老师	校内研讨
2010 年 10 月 30 日	“认识分数”	金老师	区内研讨
2011 年 5 月 10 日	“认识周长”	楚老师	校内研讨
2012 年 10 月 30 日	“圆周长的奥秘”	田老师	校内研讨

（2）采用课堂观察分析课堂实效性。

运用课堂观察：记录学生活动频次、学生参与发言分享的次数、学生完成任务的情况、学生获取知识的情况。

关注学习评价：英特尔®未来教育模式小学数学课堂教学是为了培养适应终身学习社会的“自我成长者”，是基于学生的表现和过程的。关注在学习过程中获得什么技能，而不是学到什么知识，同时也进行学习过程的自我评价，利用什么资源解决学习过程中遇到的问题。

（3）邀请专家到校进行指导单元作品设计和课例研讨指导，进一步提高教学的实效性。在课题研究期间我们多次邀请了市教师进修学校的陈熙仁、周跃平、吴小敏等英特尔®未来教育项目专家到校指导课题研究工作。

（4）全面总结，深化研究成果。在课题研究的第三阶段，课题组定期召开相对资料整理和理论提炼会议，分配任务，定期检查落实，完成课题的全部工作。

十、课题研究成果

本研究的主要成果：实现了学生学习方式的转变，提升了学生课堂学习的效能。

（1）学生学习由被动变自主，提高了学习效率。通过课题组的课堂课例实施和观察数据分析，发现学生能够通过问题引领、任务驱动，自主合作地进行学习探究，彻底地改变了现有传统常规课堂被动地接受知识的状况，有效地提高了学生数学学习的主动性与效率。我们对学生的学习主动性、积极性进行了两次问卷调查，结果如表7所示。

表7

问题	选项	实验前	实验后
你觉得数学课是	①开心、有趣的	20.5%	46%
	②比较枯燥的	30.8%	10%
	③平平常常的	49.7%	44%
课堂上你主动提问吗?	①从不	80.8%	10.3%
	②经常	1.6%	68.2%
	③有时	17.6%	21.5%
数学课上，你主要采取什么方式学习?	①听老师讲	80.4%	20.6%
	②自己探索、合作交流	3.5%	38.2%
	③自主探究、教师点拨	16.1%	41.2%

从表7中我们可以发现，学生对数学课开始感兴趣了，开始尝试自主探究知识，教师成了组织者、引导者、合作者。主动提问的学生增加了，学习效率也有了显著的提高。

(2) 信息技术高效融合于学科教学，有利于数学抽象性转化。学习的途径多了，学习的资源丰富了，数学知识的抽象性由于信息技术的使用被有效转化成具体的过程。

(3) 更新了教师的教育观念，提升了教师的理论和实践水平。教师们整理了英特尔®未来教育模式下教与学典型课例录像、课件、学件，并制作成光盘，汇编论文，完成了实验研究报告。

十一、课题研究存在的主要问题及今后的设想

随着基础教育改革的不断推进，信息化的社会决定了教育的信息化潮流，给传统的教学带来强烈的影响，并从基本的观念上扭转了教与学的方式。本课题积极推进实验师生的信息化教学能力和现代教学理念的更新，在实施研究的过程中运用情境教学法、任务驱动法、项目教学法促进学生的自主学习和研究性学习。

初探乐思课堂“四环节”教学模式的构建与实践研究

在新课程改革的春雨滋润中，为培养21世纪创造型人才以及贯彻落实市教育局“高效课堂工程”建设的要求，莞城英文实验学校把构建“乐思课堂”——培养师生乐于思考、善于思考作为高效课堂建设的切入点，全力构建“四环节”课堂教学模式，打造师生共慧的高效课堂。

一、乐思课堂“四环节”教学模式内涵诠释

（一）理论依据

构建乐思课堂是以教育家杜威的儿童中心论和加涅的信息加工学习理论为支撑的。杜威的“以儿童为中心”的教育思想体现在教育过程中，要求教师考虑儿童的个性特征，尊重儿童在学习活动中的主体地位，在课堂上真正实现以学生为本。加涅认为，人类的学习活动由四个要素构成：学习者、刺激情境、记忆内容、动作。教育是学习的一种外部条件，其成功与否在于是否有效地适合和利用内部条件。

（二）模式内容

乐思课堂坚持以学生为主体、教师为主导，提出“四环节”课堂教学模式。“四环节”指“目标互知、问题驱动、迁移提升、效果反馈”。“四环节”乐思课堂教学模式如图1所示。

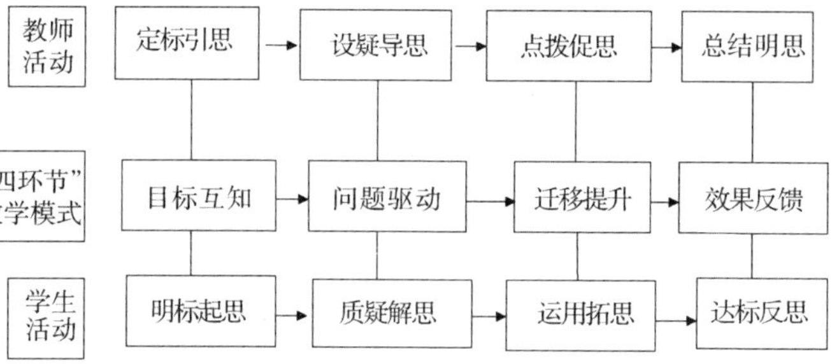

图 1

（三）具体做法

1. 第一环节：目标互知

目标互知就是教师让学生明确本课学习目标和任务，师生在课堂中时刻围绕目标开展教学活动。我们认为目标明确与学习效率呈正相关，只有师生双方朝着达到同一目标而努力，高效课堂才有可能实现。

这一环节是教师和学生作为课堂主导和主体地位的双方在明确目标的指引下进行教学，我们做了以下 4 点尝试。

（1）深究教学目标：教师在备课时深入思考，准确分析教材与学情，并真正站在学生的角度来考虑教学目标的设定，做到真正“以学定教”，定准教学目标。

（2）细化学习目标：将“知识与技能”目标细化为一项项学生“能做的事”，将“情感、态度价值观”和“过程与方法”目标融合在做事、完成学习任务的过程中。学习目标是具体的，可观、可测的。

（3）目标认知前置：学习目标的出示，根据教学的需要，可在新课之前，也可在新课之中。师生在课堂的教学活动中紧靠学习目标，以达到最佳的学习效果。

（4）目标引领标杆：老师通过学习目标来引起学生注意，让学生在学习过程中进行自我审视与调整，逐步培养学生的自主学习意识。

告知教学目标花不了多少时间，但至少可以达到防止学生“完全脱离轨道”的目的。在以学生为主体的学习中，师生商定学习目标，让学生的学习犹如在海上航行的船只知道目的地一样，会极大提高学习的质量与效率。

2. 第二环节：问题驱动

问题驱动是指师生依照学习目标，以具体、实在、易操作、可观测、有价值的问题进行学习驱动，通过解决问题串的方式使学习层层递进。

学起于思，思起于疑，学生的思考是从疑问开始的。这一环节中我们要以问题引导的形式激发学生的求知欲，驱动学生学习的积极性，达到自主而有质量的学习状态。具体的做法我们从以下两点实施。

（1）老师设疑。老师设置具有引领性和带动性的问题，驱动学生主动投入"问题解决"中。因此，在引领学生解决问题时，既要有层层推进的逻辑性，又要有多向的发散性。这时教师是学生学习的助学者、合作者。

（2）学生质疑。老师抓住机遇引起学生产生疑问，通过质疑、辩论、求证，强化学生的探索意识与合作精神。这时学生是问题提出者、问题解决者、学习的合作者。

在学习过程中，通过问题预设和生成，使课堂上在生生之间、师生之间的互动中，有一个民主、愉悦的学习氛围，并使学生从中潜移默化地养成爱思考、会思考的习惯。

3. 第三环节：迁移提升

迁移是学习的继续和巩固，又是提高和深化学习的条件，学习与迁移不可分割。迁移提升就是在探索新知后对学生设置有效训练，促进情感、知识、方法、能力的迁移。

把课堂上学习的认知层面的知识上升到理解、运用、综合的高级思维水平层面，我们认为必须经历对所学知识技能、规律方法的迁移提升。本环节主要训练学生知识技能和综合能力的迁移。

（1）知识技能的迁移：根据教学目标，运用不同的方法手段，通过学生的记忆和信息的提取，把旧知识迁移到新知识的学习上，将知识迁移到练习上。

（2）综合能力的迁移：根据学生的能力目标，训练学生的高级思维，通过学生的理解、分析、对比、概括，将单项技能迁移到运用上，以培养学生的综合能力。

设计有效练习、小结规律、归纳方法、得出结论是本环节的关键。师生在学习过程中通过练习进一步迁移提升，也可以让学生体验学习魅力，并对学习产生持久兴趣，形成基本的学科素养；还可以提升学生的情感素养，塑造健全的人格。这不仅有利于学生当前的学习，而且会使他们终身受益。

4. 第四环节：效果反馈

根据制定的学习目标来反馈学生的学习效果，也检测教师的教学目标是否达成。

（1）总结回顾：师生共同回顾本节课的学习过程，总结出学习内容和技能。

（2）对照检测：教师根据学习目标，引导学生进行对照，自我检测这节课是否完成了所提出的学习任务，自我感觉效果怎么样，突出学生自主学习意识的培养。

效果反馈的检测方式遵循2011版新课标提倡的形成性评价与终结性评价相结合，定性述评与定量测评相结合，自评、互评及他评相结合三原则。

二、乐思课堂教学模式构建过程

（一）理论储备

（1）对“乐思”理论的储备与学习。学习“思考”“思维”等学术概念，深刻理解“思考”“思维”在日常教育教学工作中的内涵、意义及表现形式。

（2）全体教师集体研读《新版课程标准》，寻找“乐思”与各学科的联系点与整合点，为模式奠定理论依托。

（3）教师自发深入研读并分享各类思维类书籍，增强自身的知识储备，如大前研一的《思考的技术》、东尼博赞的《思维导图》、杜威的《思维与教学》等，通过深入阅读与思考为乐思课堂教学模式的提出奠定坚实的理论基础。

（二）建模研讨

历时两年的时间，以反复研讨、实践论证、再次研讨的形式，经过沉淀、积累、论证，初步达成“乐思课堂”教学模式四环节。

依据理论依托、制定研讨方向、开展集体讨论，组织教师进行学习与吸收，明确四环节概念界定，清晰规范要求，为模式的有效进行奠定基础。

（三）实践探索

1. 制度保障，促进教学模式研究与实践的有效性

（1）制定乐思课堂实施方案，成立实施小组，细化个人职责；制定模式研究和实施制度，为模式的有效进行提供制度保障。

（2）规范教师实施乐思课堂的备课形式和集体备课要求。

（3）设立“自主+引领”校本教研活动，使老师们在理论学习与实践中得到成长。

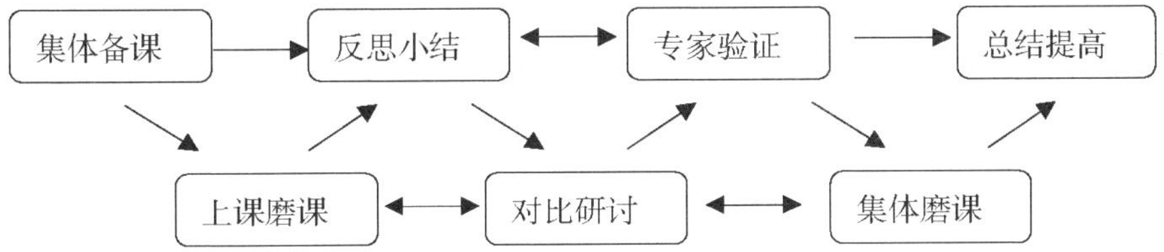

图2 “自主+引领”教研模式流程

2. 专家引领，奠定模式建构的技术和理论基础

在建构“四环节”教学模式过程中，我们邀请了全国特级教师吉春亚老师、朱乐平老师以及上海市的王劲春老师来指导我们开展“目标的制定与达成”“在课堂上对学生思维的培养”“连贯合理的教学设计对学生思维的促动与启发”等主题教研活动。

3. 完善评价机制，提高乐思课堂实施质量

我们按新课标理念中提出的课程评价，以导向性原则、科学性原则、整体性原则、可操作性原则为准则，以杜威的儿童中心论为理论依据，制定《“乐思四环节”课堂评价表（试行）》。

乐思课堂的教学模式检测是由教导处对各科的实施情况进行教学监督跟踪。通过看教案或活动设计以检查备课情况；通过巡课、听课、每年举行乐思课堂教学“成长杯”竞赛等形式，从过程考察与认可度来评定质量。

三、实施效果

（一）摸索出一套教学模式

通过反复教学实践和探索，总结出一套具有可操作性的乐思课堂“四环节”教学模式。这套教学模式2014年正式在我校课堂教学铺开实施。

（二）形成了学生良好的学习行为

“好提问、善观察、爱表达、会合作”是我校乐思课堂学生学习的“十二字”要求，在教学中有机与“四环节”教学模式结合起来，培养目标明确，逐步形成学生良好的学习思维习惯和行为模式。

（三）提高了校本教研实效性

在构建乐思课堂教学模式的过程中，全校各科教研组形成“自主+引领”的教科研活动模式，通过理论学习、心得交流、团队研讨、专家引领等形式使教师的教研能力得以增强，从而提高校本教研实效性。

（四）促进了教师专业成长

在乐思课堂教学的实践与研究中，教师的专业素养得到成长。在过去一年里，我校教师在市级以上的教科研评比中获奖人数达56人次。同时有多名教师被评为市学科带头人、市学科教学能手、区学科带头人、区学科教学骨干等。

四、总结与反思

开展乐思课堂“四环节”教学模式的实践与研究，我们且行且思。在乐思课堂中如何更加紧密结合和贯彻课程标准，根据学科的特点，如何培养孩子们“爱思考、会思考”的良好品质，仍需我们更进一步地实践与探索，完善乐思课堂的教学模式。

同伴引领　同课竞技　共同成长

——记低年级初任教师“吃透教材”专题培训教研活动

一、活动背景

随着新课改的推进，教师对新教材的研究和理解直接影响教学质量，我校数学科每学期都派出教师参与东莞市教研室组织的新教材分析学习培训。但是仅仅限于参加上级部门组织的每学期一次的集中教材培训（主要是五、六年级的教材分析），显然远远不能满足教师的教学需求。而且我校数学科任教师中有5人是初次任教新教材的教师。这5名初次任教新教材的教师平均教龄才2年，全部集中在一、二年级，从未参加过上级部门组织的相关教材分析培训活动。这些新教师面对新教材必然会有许许多多的困惑与不解，有急需参加新教材培训和学习、提高教学技能的要求。因此，面向数学科低年级组这些初任教师开展有针对性和指导性的“吃透教材”专题教研活动具有迫切性。为了切实提高低年级组教研、教学水平，使初任新教材的教师们在教学中更快地上手，更好地成长，我们以“同伴引领、同课竞技、共同成长”为主题开展了低年级数学初任教师“吃透教材”专题培训的教研活动。通过同伴引领，深入地钻研课标，研究教材，理解教材，采用同课异构课例研究的方式，促进课堂教学水平的提高，达到共同成长的目的。

二、活动过程

（一）前期准备

表 1

活动	活动时间	研究任务	研究方式
研读课标	本学期开始	解读新课标（第一天）	（1）科组长带领解读课标的“前言”“设计理念”“基本理念”“设计思路”。 （2）每位初任教师分别解读 1—3 年级目标的“知识技能”“数学思考”“问题解决”“情感态度”4 个方面的内容
		理解体会（第二天）	（1）教师畅谈对“新课标”的认识以及研读的体会。 （2）每人写一份《数学课程标准》研读体会
		二次解读课标（第三天）	（1）每人再次解读课标。第一天的课标解读是照本宣科，而第三天的再次解读要求每人都不再看着课标的文本宣读，而是要根据自己的理解讲出来。 （2）再次讨论对课标理解的认识以及困惑。 （3）完成一篇有较深刻体会的读后感
集体备课		共同研究教材（第四至七天）	（1）科组长引领各位教师共同制订好教学实施计划。 （2）分配好每个单元的中心发言人，并要求中心发言人撰写单元分析发言稿。 （3）进行各单元的“教学内容、目标、重难点、课时、手段、过程”分析。主讲人发言，其他教师及时做记录，并提出自己的想法。 （4）初备第一、二、三单元的课。用三个单元的课做储备

俗话说：思想指导行动。新课改成功与否关键在教师对课标精神理解的深刻程度。开展新课标的解读、研究、学习，为初任教师在思想中根植新的教学理念和确立新的教学方法提供了理论依据，更为提升他们新的教学观念打下坚实的理论基础。有了对课标的深刻认识做辅垫，他们在教学过程中才能更好地领会新课改的精神。

（二）建立同伴引领听课制度

1. 建立观课制度

（1）每周一必须听科组长一节课，并写出观课反思。

（2）每周内每位初任教师必须被听课一次，听课时间要在星期一安排好。

（3）每天下午第三节对所听的课组织说课、评课活动。

建立同级互听课的制度，由科组长在周一开引路课开始，每一位老师都必须给同伴每周上一节常态课，这一制度得到老师们的大力支持与欢迎。

许老师：这样的听课制度，既给了压力，又给予了我无穷动力！

何老师：听别人的课让我更好地认识了自己的课，给予了我反思课堂的机会。

刑老师：通过听别人上课和自己上课，我的课堂教学有了明显的提高！

初任刑老师在我校市一级评估验收课中还得到了听课专家与领导的一致好评，这可谓是进步神速啊！

2. 观名师的课

（1）建立一、二年级名师课例库。每位老师分配好任务，在线搜集各册名师课堂课例。

（2）每周三下午的科组教研活动分级部观看名师课例。

（3）评一评、议一议名师的课堂，并写出自己的心得体会。

名师课堂给新教师指明了课堂教学的方向。教师们在慨叹名师课堂之精彩的同时，更多地会沉思自己的课堂教学。名师课例将会给初任教师的快速成长搭建一座桥梁！

（三）同课异构竞技活动

新教师的成长需要磨炼，“同课异构，同课竞技”活动给了新教师一个展现才华的舞台。

活动名称：吃透教材 同课异构
时间：2008 年 4 月 23—30 日
参赛教师：一年级数学教师
课题：级内自定
观课：全校数学教师

1. 定同一个课题

一年级初任老师们确定好将要执教“100 以内数的认识”一课，上课时间：40 分钟。

2. 同备一节课

定好课题后，一年级的数学教师开始共同研究教材，确定知识点以及教学的重点和难点，达到学习交流、文本共享的目的。

（1）共同初备：通过初步集体备课确定了这节课的教学目标、教学重难点及初步的教学设想。

教学目标：①使学生经历从日常生活中抽象出 100 以内各数的过程，感受 100 以内的数的大小，感受 100 以内各数就在身边；②使学生能独立地数 100 个物体，知道 10 个 1 是 10，10 个 10 是 100，对计数单位有一个感性认识；③使学生初步了解 100 以内数的顺序，掌握 100 以内的数是由几个十和几个一组成的；④培养学生数数的兴趣和估数的意识。

教学重点：使学生正确地数出 100 以内物体的个数，知道 100 以内的数是由几个十和几个一组成的。

教学难点：接近整十数的数法。

根据这些，我们提出了初步的教学设想：①情境引入，出示主题图，揭示课题；②学生自主探索新知，小组合作自主探索数出数量是 100 的实物的方法；③学生操作自主探索 100 以内各数的组成；④巩固与发展。

（2）深入自备：①通过初步备课的框架，每位教师根据自己的特点进行深入备教材、备学生、备教法，对初备的课进行修改和完善，完整地备出自己最满意的教学设计；②科组长组织上课的教师进行详细的说课，其他的教师都给予其恰当的建议；③上课教师再次修改自己的教学设计，做好上课前的准备。

3. 同上一节课

4 月 30 日，由这些做好充分准备的初任教师展露各有特色、各有千秋的教学策略。

首先，楚老师执教“100 以内数的认识”一课。

（1）恰当利用主题图，创设情境，引入主题。利用并结合实际处理教材中的主题图，先出现两群羊，明确数量后，继而又来了八群羊，请学生估计是多少只羊，渗透了估测。借助主题图，初步让学生在具体的情景中感知 100 有多少，对比体会比以前学过的 20 大得多，了解生活中常常需要估数，培养学生的估测意识，顺而激发学生数数的欲望。

（2）体现做中学，让学生充分体会数数的过程；提供“工具式”的学具，培养学生借助工具解决问题的意识和能力。在教学中，教师从学生的认知基础出发，为学生提供数量是 100 的各种类型的实物学具，通过学生动手操作学具数出物体的个数，体现数是数出来的。并且通过摆 35、42 等数让学生自主探索出 100 以内个数的组成。

（3）练习的设计体现趣味性，思维发展性。练习设计的层次性比较强，由基本练习到综合练习，由浅入深。练习设计趣味性比较强的游戏，如数数接龙、抢 100 的游戏、猜老奶奶年龄等。这些游戏都非常符合一年级学生年龄特点，学生兴趣浓厚。同时练习设计注重发散性灵活思维力的训练，如填写 80 前后的数。这里既可体现学生对数的方向性的选择感知，也可体现学生对数数方法多样性的生活联想及创造。例如，学生可联想生活中曾有的 2 个 2 个地数、5 个 5 个地数的方式，也可以迁移创新 3 个 3 个地数、10 个 10 个地数、N 个 N 个地数数。

图 1　楚老师在上研讨课

其次，何老师执教了同一课。

（1）谈话导入，师生一起数生活中的数及所在教室师生的人数，先让学生估算然后再数，培养了学生的估算意识。

（2）通过动手操作，让学生体会数是数出来的，向学生提供贴近生活的信息资源如糖果、黄豆、黑豆等，让学生经历数出100个物体的过程。

（3）探索活动：接着数出35个物品，探索35的组成，接着数出42、63、82及说出它们的组成。

（4）教学100的组成，通过主题图，探索出10个十是100。

（5）游戏大比拼，估数、数数、摘苹果等游戏比拼。

图2 何老师在上研讨课

最后，许老师也执教了同一课。

（1）数黑板上漂亮的小星星导入数数，学生试着数20以后的数。

（2）探究新知。学生摆10个、20个物品，感受10、20的大小，摆出35个物品，探索35的组成，学生数到100，小组讨论如何数得最快（10个10个地数）。

（3）出示主题图，数白羊图，要求学生以最快的方法，边数边动手圈一圈，由此感知10个十是100。

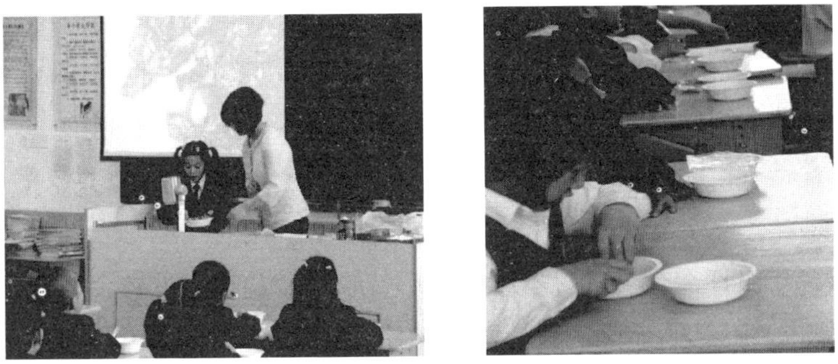

图 3 许老师在上研讨课

图 4 科组全员观摩研讨课

4. 同评一节课

听完课之后，立即组织好时间、地点对“同课异构”课堂进行评课，达到互动教学研究的真正意义。

整个评课过程如下：

（1）原点叩问。由各执教者讲课后反思，谈谈自己这节课教学设计的原点是什么（包括设计意图），成功在哪里，不足是什么。

（2）针对各执教者的反思进行分组研讨。为了使研讨气氛更浓，本次活动分 A、B、C 3 个讨论组。围绕着 3 个问题进行：

①同课比较。分析比较楚、何、许 3 位老师各自的教学特色、优点及需要

改进的地方。

②比较几位教师的教学方法，讨论怎样互补才能变成一节完美的数学课。

③透视别人的课堂，分析课堂教学的真正艺术。

执教者思考：透过别人的课堂自己得到了什么启示，自己的教学最需要改进的是什么。

（3）各年级评课代表经过本组讨论后，收集、整理意见在会上发言。

三年级教师代表：楚老师教学思路清晰，条理清楚，重难点都能很好地突破。整节课很流畅，知识容量大，学生学习效率高，练习设计很有层次，由浅入深，注意思维训练。学生很感兴趣，课堂气氛好。何老师上课很有激情，感染了学生，在数教室中师生人数时，学生的积极性很高。摘苹果游戏中，老师很注意奖励方法方式，学生积极性高涨。许老师在教学10个十是100时很注重让学生动手圈一圈，画一画，让学生在动手操作中深刻感受10个十是100的知识点。

四年级教师代表：非常赞同三年级教师对于3位老师的评价，补充的是：楚老师、何老师在让学生数100个礼物时，开放性还不够，可以让学生用不同的方法数100个礼物，并展示学生的不同数法。何老师的练习层次性不够明显，没有体现由浅入深，也没有开放性体现思维训练的题型。许老师很注重培养学生的估算意识，但在具体培养学生估算意识时没落到具体实际上，如当学生数出10个物品时，可以让学生观察10个是多大一堆，数20个物品后也可以让学生观察并估量20个是多大一堆，最后让学生根据已有的经验估计摆在自己前面的物品是多少。这样就教会了学生估算的方法。

六年级教师代表：结合刚才三、四年级教师的评价，探讨对于同一知识点哪种设计最有效，对于重难点的突破哪种方法最好。在数100个物体时可以借鉴四年级教师的建议，放手让学生去数，展示学生的不同数法，开放学生的思维。在教学重点知识10个十是100时，可以借鉴许老师的让学生动手圈一圈，画一画，让学生在动手操作中深刻感受10个十是100。在练习设计环节可以借鉴楚老师，练习设计很有层次，由浅入深，注意思维训练，开发学生的思维。

（4）生成观点。概括自己在这次活动中的心得体会与业务提升，交流自己对数学课堂教学的思考和操作设想。

执教者思考：打算吸纳别人的哪些先进理念、手法、技术，使自己的课堂更有生机，自己的数学教学观是什么，如何根据自己的认识和情趣构建心中的数学课。

(5) 主持人整合各组建议并总结本次教研活动的情况。

三、活动启示

数学初任教师作为数学教师群体的一部分，利用“吃透教材、同课竞技、共同成长”的教研活动，有效地突破了部分教师没有培训就上岗的瓶颈。通过同伴互助吃透教材，互相听课、评课提高教学水平和教学效率，再加名师课例的引领，初任的新教师在一系列教研活动中得到了较快的成长。

（一）立足教师需求

新课程背景下，培训工作是伴随课改实验的一个永恒的主题。随着课改的逐步深入，校本培训形式需要立足教师的需求，迎合教师的兴趣，根据教师发展的需要，采取各种途径和手段，提高培训的实效性。对于教师来说，重要的是根据教师的工作需要来设计学习。尤其是教学中的问题，源于课堂中存在的活生生的教学实践，是客观存在的，具有典型性的，是迫切需要解决的问题，把它作为学习的资源，更能激发教师的学习欲望，也更能引起教师的共鸣。

（二）加强教学反思能力

教学反思被认为是“教师专业发展和自我成长的核心因素”。美国学者波斯纳认为，没有反思的经验是狭隘的经验，至多只能形成肤浅的知识。只有经过实践和反思，教师的经验方能上升到一定的高度，并对后继行为产生积极的影响。科组长和其他教师的引路课给了初任教师一个实实在在的课堂实例。在这样的教研活动中，教师能够自觉地把自己的课堂教学实践作为认识对象，进行全面而深入的冷静思考和总结，不断对自己的教育实践深入反思，积极探索与解决教育实践中的一系列问题，改进教学实践的学习方式，从而进一步充实自己，提高教学水平。

（三）激活合作意识，提高教研水平

传统教学活动中，教师常常“单兵作战”，主要依靠个人的力量解决教学中

的问题。新课程使教师的教学方式、学习方式、学校的管理方式和评价方式都发生了变革，教师的合作教学不仅变成可能和需要，而且更是新课程教学的有效方式，是促进教师专业成长的有效策略。一个教师的教学教育业务水平的发展与提高的过程，实际上不仅是教师个人的教学反思、个人系统理论学习的过程，它更是一个教师借鉴、学习其他教师及与其他教师合作的过程。教师在自主思考的基础上，需要与同伴，特别是有经验的同行的沟通，同时还需要在具有浓厚研究氛围的集体讨论中迸发教学灵感。而基于此的教材使用经验交流会，形成宽松的环境和开放的氛围，既加强了教师之间的交流、对话、沟通、协调与合作，做到资源共享，同时又减轻了教师的工作负担，提高了教学实效。

四、活动改进

本次教研活动虽然成效明显，但也还有许多需要改进的地方。

（1）活动主题要更加明确。

（2）在组织活动时要有专家引领。在活动中我们发现了老师们在讨论时就难点问题各执己见，但因为没有专家的引领，未达成最后的共识。

（3）后续活动要跟进。经验交流会不能仅仅停留在交流上，我们策划活动的目的是要学以致用，行为跟进。学校还要继续提供平台，如提炼问题开展小课题研究、就热点问题开展主题教研，以及撰写教学案例（反思）评比等。

校本教研活动只有贴近课堂，贴近教师实际情况，才会有鲜活的生命力。本次活动我们努力立足教师实际，以教师的发展为本，从策划到生成，虽然达到了一定的成效，但我们还需要反思与改进。今后我们将继续完善和创新校本教研制度，更好地促进教师的专业发展。

凸显“游戏”魅力，打造高效课堂

——低年级数学“游戏教学初探”的校本教研案例

一、案例设计的背景

我曾有幸观摩了特级教师黄爱华的“万以内数的大小比较”一课，全课以插数字卡片的游戏活动贯穿始终，游戏活动紧紧地抓住了学生的心，学生兴致高昂，全身心地投入教学活动中，既轻松愉快地学到了数学知识，又发展了学生的数学思维能力。此课让我深受启发：原来游戏教学有如此大的魅力和丰富的内涵。这几年来一直从事低年级的数学教学工作，总感觉学生在课堂上学习数学的热情和积极性不高，课堂气氛沉闷，原因是数学的教学内容较抽象、枯燥、无味，它没有形象生动的语言及生动的故事情节，不易引起学生对数学的学习兴趣，再加上低年级学生年龄小，注意力不持久，课堂教学很难组织，老师教得吃力、辛苦，学生也学得乏味，久而久之就失去了学习数学的兴趣。而游戏是小学生极其喜爱的一种活动，它能有效地协调手、口、脑，为调动多种感官参与学习创设课堂最佳环境，这种活动不仅能激发学生的学习兴趣，调动学生的积极性，而且能最大限度地发挥学生的身心潜能，省时高效地完成学习任务。我想，如果能将游戏有机融入数学课堂中，寓教于乐，乐中求教，充分调动起学生学习的兴趣，数学教育将会起到事半功倍的效果，所以有必要在低年级数学课堂中开展“游戏教学”的研究。

二、研究目标

（1）通过研究，形成良好的教科研氛围，促进教师的专业成长，提高教师的教研水平。

（2）激发学生学习数学的兴趣，体验学习数学的快乐，让学生喜欢上数学课，提高课堂教学的效率。

（3）通过教研活动，提高青年教师的教学能力和水平。

（4）通过研究，改变课堂教学的现状，逐渐探索出低年级数学课堂游戏教学的模式。

三、研究过程

（一）准备阶段

1. 确定主题，明确目标

开学初，先召开数学科组会议，组织老师学习《新数学课程标准》，认真研读教参和教材，了解数学游戏教学的要求及方法，以理论知识武装头脑，指导实践工作。接着大家确定了以“低年级数学课堂教学”为突破口，进行游戏教学的探索与研究，希望通过本次研讨活动，能够改变低年级数学课堂的现状，激发学生学习数学的热情，提高课堂教学的效率，同时也让老师从繁重的工作中解脱出来，老师轻松地教，学生愉快地学。在数学课堂中运用游戏教学，符合新课程的教学理念。将游戏巧妙地融入数学课堂，进行实践和探索，这是很有意义的尝试。本学期从课堂教学的不同阶段有针对性地运用相应的游戏来展开研究，如在课始，用学生喜欢的游戏情境引入教学，能迅速吸引学生的注意力，使学生很快进入学习状态；在课中，学生的学习进入低谷时段，注意力分散，思维不再活跃，用游戏的形式调节学生的精神状态，完成剩下的学习任务，会收到事半功倍的效果；在课尾，用游戏的形式使所学的知识得到巩固深化，让学生产生意犹未尽的感觉，激发学生学习数学的兴趣。

2. 分工合作，有序开展

为了保障教研活动顺利有序地开展，科组内的老师进行了分工，明确任务，团结协作，共同完成。具体安排如下：

研究步骤		人员安排	时间
准备阶段		科组长	第 1 周
实施阶段	发现问题	全体数学教师	第 2—4 周
	分析研究	全体数学教师	第 5—6 周
	经验交流	一、二年级教师	第 7—8 周
	课堂实践	主讲人：楚老师、邢老师	第 9—12 周
总结阶段		科组长	第 13 周

（二）实施阶段

1. 调查回顾，发现问题

以“低年级课堂游戏教学”为主题，组织全体数学老师对低年级数学课堂中运用游戏教学的情况进行详细的调查，找出游戏教学中存在的问题及平日教学中的困惑，并利用科组活动时间，组织教师对所收集的情况进行汇报。

低年级教师：在课堂教学中开展游戏活动，的确能够调节学生的情绪，活跃课堂气氛，学生也乐于参与，但课堂纪律很难控制，一说玩游戏，学生都兴奋不已，根本不听指挥，整个课堂看起来很热闹，但实际上没什么效果。

中年级教师：总感觉课堂游戏的形式过于单调，很多老师在上课时经常运用“开火车”“找朋友”等游戏，没有什么新意，刚开始学生还有新鲜感，时间一长，学生便感觉腻味，没什么兴趣。

高年级教师：课堂教学中运用游戏“量多质低”的现象也很普遍。有的老师在一节课中设计五花八门的各种游戏，每个环节匆匆而过，知识没有落实，学生忙得不亦乐乎，眼花缭乱，而教学效果却事倍功半。

2. 分析研究，形成对策

一、二年级数学老师对在课堂上运用游戏教学的弊端有了清晰的认识后，老师们针对课堂实际教学中游戏教学的问题，认真展开分析研究，并围绕“怎样在课堂上运用游戏教学”展开讨论，大家各抒己见，寻找对策。

楚老师：低年级的课堂纪律很难控制，老师在组织游戏教学的时候，一定要说清楚游戏的要求和规则，让每一位学生都清楚，并明白自己的任务，在游戏的过程中适当应用评比，游戏结束时，要及时总结评价，让学生逐步养成良好的学习习惯和组织纪律。

何老师：游戏的设计要符合低年级学生的特点，要形式多样，富有趣味性，学生才乐于参与。

许老师：游戏的设计尽量让全班学生都参与，即使只有少部分学生参与，也要给其他学生布置任务，让每个人都有事可做。

张老师：游戏的设计还应该有启发性，要为教学内容服务，要能够启发学生的思维，体现游戏的价值。

3. 经验交流，共同提高

在明确课堂游戏教学要注意的问题及应该遵循的原则后，并没有马上将其用于课堂实践，而是让大家通过阅读书籍、杂志，上网等多种手段，广泛收集低年级数学课堂游戏教学的相关资料，以及将外出学习、听课和平时自己在课堂上的教学实践加以整理，把自己认为好的案例在科组会上进行交流，给大家提供一个互相学习的平台，相互借鉴，共同提高。

精彩案例一：

游戏名称	破译密码
游戏目的	使学生在游戏中提高口算能力和数学思维能力； 赋予枯燥乏味的数学以“生命”，激发学生学习数学的兴趣
游戏过程	1. 宣布游戏内容 师：今天的数学课，老师要和大家一起去美丽的数学岛游玩，你们看，在美丽的数学岛上，有一只神秘的宝箱，要想打开宝箱，知道里面的秘密，必须先破解密码，而密码是由题卡上各算式的得数依次排列组成的，你们愿意接受挑战吗？（题卡上的题目是10以内的加减法） 2. 宣布游戏规则 全班学生分成人数相等的四组，题卡上的题要求每人做一道，组长检查，然后写出密码。 3. 反馈游戏结果 师：第×小组的同学用最快的速度成功地破解了密码，我们把打开宝箱的任务交给他们。 4. 设置密码 学生打开宝箱，屏幕上出现以下字样：“恭喜你，成功破解密码，我想知道你的电话号码，你能设置一组密码让大家破译吗？” 学生尝试小组合作设置，全班一起破译

续表

适用范围	此游戏也适用于其他教学内容，如“100 以内的加减法”“表内乘除法”等，只要改编题卡上的题目就可以了

精彩案例二：

游戏名称	扑克牌游戏
游戏目的	把单调的乘法口诀计算题目融入游戏中，在游戏中激发学生的竞争意识，让学生在与同伴的合作中体验数学学习的乐趣
游戏过程	1. 游戏内容 师：今天，我们不上课，老师教你们一种新式打牌法，名字叫“冠军争夺赛”。游戏规则：两人平分扑克牌，同时拿出一张，快速报出两数相乘的积，或两数相乘的口诀，谁说得快，说得对，谁就赢得对方的一张牌，如此反复进行，一直到有一方没牌为止，有牌的这一方就成了冠军。 2. 经验总结 师：在游戏时，我允许他们去找自己最要好的朋友一起玩，所以，他们一个个都很兴奋、快乐。而且小学生都有争强好胜的性格，赢的小朋友还想赢，输的小朋友心里不服，要求再来。这样，在快乐的玩耍中，他们牢牢地掌握了 2—9 的乘法口诀
适用范围	此游戏还适用于 20 以内的加减法

精彩案例三：

游戏名称	你说我猜
游戏目的	进一步掌握立体图形的特征，培养学生空间观念，激发学生学习数学的兴趣
游戏过程	1. 游戏准备 (箱子里装有长方体、正方体、圆柱、球等各种立体图形。 2. 游戏规则 师：看过魔术表演吗？我请一名同学当一回魔术师，从这个箱子里任意摸到一个物体，先说出是什么形状，然后让全班同学判断。 3. 游戏实践 一名学生从盒子里拿出一个物体，用布挡住，并说出该物体的特点，让其他同学猜是什么物体
适用范围	适用于一年级“认识物体和图形”一课中

精彩案例四：

游戏名称	一把钥匙开一把锁
游戏目的	通过精彩有趣的游戏，引导学生主动参与； 让每一位学生都有参与游戏活动的机会
游戏过程	1. 在“10的加减法”新课结束后，教师出示房子图。 师：这所房子的门锁上了，要用你手中的钥匙才能打开，不过你要在钥匙上写上一道算式，这道算式，不管是加法还是减法，得数一定要等于10，只要写对了，你的这把钥匙就可以打开这所房子的门锁了。 2. 学生活动
适用范围	此游戏适用于计算教学

4. 课堂实践，反思深化

在学习理论和大量实际案例后，接下来要结合理论并联系实际，运用于课堂实践之中，看看研究的目标是否达到了预期的结果。考虑到学校的青年教师比较多，为了使他们在教学上有更进一步的提高，分别让两位教龄不足3年的楚老师和邢老师承担本次研讨课的任务，她们以一年级“10的认识”和二年级“7的乘法口诀”为课例展开研究。两位老师欣然接受任务，先自己精心构思，设计教案，接着以备课组为单位采用集体备课的形式，由执教人进行说课，让其他老师了解其设计意图，提出修改意见，在广泛听取各位老师的意见后，针对情况再进行适当修改。在执教人思路清晰后，分别安排试教，检测教案实施的可行性。课后进行评议，大家各抒己见，集思广益，由执教人再次进行修改，并逐字逐句地斟酌、推敲，最后形成既有自己的教学风格又积聚着大家智慧的案例，并再次实践于课堂，全体数学教师进行观摩，课后进行反思和评课。

教学内容	案例片段	执教者反思
10 的认识	用游戏记忆 10 的组成和分成。 游戏一：对口令 生 1：我出 1。 生 2：我对 9。 生 1 生 2 合：1 和 9 组成 10。 游戏二：猜乒乓球 师把 10 个乒乓球装在一个盒子里，从中拿出几个，让学生猜盒子里还有几个，并说出相关的 10 的分成。例如，老师拿出 3 个乒乓球，让学生猜盒子里有几个。 游戏三：猜吸铁 请一生背对全班学生在磁性小黑板上把 10 个彩色吸铁分成两份，让学生猜一猜他分成的是几和几，该生用“对”或“不对”提示，直到猜中为止	心理学研究表明，儿童注意的特点是无意注意占优势，有意注意不易持久。因此儿童学习一段时间后，就容易注意力分散，精神疲倦，思维松懈，有时还会玩一会儿与学习无关的东西。所以在教学中间，把教学内容转换成游戏活动，穿插安排，这样可以使学生在玩中悟理益智，形成积极思维的心向。在学生学到 20 分钟左右的时候，精神不是处于最佳状态，所以我设计了 3 组游戏来调动学生。学生在前面已经学习了 9 以内的分成，如果再用以前玩过的游戏，学生一定会很厌倦，没什么兴趣，所以我设计了几个新颖有趣的游戏来吸引学生的注意。一听说玩游戏，学生马上来劲了，对口令游戏学生虽然玩过，但在这个地方我让学生加上了拍手的动作，两个人一组玩得很开心，为了激励学生，我让一生出题，其他同学抢答，让学生在这种竞争的意识下更好地学习。小学生天生好奇、好胜，我又安排了两个不同层次的游戏“猜一猜”来巩固新知，学生边猜边想，动脑又动口，在愉快的氛围中记忆 10 的组成，既减轻了学生的记忆负担，又培养了学生的思维能力
7 的乘法口诀	师：7 的国王听说小朋友们学会了 7 的乘法口诀，非常高兴，他决定和小朋友一起来做游戏，你们愿意吗？ 游戏一：对口令游戏（比一比，谁对得快！） 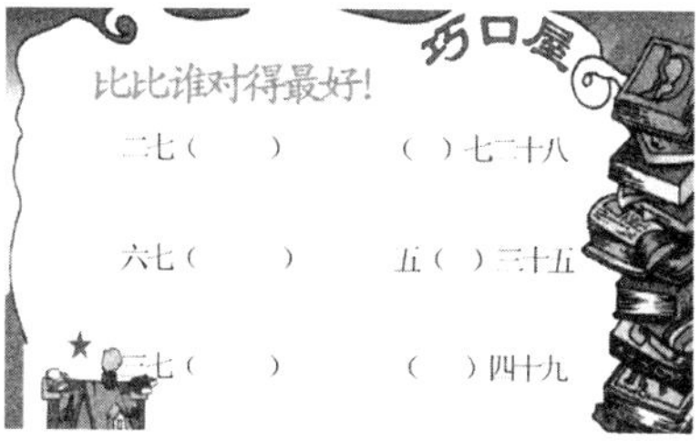 	在学生自己探索出 7 的乘法口诀后，在巩固练习中我设计了 3 个不同层次的游戏，第一个游戏对口令是一道基础练习，旨在检查学生掌握口诀的情况。第二个是扑克游戏，根据小学生好胜的特点，让他们和同桌进行竞赛活动，这种活动即动手，又动脑、动口，符合学生年龄特点。他们对这个游戏非常感兴趣，积极参与，玩得不亦乐乎。这样的游戏让学生在玩乐

续表

教学内容	案例片段	执教者反思
7 的乘法口诀	游戏二：扑克游戏（和同桌一起玩一玩吧！）  游戏三：抽奖游戏 师：7 的国王给小朋友们举行了一个抽奖活动，答对的同学可以得到一个小礼物。抽奖活动现在开始！（教师准备一个抽奖箱，箱内放以下卡片，学生答对后，就把卡片送给他。） 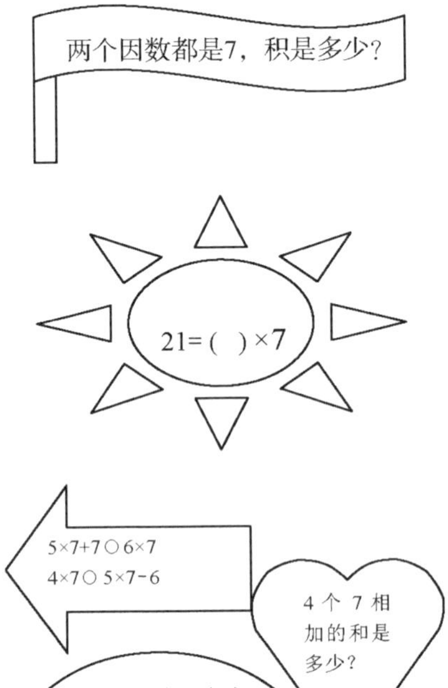 	中增长知识，不知不觉巩固了新知，充分调动了学生学习的积极性，也面向了全体学生，让每一个学生参与其中。第三个游戏是综合运用，也是这节课的高潮部分，学生个个跃跃欲试。“我来，我来”的声音充满了课堂，每个学生都参与其中，最大限度地调动了学生的学习热情，发挥了学生的身心潜能，让学生在游戏中轻松、愉快地掌握知识，运用知识，收到了很好的教学效果

续表

教学内容	案例片段	执教者反思
7 的乘法口诀	少小离家老大回， 乡音无改鬓毛衰。 儿童相见不相识， 笑问客从何处来。 （很快说出这首诗一共多少个字？）	

听完两位老师的教学反思，其他老师也自由发表自己的意见。

潘老师：计算教学课对于学生来说是比较枯燥的，特别是一年级的学生刚入学不久，上这种类型的课更难组织，但楚老师的这节课却别出心裁，设计新颖，整节课以“猴妈妈带猴宝宝摘桃子”的故事情境为主线，展开一系列的教学活动，每一个环节都能紧紧地吸引学生，当学生疲惫的时候，老师又巧妙地把游戏引入课堂，很好地突破了教学难点，让学生在玩乐中不知不觉学到了知识。整节课有张有弛，轻松活泼，收到了较好的效果。

莫老师：低年级学生的机械记忆占主导地位，一般在教学口诀时都是以识记为主，再让学生通过重复的记忆来加深记忆。而邢老师的“7 的乘法口诀”这一课，构思巧妙，以“游玩 7 的王国”为主线，让学生经历 7 的口诀的编制过程，在记忆口诀的过程中，老师并没有采用机械记忆的方法，而是让学生在理解口诀来源的基础上，用 3 个有趣的游戏来巩固口诀，学生学得很快乐。

黎老师：两节课的设计都具有“实”“活”“趣”的特点，师生配合默契，课堂气氛活跃，都在课中及课尾设计了游戏活动，符合低年级学生的特点。

于老师：能够创造性地使用教材，巧妙地把游戏引入课堂，引导学生主动参与学习，充分享受到学习数学的乐趣。

许老师：教师能够根据低年级学生的特点来设计教学，学生学得轻松、愉快，收到了很好的效果。但也有一些不足，教学的设计比较浅，能否增加一些拓展学生思维的题目？

（三）总结阶段

本学期开展的关于“课堂游戏教学”的教研活动已经接近尾声，在这次活动中，整个数学科组的老师都能积极参与，共同研究，每一位老师都能从这次活动中得到一些启发和收获，特别是对于学校的青年教师，通过活动给她们搭建了一个学习互动的平台，提供了一个展示自我的机会，使她们在实际的锻炼中更快地成长，并逐步形成较浓厚的科研氛围。

通过这次教研活动，我们也惊喜地看到了一些变化：学生由以前的被动学习变得主动了，不再害怕学数学了，数学课堂逐渐活跃起来，精彩起来，焕发出数学的味道、数学的活力；老师也渐渐轻松起来，不再为课堂的组织感到困惑，而把更多的精力投入教学研究上来。

通过这次教研活动，也让老师们清醒地认识到：要提高教学质量，提高课堂教学的效率，优化课堂教学，关键是要激发学生的学习兴趣，调动学生的学习激情，让学生爱学、乐学。游戏教学应该作为小学低年级课堂教学的重要组织形式，它充满了乐趣，能激发学生的求知欲，它的形式活泼新颖，有理由成为学生进行自主学习的主要载体，它能够赋予枯燥乏味的数学以“生命”，让妙趣横生的“动感”数学进入课堂，激发学生学习数学的兴趣。

虽然这次教研活动取得了一定的效果，但也有一些问题让我们思考。

（1）是否能将游戏教学应用于中、高年级的教学之中？

（2）怎样通过游戏活动发展学生的数学思维，培养学生的创新意识？

（3）我们应赋予游戏教学哪些新的元素，使游戏在课堂中焕发出新的生命活力呢？

“一切为了学生的发展”，让数学游戏更恰当地融入课堂中，使我们的课堂教学更高效。因而我们有必要站在新的视角对其价值进行重新定位，对其进行新的探索和实践，这将是很有意义、很有挑战的尝试。

第三篇

03

主动实践
教学打磨

“生活中美丽的轴对称图形”
教学设计与实践反思

【教学内容】

人教版《九年义务教育课程标准教科书·数学》六年级上册 96—98 页的内容。

【教学目的】

知识与技能：理解轴对称图形和对称轴的定义；准确判断轴对称图形，并能找出和画出轴对称图形的对称轴。

能力目标：培养学生的抽象思维能力和空间想象能力，提高利用网络资源收集、整理、运用信息的能力；培养学生创新能力。

情感与态度：在富有挑战的交流活动中，培养学生参与意识和合作精神，并充分感知数学美，学会欣赏美和创造美。

【教学重点】

理解轴对称图形和对称轴的特征，感受生活中轴对称图形的美。

【教学难点】

确定轴对称图形中对称轴的位置和条数。

【教法学法】

轴对称是在学习了“圆”这个曲线轴对称平面图形后，几何图形中一个重要的知识点。课前，教师做好教学设计，收集制作教学课件，搭建网络框架；课中，做好学习活动的组织，并了解学生的学习状况、个别指导、参与讨论、引导评价，调控学生活动。在学习的过程中，学生始终是活动的主体，从网上认知、处理信息，到自由创作，整个活动过程，既体现学生对网上信息的收集、处理、运用，又体现学生创作作品的创新性和个性教学。

【教学准备】

教具准备：多媒体网络教室，收集跟轴对称有关的各种信息，制作“轴对称图形”专题网站。

学具准备：剪刀、小刀、铅笔、直尺、圆规、三角板、学习报告、彩色卡纸，各种学习过的几何平面图形。

【教学过程】

（一）创设情境，引入课题

师：今天，老师给大家带来了一些图片，想看吗？

（课件出示一只五彩缤纷、翩翩起舞的蝴蝶图片）

师：欣赏了这张图片后，你有什么想说的吗？

学生自由发言。

师：既然大家都喜欢这样的图片，现在老师满足同学们的要求，请大家继续欣赏图片。

师：仔细观察这些图片，你发现了什么？

生：我发现这些图片都是对称的。

师：其实这些美丽的图形都有一个名字叫“轴对称图形”，这节课我们一起来研究轴对称图形。（出示课题：美丽的轴对称图形）

【设计意图：通过欣赏美丽的图片，给学生初步认识轴对称图形美丽的表象，激发学生去研究这些图形的浓厚兴趣，产生探索这些图片共同特点的强烈欲望，同时也使学生感受数学来源于生活，生活中处处有数学。】

（二）提出问题，确定任务

师：看着这个课题，联系你们的预习，你还想知道些什么？（通过学生的回答，确定这节课的学习任务：了解什么是轴对称图形，什么是对称轴，生活中还有哪些漂亮的图形是轴对称图形。）

师：这节课我们一起来研究几个问题。

（1）什么叫轴对称图形？轴对称图形有什么特征？

（2）什么叫对称轴？常见的轴对称图形对称轴的画法。

（3）生活中有哪些美丽的轴对称图形？

【设计意图：疑问是点燃学生思维的火把，让学生提出问题，明确了解自己的学习任务，有利于突破教材的难点和紧扣教学的重点，更有利于探究活动的有效开展，激发他们探究新知识的热情。】

（三）自主探究，合作交流

1. 借助网络进行探究，进入轴对称图形的专题网站

师：为了更好地探究本课内容，这节课，我们利用电脑进行学习，让我们一起进入轴对称图形的专题网站。

2. 教师介绍网站，学生利用网络资源学习新知

师：网站分为“自主探究”“在线测试”“我要创作”“还有更多”4 个部分。

请大家走进“自主探究”栏目（点击打开），根据实验提示和利用桌面上的学具，以小组合作的方式看看想想，折折画画，并把你的收获填在研究报告表中（见表 1、表 2）。

表 1

<table>
<tr><td colspan="3">几何图形</td></tr>
<tr><td colspan="2">轴对称的几何图形</td><td>非轴对称的几何图形</td></tr>
<tr><td>1 条对称轴</td><td></td><td rowspan="3"></td></tr>
<tr><td>2 条对称轴</td><td></td></tr>
<tr><td>3 条对称轴</td><td></td></tr>
<tr><td>4 条对称轴</td><td></td><td rowspan="4"></td></tr>
<tr><td>5 条对称轴</td><td></td></tr>
<tr><td>……</td><td>……</td></tr>
<tr><td>无数条对称轴</td><td></td></tr>
</table>

表 2

轴对称图形
____
________________，这个图形就是轴对称图形，
________，叫作这个图形的对称轴。

（1）学生进入“自主探究”栏目，根据实验提示，观看电脑动画，进行电脑软件操作，点击出现轴对称图形的对折过程，并强调演示对折结果：两边是完全重合的。再清晰地表现出折痕，直观形象地得出“折痕所在的直线是这个图形的对称轴”的结论。

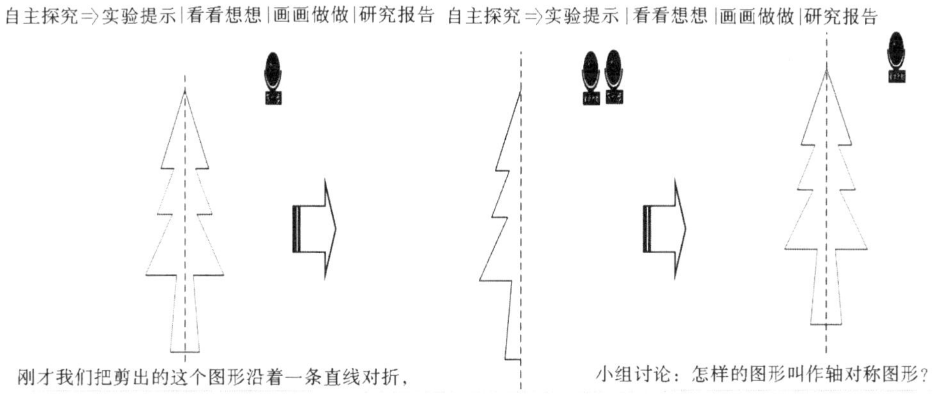

（2）动手操作揭示规律。学生自由分组利用桌面上的学具动手折一折，画一画，并说一说自己发现了什么。

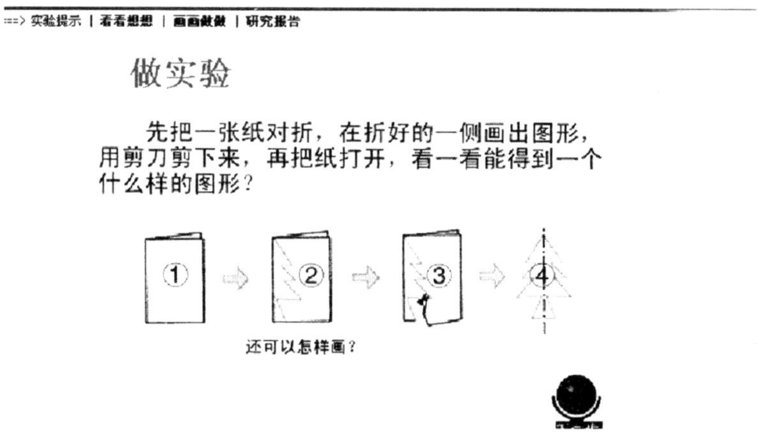

（3）学生进入看看想想，折折画画，通过操作电脑软件，观察生活中与常见的平面图形中哪些图形是轴对称图形，哪些图形不是轴对称图形。再通过电脑动画展示，清晰地展现每一个图形的判断标准和方法。

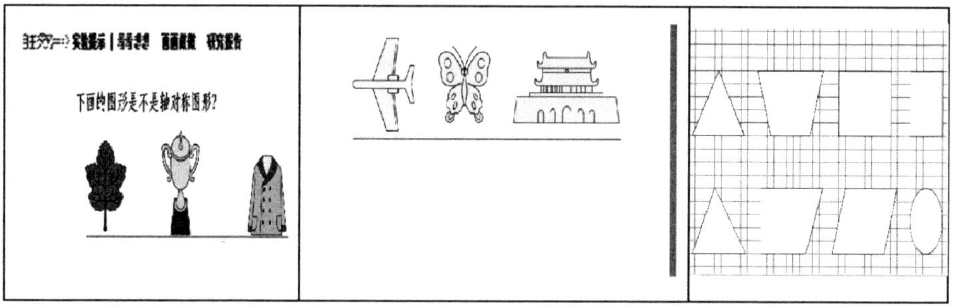

点击选中每个图形并按空格键，出现下面对折的动画效果。

（4）小组合作交流讨论，合作完成实验报告。

通过看、剪、折、说，发现轴对称图形的特点，也可以利用其他网站获取对学习有用的信息，教师提供百度探索引擎，让学生探索。教师通过监视器浏览学生合作情况，及时给予指导。

【设计意图：通过网络给学生提供了无限的学习空间，学生可通过在专题网站上查找与学习相关信息，利用有效的学习资源，操作软件学习知识。在小组合作交流中，讨论存在的问题，找到解决的方法，提高自主学习的能力，激发学习兴趣，学会与同学合作交流。在这个过程中学生收获的不仅仅是知识，更重要的是能力和情感的收获！】

（四）小组汇报，总结成果

师：请做完的同学把你的研究报告另存在本机上。哪个小组愿意上来汇报研究的结果？

教师按屏幕监控，转为学生电脑屏幕。

生（汇报）：我们小组通过研究发现了一个图形沿某一条直线对折，直线两边的图形完全重合，这个图形就叫作轴对称图形。这条直线叫作对称轴。

师：你们是怎样研究出这个结论的呢？

学生汇报并展示操作过程：首先，剪下轴对称图形，把它对折，发现两边的图形是完全重合的。我们还通过观看网上的动画，发现凡是轴对称图形，沿某一条直线对折，两边都完全重合。

对于汇报结果，进行师生评价，生生评价。

师：第二、第三个实验研究的结果又是怎样的？

学生可以把报告最小化，打开课件，结合平面图形实际进行汇报，边讲边演示课件，最后把结论填在黑板上的彩色卡纸表内。

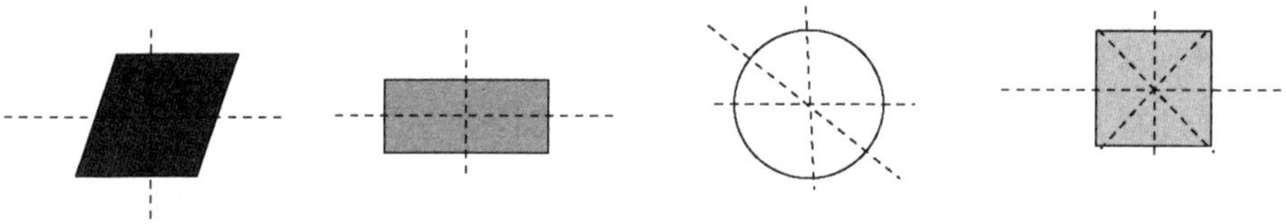

不是　　2条对称轴　　无数条对称轴　　4条对称轴

教师总结轴对称图形、对称轴的定义，指出轴对称和非轴对称图形。

【设计意图：在这个环节中，通过操作软件和动手剪、画、折，学生对所学的知识加深了认识和理解；在小组交流中解决问题以及把学到的知识向同学展示，有利于他们学习自信心的建立和学习兴趣的提高。在此学习到的不仅仅是数学知识，而是一个全面提升素质的过程。】

（五）在线测试，挑战自我

师：大家对轴对称图形的知识研究得非常深入，下面我们进行在线测试，看你能得多少分？请打开在线测试。

学生进入在线测试练习，进行自测。（在线测试题做完后有自动计分器可以自行计分，教师在学生完成测试后进行评讲，注意让学生找到错误的原因。）

1. 判断对与错

1. 右边图形是不是轴对称图形？ 是。 不是。	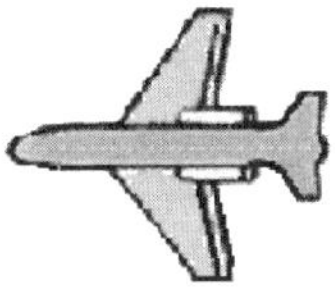
2. 右边图形是不是轴对称图形？ 是。 不是。	
3. 右边图形是不是轴对称图形？ 是。 不是。	
4. 右边图形是不是轴对称图形？ 是。 不是。	
5. 右边图形是不是轴对称图形？ 是。 不是。	

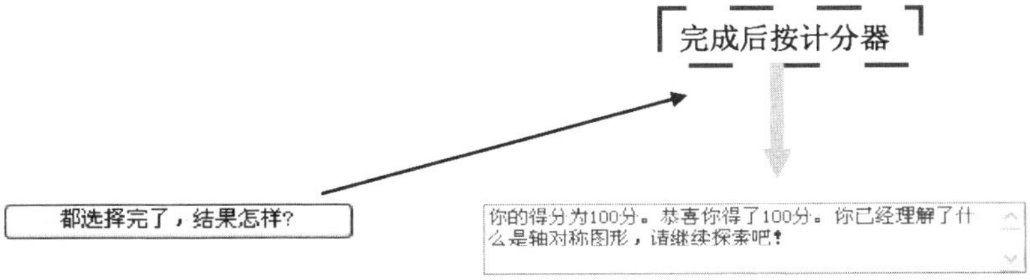

2. 选择正确的答案

1. 正方形有（ ）条对称轴？ 2 条。 4 条。 6 条。	
2. 菱形有（ ）条对称轴？ 4 条。 3 条。 2 条。	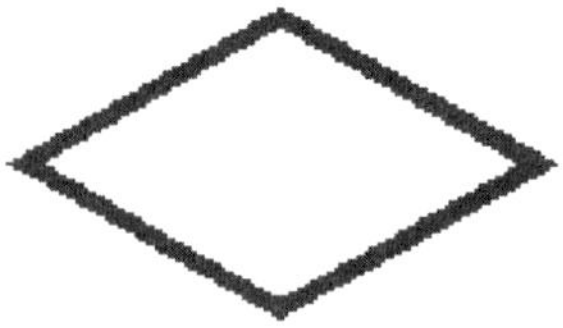
3. 平行四边形的对称轴有（ ）条？ 2 条。 0 条。 1 条。	
4. 五角星有（ ）条对称轴？ 1 条。 5 条。 10 条。	
5. 半圆的对称轴有（ ）条？ 1 条。 2 条。 无数条。	

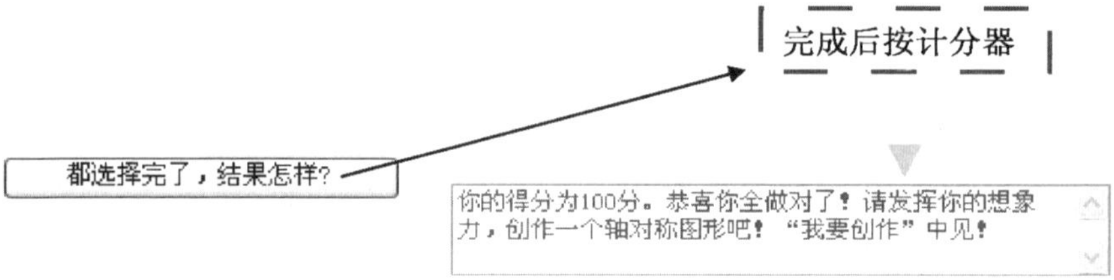

【设计意图：在这里，网络便利在教学的运用中再次体现。新课标指出：教师应该用丰富的教学手段使学生高效地学习新知识。网上测试，可以及时地让学生了解自己的学习水平，从而选择是补偿学习还是继续学习，提高学习的实

效性、及时性和针对性，并让学生感受到成功的喜悦，进而兴致高涨。】

（六）想象创作，提高能力

1. 动手创作

师：现在请你在头脑中创作一个美丽的轴对称图形，你会想到什么？

请点击“我要创作”栏目，可以选择其中一个图形进行加工创作，还可以创作一个自己喜爱的轴对称作品。做完后上传到老师的电脑上。

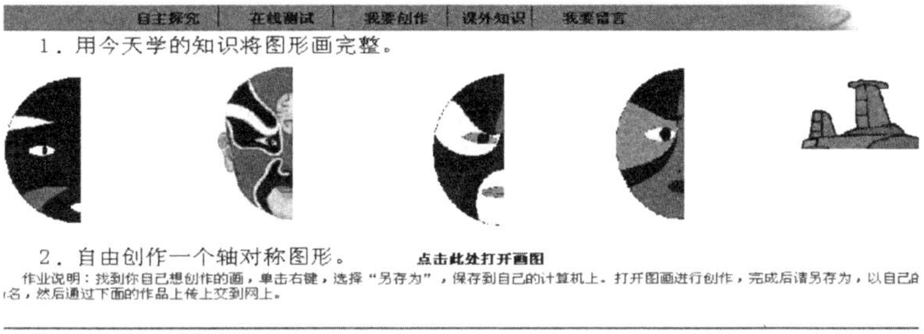

2. 作品欣赏和评价

在教师机上展示学生的作品，让学生互相评价。

【设计意图：个性化教学是数学教学改革的创新之举，利用网络进行创作，通过师生评价，生生评价，让学生的学习成果得到他人的肯定，体现学生作为教学主体的地位，同时激起学生的创作欲望和创新思维，以有利于创新能力的提高。】

（七）畅谈收获，全课总结

师：这节课中什么地方给你留下的印象最深刻？你觉得在这节课中自己表现得怎样？老师与同学的表现又怎么样？你有什么想法？

【设计意图：人人学有价值的数学。这个环节是课内学习的总结与延伸，使学生体会到轴对称图形的美，感受到数学的魅力和灵性，激发进一步应用和研究数学的欲望。】

（八）课外延伸，作业拓展

师：关于轴对称图形的知识还有很多很多，请同学们浏览我们的专题网站课外知识栏目，有什么疑问可以在留言板上留言。

【设计意图：学生可以在留言板上讨论问题、质疑解难，既可以让学生了解更多的轴对称的知识，也为学生提供了一种发表自己意见的新方法、新途径，

同时还可以促进学生间互相学习、共同提高，发挥网络教育的优越性。】

【教学板书】

设计美　认识美　理解美

【教学评析】

新课标强调设计教学要以学生为中心，要创设一切有利于学生学习的条件，使学生在求知过程中主动、积极，并学得轻松、有趣、起劲！在本节数学与信息技术整合的课中，先进的信息技术给予了学生学习的便利，网络技术把抽象的轴对称图形的特征变为具体的形象的东西。教师和学生在一个宽松、民主的授课环境下可以达到情感相融的教学、教育效果。

本课有以下几个特点：

（1）在欣赏美中探索知识，有利于每一位学生主体性的发展。

黑格尔说："审美带有令人解放的性质。"教学中让学生们感受到"美是和谐与比例"，从而启迪学生心灵，陶冶学生情操，提高学生的审美鉴赏力，达到科学与人文的统一。从学生欣赏一只美丽的蝴蝶开始，到共同欣赏巴黎铁塔、天坛、剪纸图案等优美的轴对称事物图片，让学生感受轴对称的美，引得学生跃跃欲试，产生探索的强烈愿望。学习效率和教学技能相应得到提高，每个学生都成为学习的主人。

（2）创设愉悦的课堂氛围，在教学中关注学生个性化发展。

学生利用网络的便利，自主在网上探究轴对称的知识，并创造出自己喜爱的轴对称图形，再在教师提供的平台上展示，充分地展现学生的个性，使之感受到成功的喜悦，激发学生学习的内动力，最大程度发挥学生的自主性。在课堂中每个学生都在自觉地寻求知识发展自己，呈现出多边互动、生动活泼的场面，主动性、积极性、趣味性由于多媒体技术的介入而融为一体，有利于培养出学生的创新精神。这样的教学具有生命力，符合学生的个性化发展。

（3）探索的素材生活化，激发了学生学习的内动力。

生活是学生最好的老师，本节课的设计从开始到结束，知识一直贯穿于生活常识当中，用生活中的"彩蝶""天坛""天安门""巴黎铁塔"等美丽图片展现轴对称的美。在探究中使学生感受到轴对称知识就在生活中，而且无处不在，从而激发了他们的学习兴趣，提高了学习的效率。

“邮票中的数学问题”教学设计与实践反思

【教学内容】

《义务教育课程标准实验教科书·数学》六年级下册第六单元整理和复习118—119页。

【教材分析】

教材先出示几组邮票图案，让学生了解邮票的知识，认识邮票的作用。再出示国家邮政局关于信函邮资的规定，说明确定信函资费的两大要素：地点、质量，让学生理解计费单位、本埠资费和外埠资费等重要概念，合理计算邮费。

接着设置探究合理的邮资支付方式的两个活动。①不超过100克的信函邮资，如何用不多于3张的邮票来支付？不超过100克的信函计费有哪些可能？学生运用80分和120分的邮票进行合理支付邮费，但也出现不能支付资费的现象，这样学生就会从分段计费中进行组合贴邮票，如果现有邮票不能满足需要，可以再设计一张合理面值的邮票进行组合资费。②不超过100克的信函邮资，除了用80分和120分两种面值，还需要增加一种什么面值的邮票？让学生经历比较、归纳、推理的探究过程，感受数学知识在生活中的价值。

【教学目标】

（1）了解邮票的作用，理解、掌握计算资费的方法，掌握确定邮资的两个因素。

（2）经历探究确定邮资、根据信函质量支付邮资等活动过程，培养学生的归纳、推理能力和组合意识。

（3）感受数学在生活中的价值，增强学生应用数学的能力和审美意识。

【教学重点】

根据邮资标准合理计费法准确计算信件的邮资。

【教学难点】

理解确定信函邮资的方法，探究合理的邮资支付方式。

【教具学具】

邮票、信函、胶水。

【教学过程】

（一）情境引入

师：同学们，今年6月1日东莞市第一所少年邮局——莞英少年邮局在我们学校挂牌成立啦！高兴吗？看到这个信息你有什么想说的？让我们一起走进莞英少年邮局，学习关于邮票的知识吧！

1. 认识邮票

课件展示各种精美邮票，老师介绍邮票知识。

师：邮票是一门艺术，它能带给我们美的享受。方寸之间，精彩无限，你还知道邮票的哪些知识呢？

生1：邮票可以用来寄信。

生2：邮票有很多种类，有收藏价值。

师：同学们对邮票知识知道得还真多！

2. 揭示课题

师：邮票不仅是邮资的凭证，里面还隐含着不少的数学知识呢！这一节课，就让我们一起来研究邮票中的数学问题！（出示课题）

【设计意图：基于现实中莞英少年邮局成立等身边数学素材，引导学生了解少年邮局，认识邮局知识，并在生活素材中提出学习数学知识，加强生活与数学的联系，同时激发学生学习兴趣。】

（二）探究新知

师：今天，莞英少年邮局邮箱里收集到两封要寄出的信函（出示两封信）。从这两封信上你看到要寄往什么地方？

生1：第一封信要寄达的地点是东莞市内。

生2：第二封信要寄达的地点是东莞市外。

师：像第一封信这样，寄信和收信地址在同一个市的我们称为本埠信函，而第二封信的寄信和收信地址不在同一个市的我们称为外埠信函。（板书：本埠外埠）

师：这两封信的邮政编码、地址、收信人都写好了，可以寄出去了吗？

生：没贴邮票。

师：啊！寄信的同学把这么重要的事情给忘记了。那好，我们来帮忙贴好邮票。（课件出示两枚80分邮票）邮票的面值多少就是邮费。（板书：邮费）

师：现在可以把这两封信寄出去了吧？

生：可以了。

（第一封信可以寄出，而第二封信却寄不出）

师：怎么这封信还发不出去？这表明邮费不够！请同学们猜想一下需要多少邮费会与什么有关。

生1：邮费应该与信件寄达的地点有关。寄往远一点的地方邮费就会多一点！

师：这个猜测有道理！（板书：地点）我们就换张1.2元的邮票再寄出。

师：怎么还不行？

生2：可能与信件的重量有关。寄往相同地点重一点的信件邮费会多一些。

师：这个猜测也很有道理！我们所说的重量称之为质量。（板书：质量）

师：同学们真棒！通过刚才的活动，我们知道邮费的多少与信函寄达地点、信函的质量有关，这是确定邮费多少的两大因素。

【设计意图：寄信活动中信件计费是邮局必须要解决的问题，这样使学习数学知识变成生活需要，激发学生学习知识的求知欲望，通过探究交流，确定邮费的两大因素——地点和质量，使数学知识更加显性和形象，概念更容易理解，提升学习的效率。】

（三）确定邮资的计算

关于信函的计费标准是怎样的呢？国家邮政总局做了明确的规定：

业务种类	计费单位	资费标准（元）	
		本埠资费	外埠资费
信函	首重100克内，每重20克（不足20克按20克计算）	0.80	1.20
	续重101-2000克每重100克（不足100克按100克计算）	1.20	2.00

（1）引导学生分析表中的信息，思考还有什么不懂的问题，在四人小组里进行交流。

（2）学生进行交流汇报。引导学生对首重、续重、每20克、每100克等概念提出问题和解决问题。

（3）用直观图对邮票标准进行讲解，加深学生对邮费标准的理解和认知。

【设计意图：理解和运用是学生学习中两个重要的层次，概念理解要通过实物联想与操作得到。通过对影响邮票资费的几个重要因素，利用形象资费标准图分析，有助于学生更好地理解标准，为后续打下良好的基础。】

（四）拓展应用

1. 首重信件计费方法

（1）外埠信件邮费的计算：25克和40克两封信件的邮费各是多少元？

25克与40克计费都为2.4元。

（2）质疑：为何质量不同，但邮费却是一样？

小结：虽然重量不一样，但计费单位与标准一样。因此，邮费应该一样。

2. 信件超过100克的分段计费方法

（1）外埠信件118克怎么计算邮费？

信件要分首重100克与续重18克两段进行计费，首重计费标准为1.2元/克，续重计费标准2元/克，此方法为分段计费。

（2）本埠信件 328 克需要邮费多少元？

信件要分首重 100 克与续重 228 克两段进行计费，注意让学生理解收费标准及首重标准、续重标准。

3. 分段计费方法应用

让学生联系生活，举例说明自己如何分段计费。

【设计意图：让学生提供本地、外地、小于 100 克、大于 100 克的目的地、质量不同的几封信，将学生不易理解的“首重”“续重”等概念予以辨析，加深对资费标准的理解和应用。】

（五）深化提升

1. 不超过 100 克的信件贴邮票活动

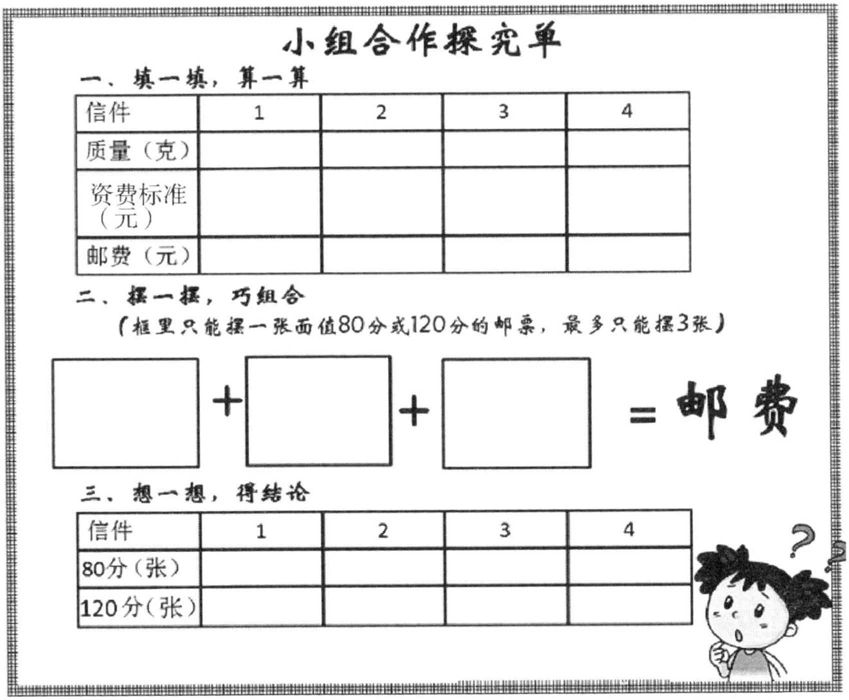

小组合作探究单

一、填一填，算一算

信件	1	2	3	4
质量（克）				
资费标准（元）				
邮费（元）				

二、摆一摆，巧组合

（框里只能摆一张面值80分或120分的邮票，最多只能摆3张）

□ + □ + □ = 邮费

三、想一想，得结论

信件	1	2	3	4
80分（张）				
120分（张）				

2. 设计面值为 80 分和 120 分外的面值邮票一张

学生探究出面值 2 元、2.4 元等邮票都可以满足需要。

【设计意图：注重引导学生灵活运用所学知识和方法，尝试解决问题，培养学生研究问题的意识。给学生充分的时间和空间，自主探究，合作交流，使同学们能逐渐明白这道题的实质就是找到一个数与0.8和1.2进行合理搭配。】

（六）目标反馈

（1）你这节课有什么收获？

（2）作业：我们把贴好的信件贴好邮票后投递到莞英少年邮局邮箱。

【板书设计】

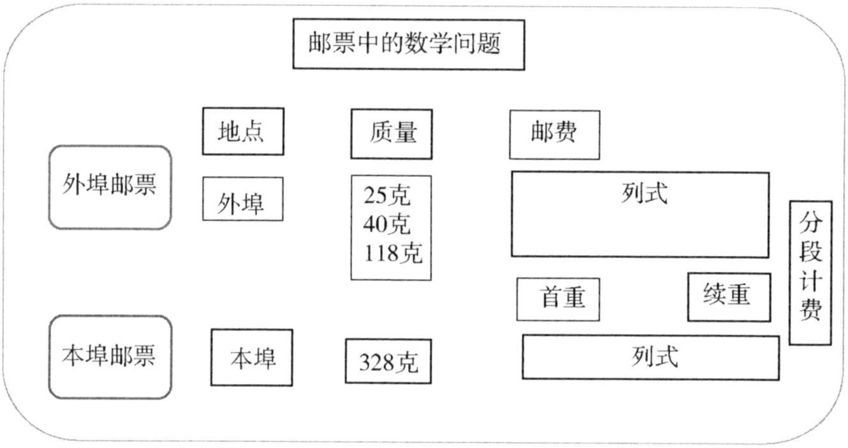

【教学反思】

数学学习要关注学生的发展，要让学生主动参与，经历知识的形成过程。本课教学是以学生耳闻目睹身边学校的新事为素材—莞英少年邮局挂牌成立，引导学生经历认识邮票—计算邮资—理解计费标准—动手贴邮票的全过程，使数学课堂变得离我们更近，降低学生学习知识的坡度，本课学生表现得轻松高效，达到了预设的教学目标。现总结有如下三点。

1. 学生活中的数学

有效的教学必须建立在学生已有的知识和经验之上，为了寻找合适的教学起点，通过东莞市第一所少年邮局——莞英少年邮局这一情境引导，走进数学世界，让学生在实践活动中初步感知确定邮资的两个因素是信件的质量和目

的地。

2. 经历探究数学知识全过程

生活情境的设置给课堂探究活动打开了一扇“门”，数学知识不能单纯依赖模仿和记忆，学生在经历探究确定邮资、根据信函质量支付邮资的过程中采用动手实践、自主探索、讨论交流等学习方式，培养学生的归纳、推理能力，初步建立“分段计费”的数学模型，通过设计邮票活动让学生经历设计邮票的过程，发展学生的实践能力和创新精神。

3. 注重培养学生数学应用意识

学生借助举例自来水的收费、出租车的收费等生活中实际问题，进一步理解应用“分段计费”的数学方法，获得成功的体验，初步树立运用数学解决问题的自信心，感受数学在生活中的价值，增强应用数学的能力。

“三角形的面积”与实践探究

【教学内容】

人教版《义务教育教科书 数学》五年级上册91—94页。

【设计理念】

《数学课程标准》指出：动手实践、自主探索、合作交流是学生学习数学的重要方式。数学活动应当是一个生动活泼、主动探索和富有个性的过程。本节课的教学设计把通过探究获得面积计算公式作为重要环节，以不同版本教材对比分析为载体，利用调查数据设计“学习单”，在积累了一定的感性认识后，以“翻转课堂”的形式，组织学生辨析方法—动手操作—合作交流—归纳总结，让学生亲身经历知识的形成过程，增强学生学习数学的兴趣。老师尽量把时间和空间让给学生，使学生真正成为学习的主人。

另外，本节课注重从学生已有的知识经验出发，引导学生将“转化”的思想迁移到新知识的学习中，促进知识的迁移和学习能力的提高。

【教材对比分析】

“三角形的面积”是五年级数学上册第六单元91—94页的内容。这部分内容是在认识了三角形，会计算长方形、正方形和平行四边形的面积的基础上进行教学的，与平行四边形和梯形的面积联系在一起，为今后学习圆的面积和组合图形的面积计算做铺垫。为了便于本节课的研究，我们对四套教材中“三角形的面积”一课的内容进行对比分析。这4套教材分别由人民教育出版社于2005年、江苏教育出版社于2005年、北京师范大学出版社于2005年、浙江教育出版社于2006年出版（以下分别简称“人教版”“苏教版”“北师版”“浙教版”）（见附件1）。另外，通过将4套教材中前期有渗透“倍拼”转化方法的教学内容进行对比（见附件2），我们发现人教版教材有关“倍拼”法的前期相关教学活动内容太少，只有一年级下册有一些，而“近迁移”的内容只有一题（在书90页第10题）。4套教材推导三角形面积时的操作活动环节，只有人教版没有给出方格背景；4套教材都讲解了“倍拼法”，可见4套教材都认为：“用两个同样三角形拼摆的方法，这种方法推导过程简单，学生比较容易理解和掌握。”

【学情分析】

五年级学生正在经历从具体形象思维向抽象逻辑思维过渡的时期，学生在几何直观和几何度量方面都有了一定的积累，完全可以自主探索三角形的面积计算，不同的学生一般会有不同的想法。在学完平行四边的面积后，他们是否对“三角形的面积”有“自己独到的见解”呢？因此，笔者对全校五年级87名学生进行了调查（见附件3）。我们发现，虽然学生们很难主动想到“倍拼”的转化方法，但是学生比较容易解决带有方格背景的直角三角形的面积。

【教学目标】

（1）经历动手操作，把三角形转化成已经会求面积的图形过程，进而推导出三角形的面积计算方法。

a. 积累化未知为已知的活动经验，进一步体会转化的思想，学习“倍拼”的转化方法；

b. 发展图形的观察能力和空间的想象能力；

c. 培养演绎推理的能力。

（2）会计算三角形的面积，初步感受数学和实际生活的密切联系，体会学数学、用数学的乐趣。

【教学重点】

推导三角形的面积计算公式，能正确计算三角形的面积。

【教学难点】

用“倍拼”的转化方法推导三角形的面积计算公式。

【教具准备】

教学课件，学习单，带方格背景的锐角三角形、直角三角形、钝角三角形各 2 个，空白方格纸若干，剪刀。

【课前学习】

初步感知、集思广益——找准“转化”的“切入点”。

课前布置学生完成学习单上的学习任务并收集整理信息。

【设计意图：通过教材对比和学情分析我们发现，学生很难主动想到“倍拼”的转化方法，我们借鉴苏教版和浙教版的教材，利用“近迁移”让学生初步感知“倍拼法”，因此选用了学习单中的第一题。学习单中先让学生研究带有方格背景的直角三角形原因，一方面是从前测看，学生容易自主探知计算方法；另一方面，学生比较容易想到虚构一个直角三角形进行计算，也就是“倍拼法”。学习单的设计是将“集思广益”作为“倍拼”的转化方法的“切入口”。】

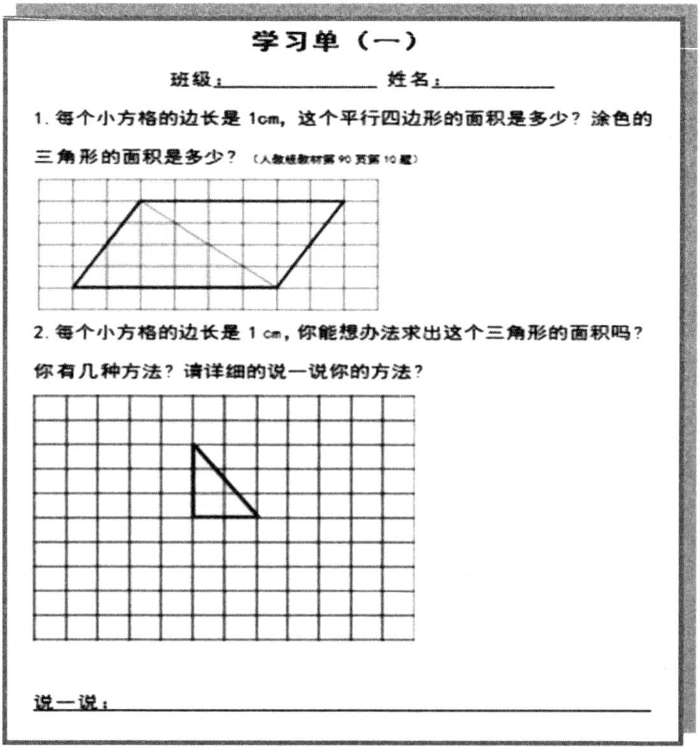
学习单（一）

班级：________ 姓名：________

1. 每个小方格的边长是 1cm，这个平行四边形的面积是多少？涂色的三角形的面积是多少？（人教版教材第 90 页第 10 题）

2. 每个小方格的边长是 1 cm，你能想办法求出这个三角形的面积吗？你有几种方法？请详细的说一说你的方法？

说一说：________

【教学过程】

（一）辨析方法、深入探究 ——抓住“转化”的“关键点”

1. 学习反馈、交流方法

师：我们已经研究了平行四边形的面积，昨天，我们完成了这样的学习单。老师将大家完成的情况做了如下的统计。（以下数据是以全校五年级 87 名学生抽测后得到的数据，作为教学设计依据。）

<table>
<tr><td>题目</td><td>1. 每个小方格的边长是 1cm，这个平行四边形的面积是多少？涂色的三角形的面积是多少？（人教版教材第 90 页第 10 题）
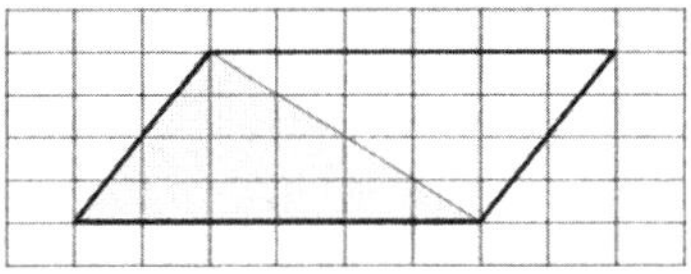</td></tr>
<tr><td>主要方法</td><td>正确率</td></tr>
<tr><td>$6\times4=24$（cm^2）</td><td>100%</td></tr>
<tr><td>$24\div2=12$（cm^2）</td><td>100%</td></tr>
</table>

师：大家完成第一题的正确率非常高，我们请一位同学解释一下这种做法。

学情预设：学生解释涂色的三角形面积刚好是平行四边形面积的一半。

师：同意他的说法吗？还有补充吗？

师：第二题大家主要的方法是怎样的呢？

<table>
<tr><td>题目</td><td>2. 每个小方格的边长是 1 cm，你能想办法求出这个三角形的面积吗？你有几种方法？请详细的说一说你的方法？
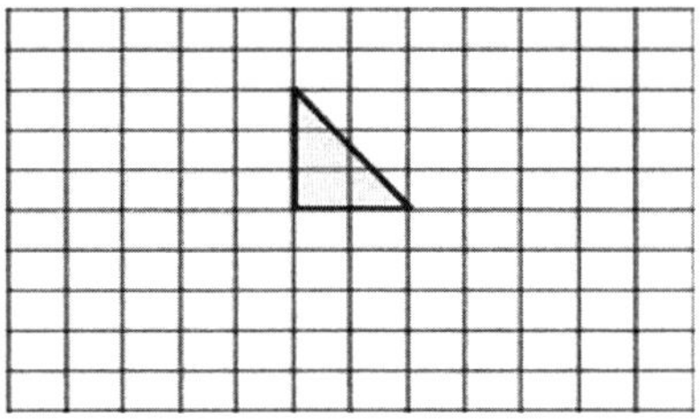</td></tr>
</table>

续表

<table>
<tr><th>主要方法</th><th>正确率</th></tr>
<tr><td>1. 数方格
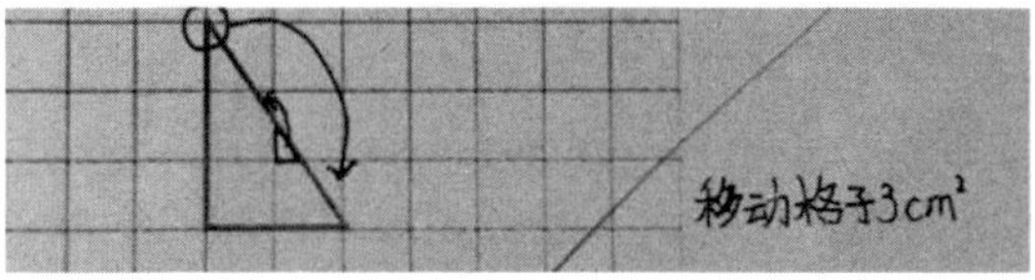</td><td>91.9%</td></tr>
<tr><td>2. 割补法
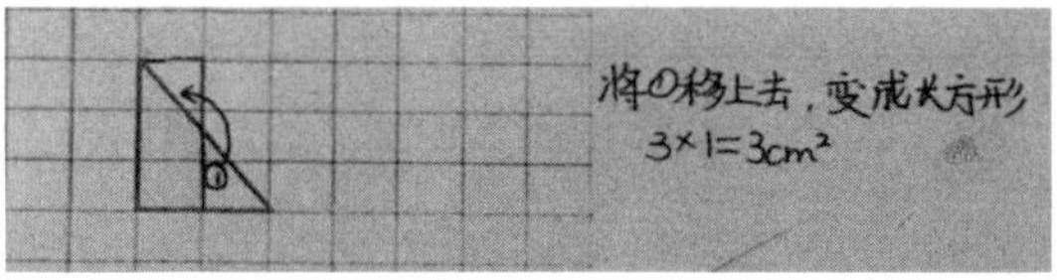</td><td>64.4%</td></tr>
<tr><td>3. 构建成长方形
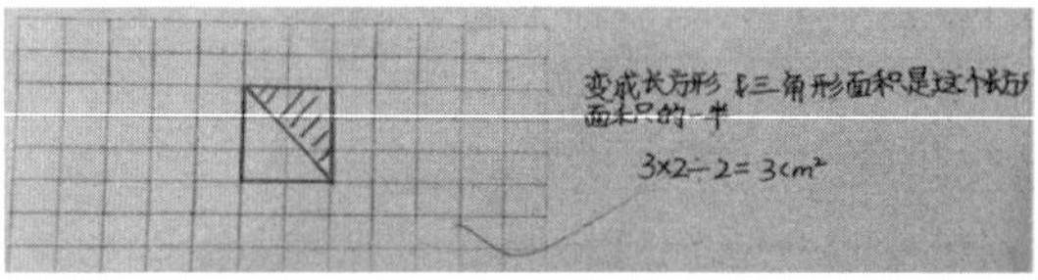</td><td>46%</td></tr>
<tr><td>4. 构建成长平行四边形
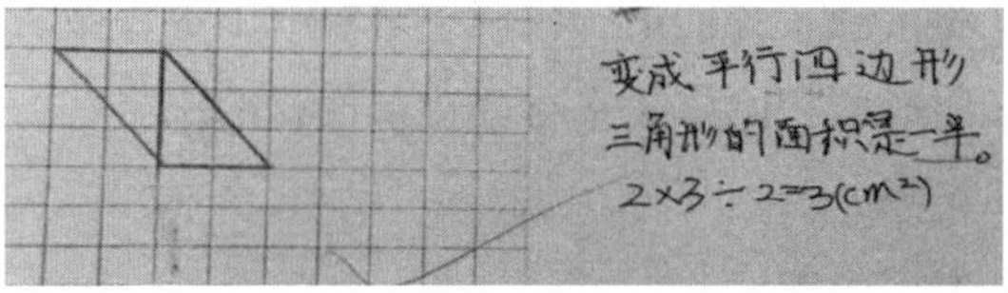</td><td>39%</td></tr>
<tr><td>5. 直接用公式计算
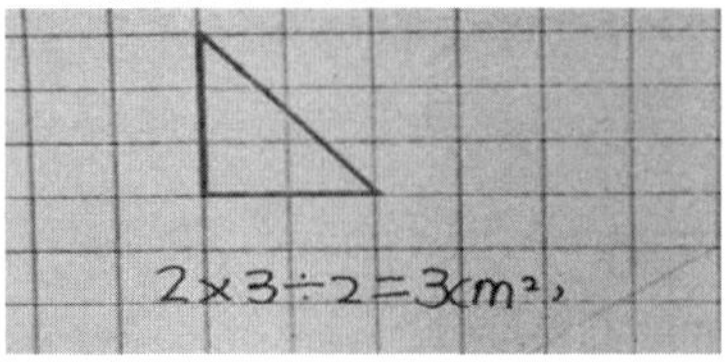</td><td>11.5%</td></tr>
</table>

师：从图中我们可以看到，大多数学生想到了“数格子”的方法，这的确是一种解决问题的方法。你看得懂方法 2 吗？

学情预设：可能说“割补法”，因为刚学完平行四边形面积公式推导。也有可能从数格子的角度来解释。

师：这里还有两种方法，方法3和方法4，他们又是怎样想的呢？

师：这两种方法有一个相同之处，那就是两个完全一样的三角形。

师：转化后的平行四边形和原来的直角三角形有什么关系？

学情预设：因为有方格背景的数据依托，学生较容易观察出三角形的底和高与转化后的平行四边形的底和高相等。

师：也就是说直角三角形的面积 = 底 × 高 ÷ 2。这种方法我们叫“倍拼法”。

【设计意图：先反馈学习单的内容，通过第一题让学生初步感知“倍拼法”，而第二题的方法反馈分析，在倡导方法多样性的同时，加深对“倍拼法”的理解，感受到这种方法的简单易操作。总结直角三角形的计算方法，借助直观操作，为后续的推导服务。】

2. 小组讨论、辨析方法

师：我们知道，三角形按角分，除了直角三角形外，还有锐角三角形和钝角三角形。请大家思考，我们接着研究这两种三角形，你想采用什么方法，为什么？

学情预设：根据学生能力层次的不同，可能选用不同的方法。经调查，大多数学生会选用“倍拼法”。

【设计意图：辨析方法，找出最优方法，让学生在交流中，发现数格子的方法太麻烦，割补法有可能，但又不太容易操作，唯有“倍拼法”直观、形象、容易理解，图形操作活动的经验是逐步被启发、逐步被优化的，教师允许多种方法，但是适当地介入强化“倍拼法”，以突出重点。】

3. 动手操作、深入探究

（1）动手操作。

师：选定了方法，下面我们就动手实验，请看操作要求。

小组合作

拿出信封里面的三角形，拼一拼，再小组里交流，并完成下表。

拼成的平行四边形			三角形		
底/cm	高/cm	面积/cm²	底/cm	高/cm	面积/cm²

小组讨论

1. 拼成平行四边形的两个三角形有什么关系？
2. 拼成平行四边形的底和高和原来三角形的底和高有什么关系？拼成平行四边形的面积与每个三角形的面积呢？
3. 根据平行四边形的面积公式，怎么求三角形的面积？

师：谁愿意把自己组的成果和大家一起分享？

学生汇报后，小结公式三角形的面积 = 底 × 高 ÷ 2。

（2）深入研究。

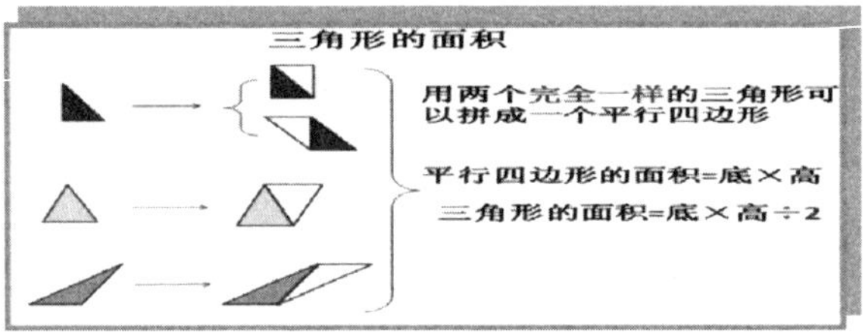

师：下面我们一起来梳理一下刚才的研究过程，请同学们看大屏幕。（屏幕演示推导过程）

师：大家得出的“底 × 高”是指谁的面积？为什么要除以 2？

学情预设：“底 × 高”就是那个拼出来的（等底等高）平行四边形的面积，其中有两个一样的三角形，求一个除以 2。

【设计意图：提供给学生的学具是有方格背景的，它刻画出三角形的量性特征，同时借鉴苏教版的教材中的表格，使学生在研究中有具体的数据可把握，降低研究的抽象性。学生在自主活动中，对图形的观察和处理的角度不同，形成的方案不同，尊重学生个性化的同时，突出“倍拼法”。】

（二）微课点拨，建构模型——提炼“转化”的思想方法

师：同学们知道吗？刚才我们的研究过程正好体现了数学上常用的一种数

学方法——转化法。也就是数学知识由一种形式转变为另一种形式。我们之前很多地方运用了转化法，你们知道吗？

微课视频播放转化法的应用，如倍拼法、割补法、转化法等。

师：转化思想帮助我们解决了很多问题。早在2000多年前，我们有位数学家，也是应用这种方法研究出了三角形面积的计算方法。而且他和我们不太一样，我们用的是两个三角形，他用的是一个三角形。想不想了解一下？（课件播放课本中“你知道吗?”的内容）

师：就这样，刘徽用一个普通的三角形，也得到了和同学们一样的结论，当然，用一个三角形剪拼，方法还不止这一种，感兴趣的同学课后可以继续研究。

【设计意图：利用“小视频”，教会学生怎样寻找新旧知识的内在联系和数量关系，进一步强化了“转化”的思想方法。同时，有机地渗透了数学文化，使教与学，教书与育人融为一体，既培养了学生创新能力，又渗透了爱国主义教育，践行了社会主义核心价值观。】

（三）学以致用，拓展总结——综合运用解决问题

师：下面我们通过几道例题，进一步熟悉三角形面积的计算和应用。

1.红领巾的底是100cm，高33cm,它的面积是多少平方厘米？

$S = ah \div 2$

$= 100 \times 33 \div 2$

$= 1650\ (cm^2)$

【设计意图：本题属于计算—操作性记忆水平的练习题。直接根据三角形面积计算公式解决实际问题，巩固三角形面积计算公式，强化几何的意义，感受数学与生活之间的联系。】

2.你认识下面这些道路交通警示标识吗？一块标识牌的面积大约是多少平方分米？

【设计意图：属于领会—说明性理解水平练习题。要求学生能较好地理解三角形面积计算公式的内涵，能灵活运用公式进行不同方向的思考】

3. 分析计算下面每个三角形的面积，你发现了什么？（每小格代表1cm）

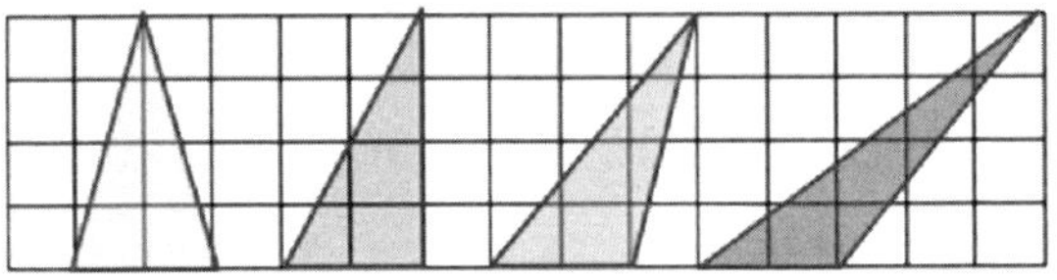

【设计意图：属于分析—探究性理解水平的练习题。让学生通过计算、观察、发现规律——等底等高的三角面积相等。】

（四）交流收获了，课堂小结

师：这节课你知道了三角形的哪些新知识？有什么收获？

【设计意图：通过谈收获对这节课学习的内容进行整理回复。】

【板书设计】

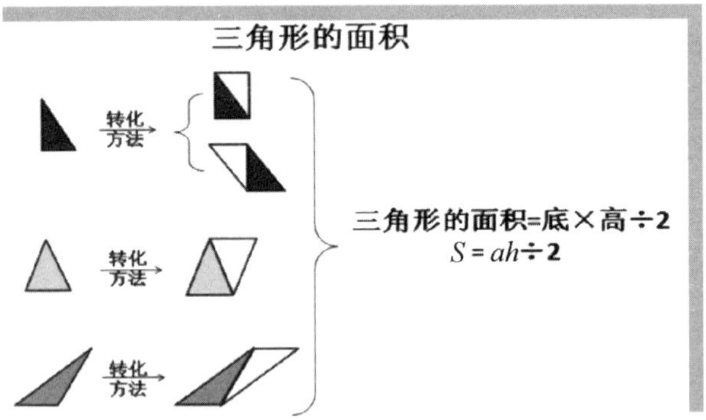

【设计意图：板书清晰，突出了重点和关键，便于学生梳理、回顾本节课所学的知识，整个布局层次分明，一目了然。】

【教学建议】

（一）提供有助于学生探究的学具

根据前面的调查结果我们已经发现，有方格背景有助于学生自主探究得到三角形的面积，有方格背景时的正确率明显高于无方格背景时的正确率。因此探索时我们对每一个提供给学生研究的三角形都附上方格背景，这样有利于学生进一步体会面积的意义；有利于数出底、高和面积，形成初步的公式猜想；为了更快更好地数面积，学生往往会采用割补，甚至虚构的方法，这样就启发学生在计数三角形面积单位个数的基础上自主探索三角形面积的算法，同时提供方格背景这种形式关注了学生的个别差异，使学生从数量上更好地把握三角形，以便对三角形进行正确的图形拼摆。

还有一个值得注意的地方，其他版本的教材提供给学生操作的三角形都标出了底和高，只有人教版的教材提供操作的三角形是没有标出底和高的。我们通过对40个学生（20人操作时使用的是没有标出底和高的三角形，20人操作时使用的是标出底和高的三角形）的实操访谈得出结论：标出底和高的三角形更有利于学生在操作时找出三角形和转化后图形之间的关系。因此，我们建议提供给学生的三角形可以标出底和高，这样有利于学生进行探究。

（二）从直角三角形入手有利于找寻转化的方法

从前测看，学生容易自主探知直角三角形的面积计算方法，因此探索时可以从学生最容易把握的直角三角形入手，先带着学生一起研究直角三角形面积计算，有了相关的图形转化经验之后，再让学生独立去挑战锐角三角形和钝角三角形。在操作时，我们可以像下面这样设计。

师：老师给每个人都准备了3个三角形（带有方格的三角形），看一看，想一想，你会求哪个三角形的面积？

在学生尝试的基础上，反馈结果。

师：看来会求直角三角形面积的同学最多，那我们就先研究直角三角形。

学生反馈方法。

预设1：直接用公式求。

预设2：数格子。把不满一格的分别拼起来。

预设3：割补法。切拼成长方形或者正方形。

预设4：倍拼法。在直角三角形的对面画一个和它一样的三角形。

方法交流后，初步优化方法。

师：现在我们再看看锐角三角形和钝角三角形，你是否有办法算出它们的面积了呢？与同桌商量，各选一个尝试，等一会再相互交流。

这样的设计，直角三角形又可以作为已知面积公式的基本图形，为后续研究服务，既可以把锐角三角形和钝角三角形分割成直角三角形来推导面积公式，又给学生提供更多的机会来感知、感悟和强化、归纳的各种具体方法。而且这些做法较好地处理了教师主导和学生主体之间的关系，平衡了学优生的创造需要和学困生的仿照需要。

附件 1

“三角形的面积”不同版本内容对比

人教版 第(9)册第 91—94 页	北师大版 第(9)册第 56—58 页	苏教版 第(9)册第 9—10 页	浙教版 第(9)册第 93—95 页
一、开篇主题图。以“怎样算出红领巾的面积呢?”这一实际问题为载体,小组合作学习的形式呈现学生探索交流的过程。以“能不能转化成学过的……”问题驱动学生思考三角形的转化方法。  二、“哇,用两个同样的三角形可以拼出一个……”以学生对话的方式呈现“倍拼法”。让学生观察拼成的平行四边形和原来的三角形,你有什么发现?得出三角形的面积计算方法。	一、以“如何求出这面流动红旗的面积?”为载体呈现思考过程。并提示两种方法,一种方法是“数格子”,另一种方法是“转化”成学过的图形。 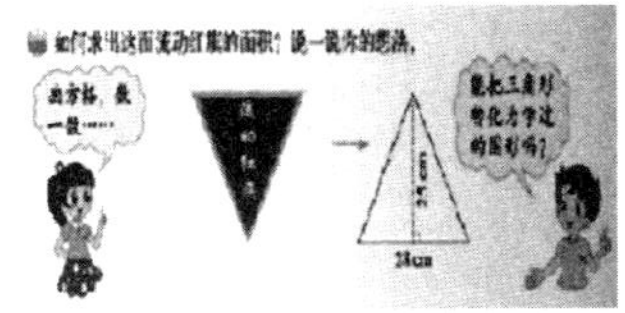 二、动手操作活动呈现了两种解题方法。一种是倍拼成平行四边形,另一种是构建成长方形。给出的学具是标出底和高的。 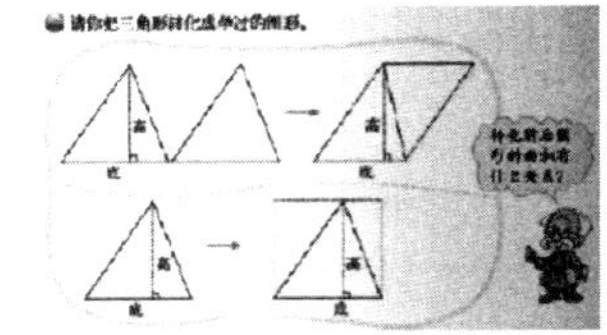	一、主题图。让学生直观感受,带有方格背景,直接给出倍拼的图示,以“你能想办法算出涂色三角形的面积吗?”为载体,提出解决问题的思路——“数格子”和“是平行四边形面积的一半”。又以“有没有直接计算三角形面积的方法呢?”激发学生探索的欲望。 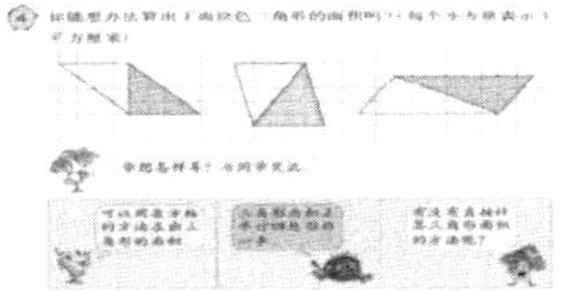 二、动手操作,给出有方格背景的三角形,“看看哪两个能拼成平行四边形?”完成表格后,小组讨论拼成的平行四边形和三角形之间的关系。	一、与生活息息相关的主题图。以“怎样求麦田的面积?”实际问题出发,让学生思考三角形的面积怎样求。 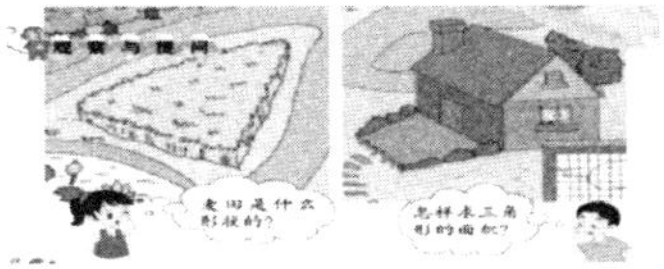 二、操作交流环节。讲解“倍拼法”,用两个同样的三角形可以拼成平行四边形。画出三角形的底和高,平行四边形的底和高。对比找出关系。 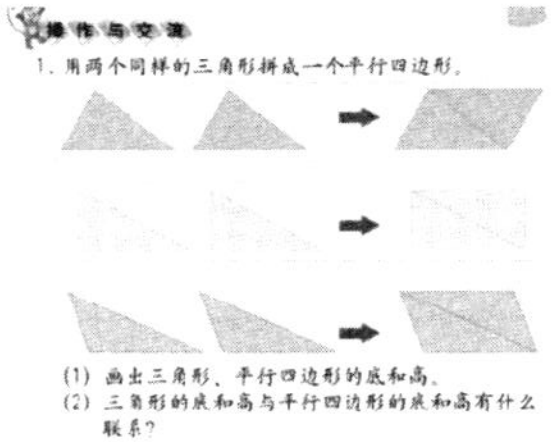

续表

人教版 第(9)册第 91—94 页	北师大版 第(9)册第 56—58 页	苏教版 第(9)册第 9—10 页	浙教版 第(9)册第 93—95 页
 三、例题设计 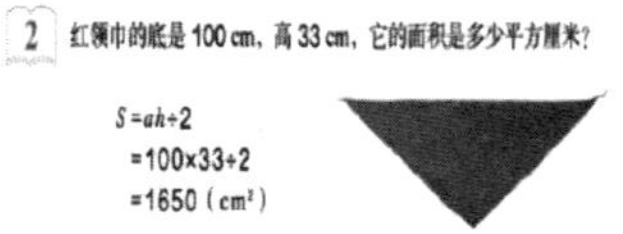 四、练习设计 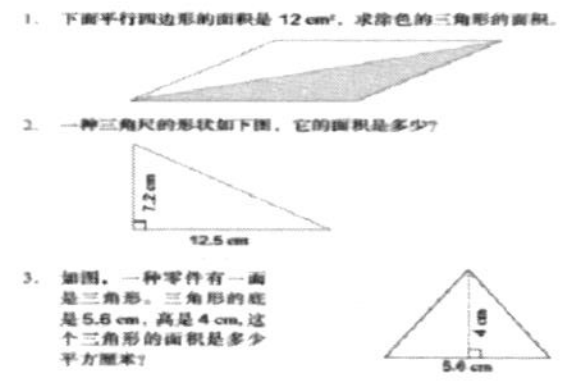	三、小组合作，观察，让学生说一说三角形与转化后的长方形和平行四边形的关系，得出计算三角形面积的方法。 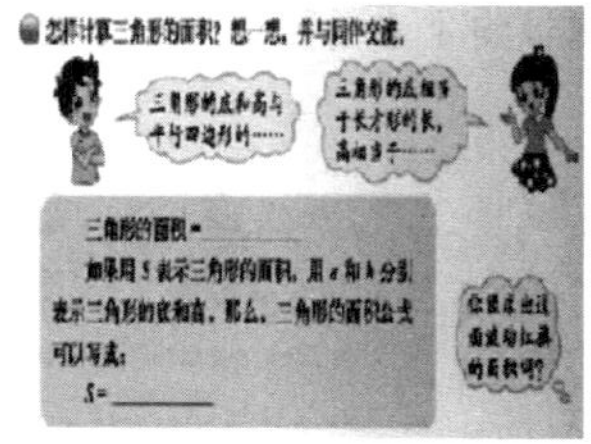 四、练习设计 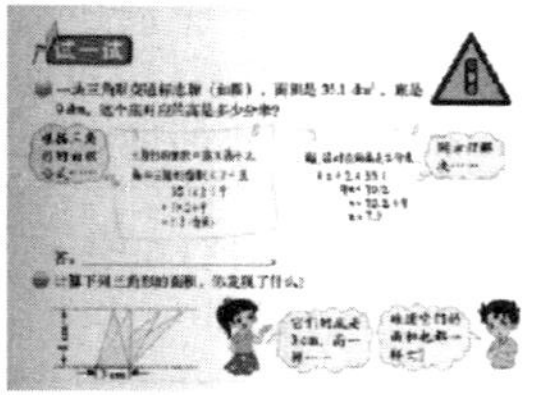	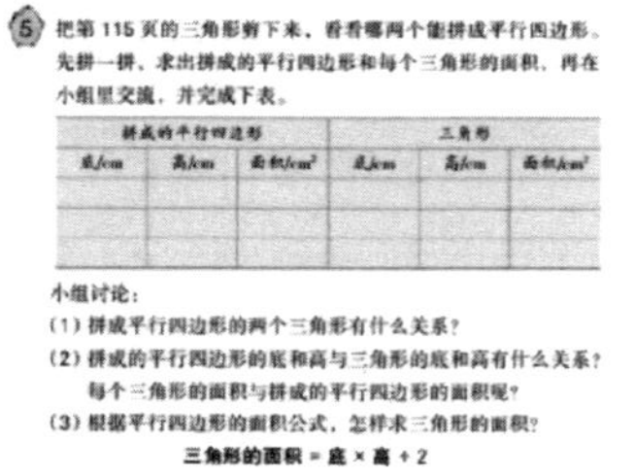 三、练习设计 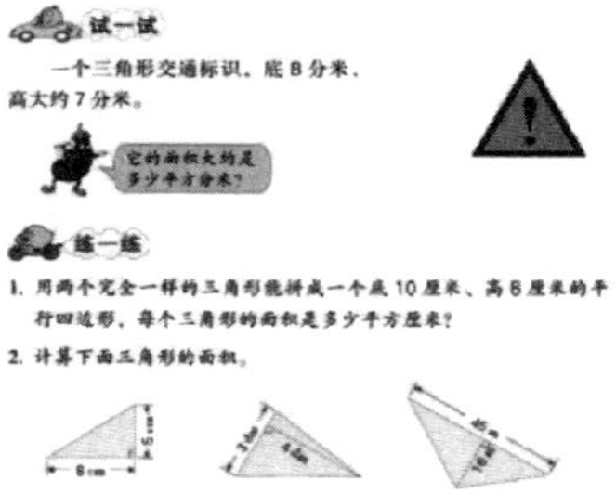 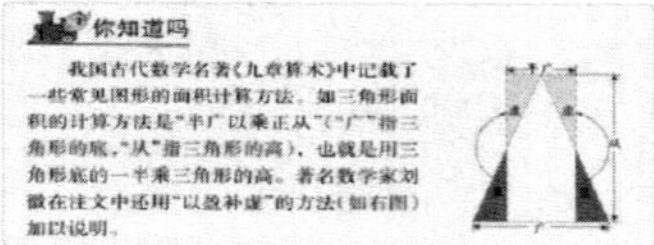	三、给出带有方格背景的三角形，讲解“以盈补虚”。 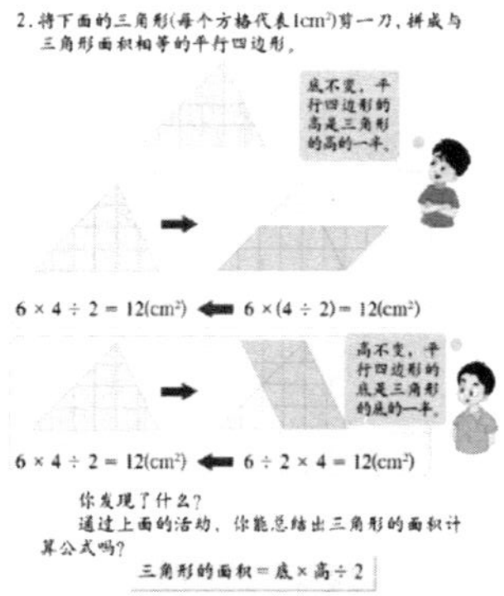 四、练习设计 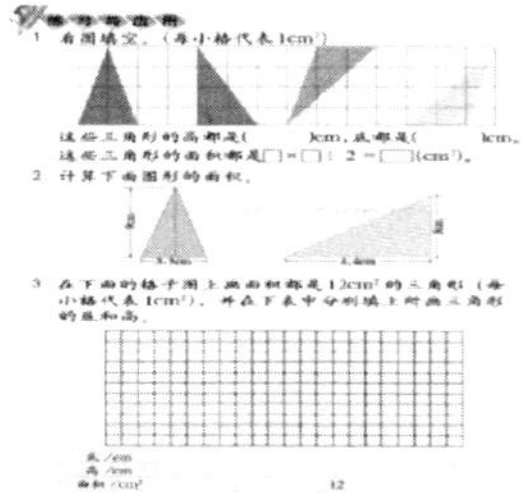

续表

人教版 第(9)册第91—94页	北师大版 第(9)册第56—58页	苏教版 第(9)册第9—10页	浙教版 第(9)册第93—95页
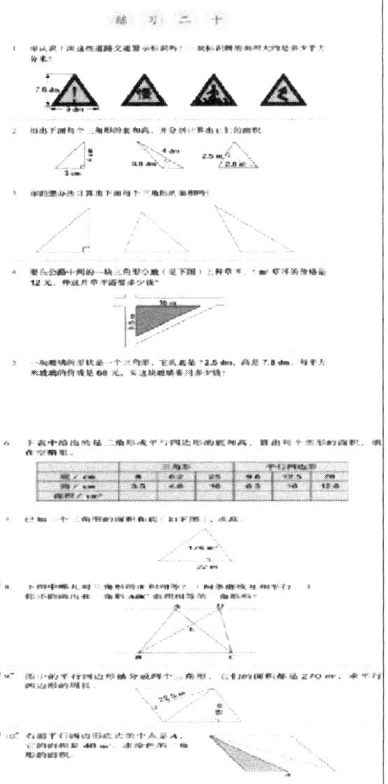	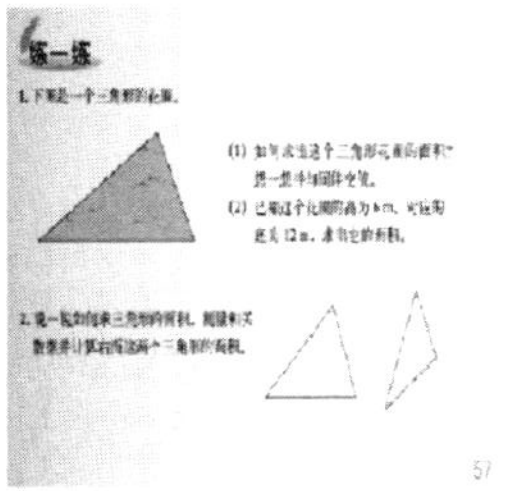 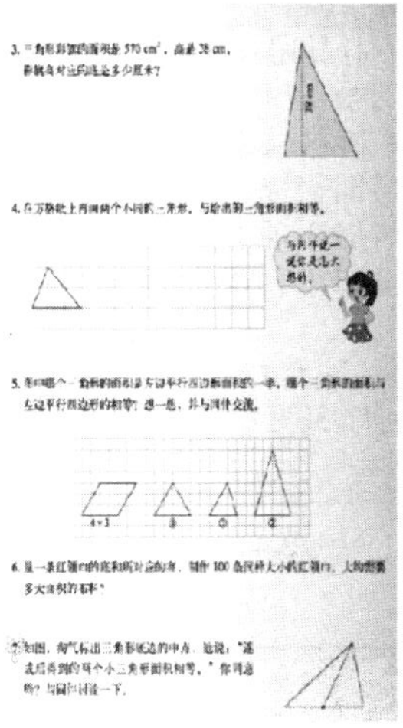	评论： 苏教版教材秉承面积的意义，先要求学生计算带方格背景的三角形的面积（且每个三角形都带有其对应的平行四边形），为促进从平行四边形到三角形面积的近迁移做了明显的暗示。 教材教学过程较为清晰，走了一条“归纳”的路线，在推导的环节中，它先给出了3个带有底和高数据的不同类比的三角形，要求学生列表填写、计算三角形与拼成的对应平行四边形的底和高及面积。然后对不同类别三角形相同的数据关系进行抽象。教材对于“任意三角形都可以与自己全等的三角形拼成平行四边形”“任意三角形的面积都等于等底等高的平行四边形面积的一半”这些结论的解释是比较细腻的。	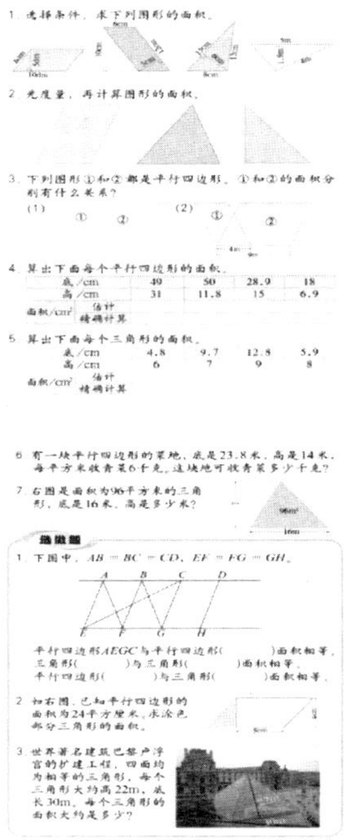

续表

人教版 第(9)册第 91—94 页	北师大版 第(9)册第 56—58 页	苏教版 第(9)册第 9—10 页	浙教版 第(9)册第 93—95 页
 你知道吗? 大约在两千年前，我国数学名著《九章算术》中的"方田章"就论述了平面图形面积的算法。书中说："方田术曰，广从步数相乘得积步。"其中"方田"是指长方形田地，"广"和"从"是指长和宽。也就是说：长方形面积=长×宽。还说："圭田术曰，半广以乘正从。"就是说：三角形面积=底×高÷2。 评论： 人教版教材的例题既有情境性的问题(怎样求出红领巾的面积)，又有具体的解答。 推导环节以学生讨论的形式展开三角形面积计算公式的推导，预设学生能自主想到从三角形到平行四边形的转化，并进而讨论三角形与转化成的平行四边形各部分之间的关系。 结合新课补充了一份数学史料，介绍《九章算术》中长方形和三角形的面积公式。 习题设计：计算(操作性记忆水平)占 30.8%，领会(说明性理解水平)占 53.8%，分析(探究性理解水平)占 15.4%。	评论： 北师版教材以实际问题(如何计算流动红旗的面积)导入，鼓励兴趣。 老师用北师版的教材中的推导方式指导学生在活动中研究三角形的面积计算。先说明操作要求(请你把三角形转化成学过的图形)，然后提出思考问题(转化前后图形的面积有什么关系)。 习题设计：计算(操作性记忆水平)占 35.7%，领会(说明性理解水平)占 35.7%，分析(探究性理解水平)占 15.4%。	结合新课补充了一份数学史料，介绍《九章算术》中的相关内容，更给出了刘徽"以盈补虚"法的图文资料。 习题设计：计算(操作性记忆水平)占 47.1%，领会(说明性理解水平)占 41.2%，分析(探究性理解水平)占 11.8%。	评论： 浙教版的教材给出的是一块三角形的麦田，以这样具体的情景引发数学问题的产生。 浙教版教材没有例题，在指导学生在活动中研究三角形面积计算，说明要进行的操作活动。(两个相同的三角形可以拼成一个平行四边形，想一想，做一做)然后提出需在操作中思考的问题(拼成的平行四边形与原来的三角形有什么关系？怎样计算三角形的面积？与学生进行交流)， 出现了"以盈补虚"的方法。 习题设计：计算(操作性记忆水平)占 58.8%，领会(说明性理解水平)占 29.4%，分析(探究性理解水平)占 11.8%。

附件2：

前期有渗透"倍拼"转化方法的教学内容对比

我们查阅了每一套教材在"三角形面积"一课之前的有关渗透"倍拼"转化方法的教学内容，我们将四套教材中相关内容分散到每一册的情况进行统计。

四套教材中有渗透"倍拼"转化方法的教学内容对比一览表

教材	人教版	浙教版	北师版	苏教版
一年级（上）		√		√
一年级（下）	√		√	
二年级（上）		√		√
二年级（下）				
三年级（上）		√		
三年级（下）		√		
四年级（上）		√		
四年级（下）		√		√
五年级（上）			√	√

通过教材前期相关教学内容对比，我们发现，四个版本的教材在前期都安排了相关的图形活动，其中浙教版教材特别注意前期图形活动经验的积累，在早期的各册课本中均有散见，尽管这些方法都是针对一个具体的三角形产生的特殊、零散，甚至有一些缺陷的方法，但是这些感性经验对学生后继的理性推导活动无疑有着极好的铺垫和启迪作用。这些活动的经验有助于教学"三角形面积"时学生迸发出更多的联想和创意。

人教版教材和浙教版教材对比，我们发现有关"倍拼法"的前期相关教学活动内容太少，只有一年级下册有一些，学生在这方面积累的经验就比较少，再加上从一年级到五年级这么长的时间跨度，让学生想到这种方法是比较困难的。

我们再将人教版教材和北师版、苏教版教材对比发现，虽然北师版、苏教版的教材同人教版一样，前期相关教学活动内容太少，但是两个版本力促"近迁移"，即将学习经验迁移到相近的学习情况中，直接在这一单元的起始安排了专讲等积变换的课，也有利于学生想到“倍拼”的方法。

附件3：

三角形的面积前测分析

首先，抽取了本学校五年级共174名学生，并根据学生学习能力情况分为A组（优）58人，B组（中）58人，C组（低）58人，对他们正式学习三角形面积计算前对自主转化图形，探索公式的可能性进行调查。访谈题目是：“问题一，你觉得三角形能不能转化成学过的图形？问题二，你觉得要怎样转化，详细说一说？”调查结果如下。

问题一的调查结果

	A组	B组	C组
能	58人	58人	58人
否	0	0	0

问题二的调查结果

沿高剪	20	22	24
转化为长方形	22	23	20
倍拼法	16	12	12
不清楚	0	1	2

其次，通过前面的教材对比，我们发现浙教版、苏教版、北师版三套教材在教学“三角形面积”时仍旧有“方格背景”存在。那“方格背景”存在是否有利于学生探究呢？围绕这个问题，笔者抽取了本学校五年级学生共172名（其中做前测试卷（一）的有86人，做前测试卷（二）的有86人），对他们正式学习三角形面积计算前对公式的掌握情况以及自主转化图形，探索公式的可能性进行调查。调查试卷如下。

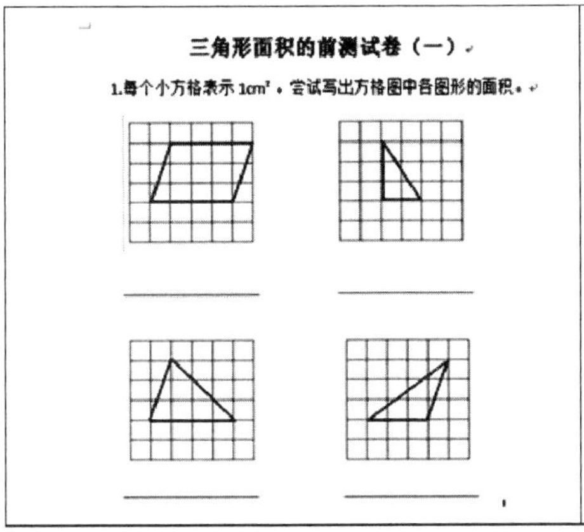

三角形面积的前测试卷（一）

1.每个小方格表示1cm²，尝试写出方格图中各图形的面积。

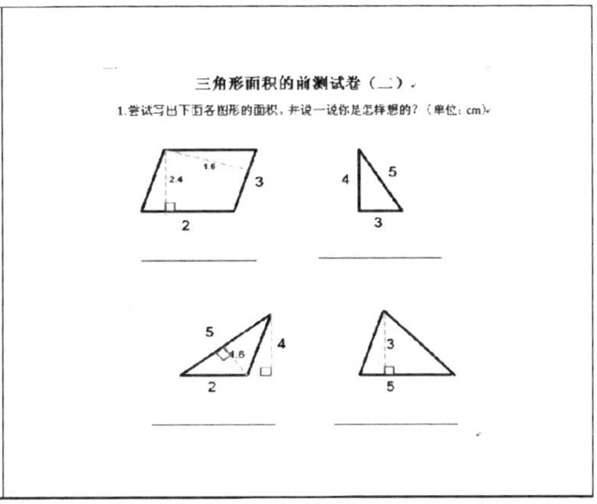

三角形面积的前测试卷（二）

1.尝试写出下面各图形的面积，并说一说你是怎样想的？（单位：cm）

有方格背景时学生解答使用的主要方法如下。

剪拼数格子	直接用公式计算	填补成长方形	填补成平行四边形
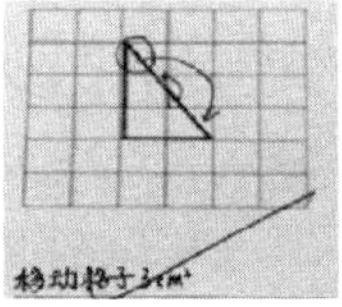	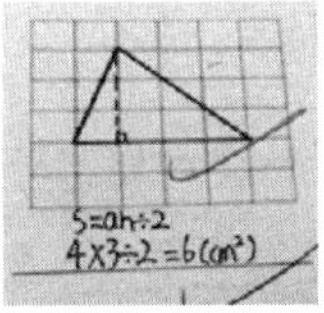 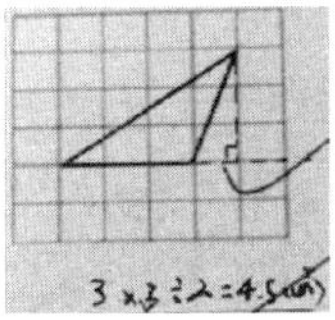	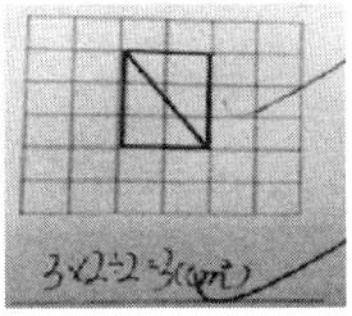 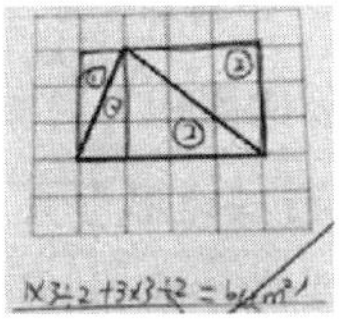 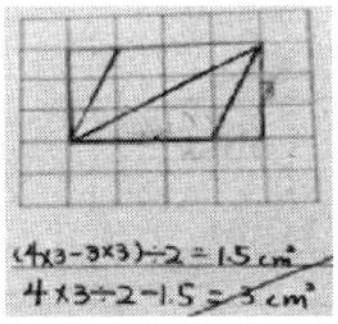	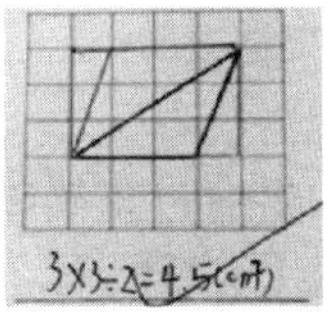

无方格背景时学生解答使用的主要方法如下。

直接用公式计算	填补成长方形	填补成平行四边形
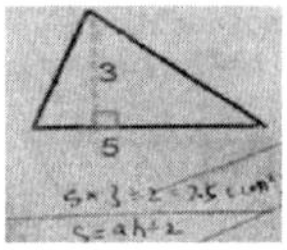	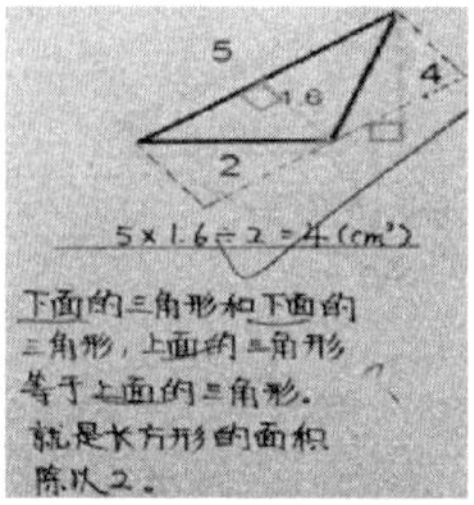 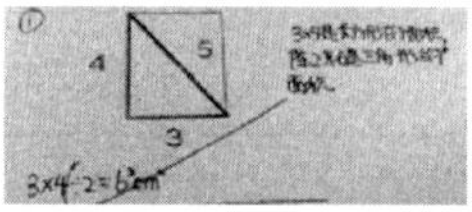 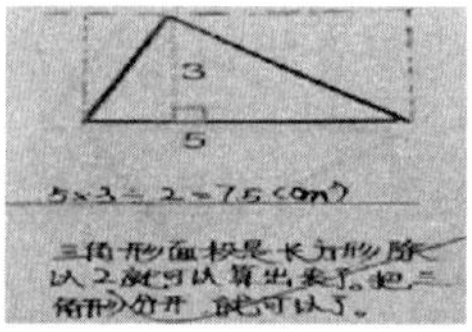	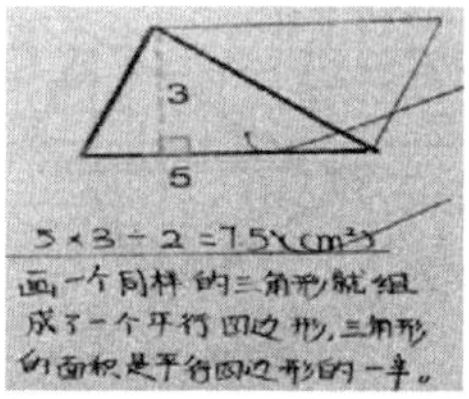

学生通过正确率对比分析如下。

有方格背景时学生解答的正确率统计表

“三角形的面积”前测试卷（一）正确率统计

问题	平行四边形 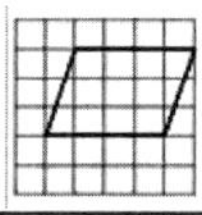	直角三角形 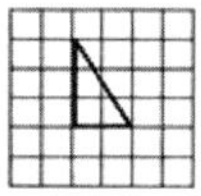	锐角三角形 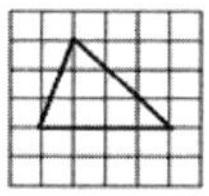	钝角三角形 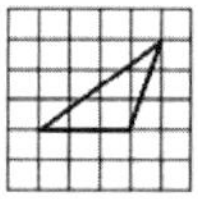
正确人数（人）	66	54	34	30
正确率	100%	81.8%	51.6%	45.4%

没有方格背景时学生解答的正确率统计表

“三角形的面积”前测试卷（二）正确率统计

问题	平行四边形 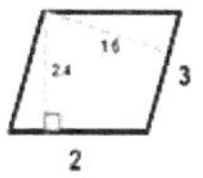	直角三角形 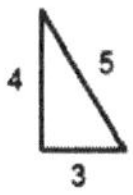	锐角三角形 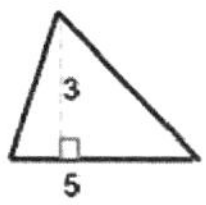	钝角三角形 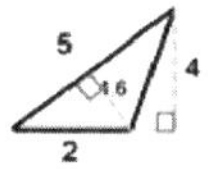
正确人数（人）	65	39	32	29
正确率	98.5%	59.1%	48.5%	45.4%

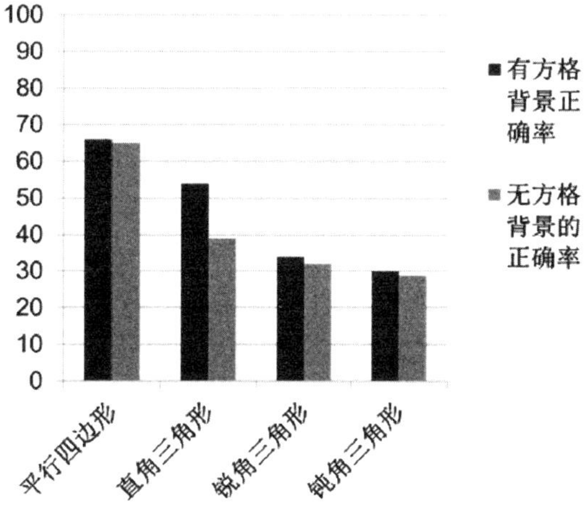

有方格和无方格背景时学生正确率对比统计图

从统计图中我们发现，有方格背景有助于学生自主探究得到三角形的面积，尤其是直角三角形。教材对比给我们的启示，使我们发现了转化的“切入口”。

“梯形的面积”教学设计

【教学内容】

五年级上册教科书第95—96页及相关内容。

【教学目标】

（1）在平行四边形、三角形的面积计算公式推导的基础上，引导学生采用合作探究的形式，运用转化的数学思想，用多种方法探索并掌握梯形面积公式，解决相关的问题，初步了解平面图形的内在联系。

（2）在观察、推理、归纳中提高学生的动手能力和知识迁移能力，体会转化思想的价值。

（3）渗透数学迁移、转化思想，进一步积累解决问题的经验，增强新图形面积研究的策略意识，获得成功体验，提高学习自信心。

【教学重点】

探索并掌握梯形的面积公式，会计算梯形的面积。

【教学难点】

运用转化的思想探究梯形的面积公式，理解梯形面积计算公式的推导过程。

【教具准备】

教学课件、学习单、多媒体课件、相关梯形、剪刀。

【前测分析】

（一）调查情况

（1）笔者第一次抽取了本学校五年级学生共87名，并根据学生学习能力情况分为A组（优）29人，B组（中）29人，C组（低）29人，对他们正式学习梯形面积计算前对自主转化图形，探索公式的可能性进行调查。

问题一：你觉得梯形能不能转化成已学过的图形？（在相应选项打勾）			
选项	A组	B组	C组
能	48	24	17
否			

问题二：你觉得可以把梯形转化成什么图形？详细说一说或画图示意	
割补法（沿高隔开）	49
割补法（转化成其他图形）	41
拼摆法	16
其他方法	0
不清楚	1

（2）在试教时发现部分班级学情又不一样，特做了第二次测试。访谈题目有4个：问题一，你觉得梯形能不能转化成学过的图形？问题二，你觉得要怎样转化，详细说一说？问题三，你认为梯形的面积和梯形的哪些部分有关？问题四，尝试计算梯形的面积。调查结果如下。

问题一的调查结果

选项	A组	B组	C组
能	23	52	11
否	0	0	0

问题二的调查结果

选项	A组	B组	C组
双拼法	6	7	2
割补法	17	42	9
其他方法	0	1	0
不知道	0	2	0

前测试卷 1 的调查结果

选项	A 组	B 组	C 组
底	23	37	6
高	23	39	7
其他	0	6	4
不知道	0	5	0

前测试卷 2 的调查结果（计算正确）

选项	A 组	B 组	C 组
图形三（等腰梯形）	10	23	1
图形四（直角梯形）	14	22	5

（二）结果分析

通过第一次调查我们发现，学生们全部能意识到梯形可以转化成已学过的图形，但是部分学生还不能想到“双拼”的转化方法。当我们进一步追问“你觉得要怎么转化”时，只有 11 名（A 组 5 人，B 组 5 人，C 组 1 人）学生想到了双拼法，仅占总人数的 12.6%。我们还发现有 45 人（A 组 27 人，B 组 11 人，C 组 7 人）第一时间想到的是“沿着高剪开，然后拼一拼”，约占总人数的 51.7%。询问他们原因后得知，因为平行四边形是沿着高剪开后拼成长方形的，所以他们认为梯形这样也应该是可以的。随后我们将准备的若干直角梯形、等腰梯形、不规则梯形和剪刀给这 45 名学生进行实际操作，他们发现沿高剪开后拼不出我们学过的图形后，其中有 5 人（A 组）想到用双拼法，有 3 人（B 组 1 人，C 组 2 人）说应该不是沿高剪开，可能沿着其他线剪开，可是暂时又想不到。

通过第二次调查我们发现，学生们全部能意识到梯形可以转化成已学过的图形，15 名学生（A 组 6 人，B 组 7 人，C 组 2 人）想到了双拼法，占总人数的 17.2%。但是割补法有 68 名学生采用（A 组 17 人，B 组 42 人，C 组 9 人），占总人数的 78.2%。关于“你认为梯形的面积和梯形的哪些部分有关”的这个问题，大部分学生认为和底、高有关，10 人（B 组 6 人，C 组 4 人）认为与腰或边有关，还有5人（B组）不知道。关于尝试计算梯形的面积在调查的87名学生之中，第一题（等腰梯形）A组有10人做对，占总人数的11.5%；B组有23人做对，占总人数的26.4%；C组有1人做对，占总人数的1.1%。第二题（直角梯形）A组有14人做对，占总人数的16.1%；B组有22人做对，占总人数的25.3%；C组有5人做对，占总人数的5.7%。统计结果表明，对于直角梯形的面积计算，学生更容易找到对应的高从而计算出面积，而等腰梯形错误地利用腰来进行计算，说明学生对腰和高区分不清，或是找不到对应的高。

综上所述，我们发现学生很难直接想到“双拼”这种转化的方法。

（三）教材对比

为了便于本节课的研究，我们对四套教材中“梯形的面积”一课的内容进行对比分析，分别是人教版、苏教版、北师大版、浙教版这四套教材，推导梯形面积时的操作活动环节，只有苏教版给出方格背景；四套教材都讲解了“拼摆法”，可见四套教材都认为：“用两个同样梯形拼摆的方法，这种方法推导过程简单，学生比较容易理解和掌握。”学生对梯形面积计算公式的推导有一定的困难。让学生理解由梯形转化成已学过的图形的方法来求面积是一个难点，需要学生在探索活动中，循序渐进地进行操作与观察，从而使学生进一步理解平面图形之间的转换关系，发展空间观念。

（四）教学建议

（1）选择合适的材料，进行操作。尊重学生的个性发展，允许学生利用不同的梯形，或拼摆、或割补成已学图形。学生手中的梯形学具应具有多样性（大小不同、大小相同、形状不同、形状相同），让学生在动手操作转化的过程中观察、探索、发现、领悟转化的数学思想，获取数学知识。

（2）以最优方法为主，同时尊重学生的“异”思维。学生的数学学习过程不能只是接受现成的数学知识，而是一个以学生已有的知识和经验为基础的主动建构的过程，许多东西要靠学生在活动中去领会。教学中主要让学生把梯形转化成平行四边形，然后围绕着拼成的平行四边形的底和高与梯形的底和高的关系推导出梯形的面积计算公式，同时引导学生区分腰和高。其实在推导梯形面积公式时，并不只有这一种方法，还可以把梯形转化成两个三角形，也可以转化成一个平行四边形和一个三角形……这些方法也要利用转化的思想去渗透。从训练学生思维的角度来看，可以更开拓学生的思路，有利于学生的长远发展。

【教学过程】

（一）课前热身——渐入佳境

（1）看字说字的颜色。

（2）复习已学过的平面图形面积公式。

（3）在求平行四边形和三角形面积中怎样利用转化的思想来推导出相关图形的面积，总结探究方法。

【设计意图：本环节由游戏开始，在兴趣盎然的状态中打开思维，抓住“孙悟空”72 变的特点，让它变成学生学过的图形，轻松自然地引出各种已学过的平面图形的面积，渗透了转化的数学思想，既复习了旧知，又引出了新知，而且培养了学生以发展的眼光看数学、逐步建构自己知识体系的能力。】

（二）顺势发展——经历体验

（1）出示梯形，认识梯形各部分的关系。引导学生初步猜想：如何求梯形的面积?

（2）探究验证。桌上的学具袋里放有直角梯形、一般梯形、等腰梯形等若干个，有完全一样的，也有不一样的。分组探究，并完成学习单。

（3）全班交流汇报。

（4）归纳公式。根据探究表的结论，归纳出梯形面积的计算公式。

（5）多种方法汇报。

（其中重点解决双拼法，其他方法学生汇报几种算几种，不做一一详解。只要学生能把以上意思基本说出来，能够说出是将未知图形的面积转化为已知图形的面积推导出来即可。）

【设计意图：对多种方法各抒己见，在交流的过程中互补知识缺陷，学生在猜想—操作—争辩—演示—叛变—互补的过程中深刻地理解梯形面积的推导，纠正学生的错误猜想，巩固正确的推导思路。】

（三）巩固应用——拓展提高

（1）求梯形的面积。

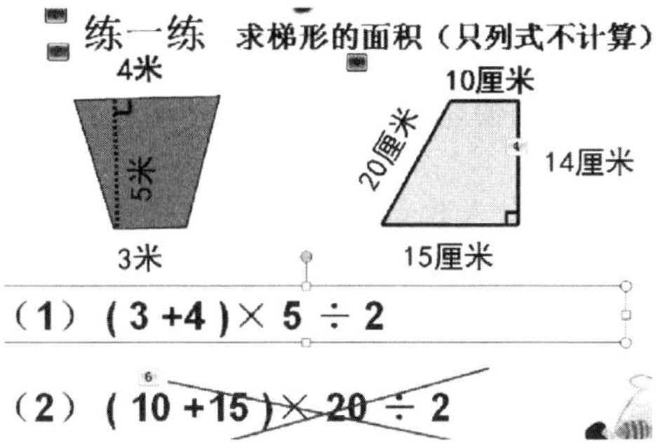

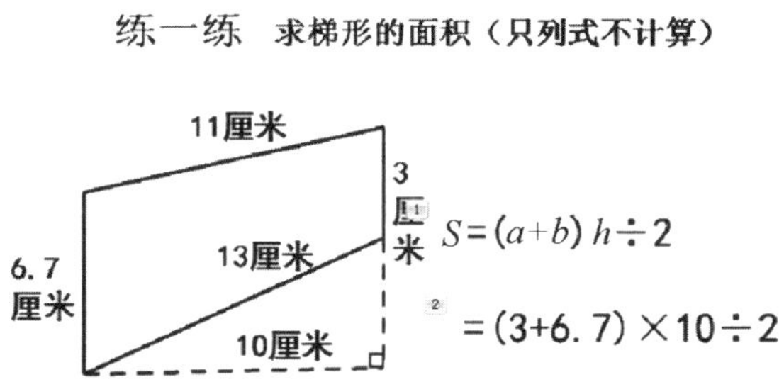

【设计意图：在推导出梯形面积公式后，让学生结合实际题目学以致用，使学生达到基本掌握梯形面积计算的目的。】

（2）学生观察图形，比较下列梯形面积的大小，发现其中的规律。

引导学生通过看图分析得出结论：等底等高的梯形面积相等。探讨“在高相等的情况下，上底和下底还可以怎样变化，面积仍然相等”，进而发现图形之间的变化和联系。

【设计意图：本环节是为了将学生的学习积极性再次推向高潮，通过运用梯形面积公式计算其他图形，让学生体会知识结构的内在联系，从中培养学生构建知识系统的能力和知识迁移及综合整理的能力，进一步渗透转化思想。】

（3）求围篱笆花坛的面积。

【设计意图：运用公式是课堂教学中不可缺少的一个过程，这一环节通过练习既能使学生进一步理解和掌握梯形的面积计算公式，又有利于学生灵活运用所学知识解决生活中的数学问题，使学生体会到数学来源于生活，又应用于生

活的数学思想。】

（四）小结全课——总结升华

师：这节课我们是怎么推导出梯形的面积计算公式的？

（五）思维点拨——建构模型

微课展示刘徽如何应用出入相补的原理来求平面图形的面积，展示转化思想的应用。

【设计意图：通过微课，教会学生学会怎样寻找新旧知识的内在联系和数量关系，进一步强化了“转化”的思想方法的应用领域，又渗透了爱国主义教育。】

【板书设计】

梯形的面积

$S=(a+b)h\div 2$

“平行四边形和梯形”教学设计

【教学内容】

人教版《义务教育课程标准实验教科书·数学》四年级上册70—71页例1。

【教材分析】

本课的教学内容是学生在学习了四边形的认识、长方形和正方形、平行与垂直等几何知识的基础上进行的，平行四边形和梯形都是特殊的四边形。教材一开始就呈现了一幅情境图，旨在为平行四边形和梯形的教学提供现实生活背景。引导学生认识四边形，并进行分类，接着从四边形中整理出长方形、正方形、平行四边形和梯形，概括出平行四边形和梯形的特征。最后探讨平行四边形和长方形、正方形之间的关系，并用集合圈表示出它们的关系。教材这样的安排旨在让学生在直观操作感知体验图形的过程中概括图形的基本特征，通过整理对比平行四边形与长方形、正方形之间的关系形成明晰的四边形分类，建立图形之间的集合关系，明白集合圈所表示的从属关系，形成研究图形特征的基本方法，为更进一步学习其他平面图形奠定基础。

【学情分析】

四年级学生在生活中已接触过许多平面图形，并在脑中形成这些平面图形的表象。虽然学生对平行四边形等平面图形储备了一定的认知，但对图形特征的比较、分析、概括能力处于发展的初级阶段。因而在备课时一方面要关注学生已有的生活经验和知识基础，另一方面也要预设到学生对于各四边形的联系和区别的理解有一定难度。所以尽量让学生在直观演示和操作中体验知识的形成过程，以小组活动的方式进行探究，建立数学模型，降低学习的坡度，提高学习的效率。

【设计理念】

《数学课程标准》强调：让学生亲身经历将实物抽象成数学模型的过程，并进行解释与应用，从而使它们真正掌握数学知识与技能，理解数学思想与方法，获得广泛的数学活动经验。学生学习“平行四边形和梯形”，是在已有知识的基础上进行深入的学习，有一定的学习经验。因此，在本次教学设计中，运用了数学模型思想，以生活认知为起点，注重加强数学知识间的联系，利用新旧知识迁移的方法，关注学生学习的过程，重视学生的数学活动体验。通过猜想、观察和动手操作等活动让学生经历数学知识形成的全过程。

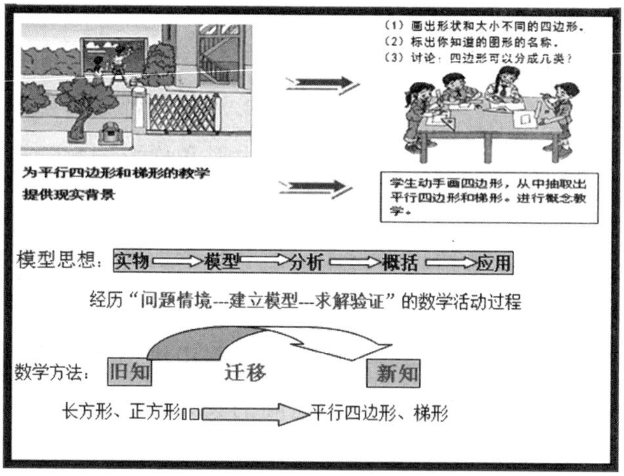

另外，本课程设计更关注的是充分激发学生学习的主动性和积极性，让学生自主参与教学活动过程中，有利于提升课堂的学习效率。本课重视学生问题意识的培养和体现学生在教学活动中的主体地位，让学生自主经历问题解决的全过程。

【教学目标】

1. 知识目标

（1）引导学生发现平行四边形和梯形的特征。

(2) 概括出平行四边形和梯形的定义。

(3) 会用集合图直观表示出各类四边形的关系。

2. 能力目标

通过让学生观察、测量等实际活动，培养学生动手操作、总结概括以及探究问题的能力，发展学生的空间观念。

3. 情感目标

创设各种学习活动，激发学生强烈的学习兴趣，点燃探究知识的欲望，培养积极探索的情感，感受数学的价值和趣味。

【教学重点】

认识平行四边形和梯形的特征。

【教学难点】

理解四边形之间的关系。

【教学准备】

教具：多媒体课件，各种板贴用的四边形一套。

学具：每人一个平行四边形，一个梯形，一把剪刀，一张方格纸；每个四人小组一张合作学习单。

【教学过程】

(一) 情境导入，旧知激趣

师：同学们，这是实验小学校园的一角，你能在上面找出认识的平面图形吗?

教师让学生上前指着图形说，并根据学生的回答把图形抽拉到屏幕下方出示：

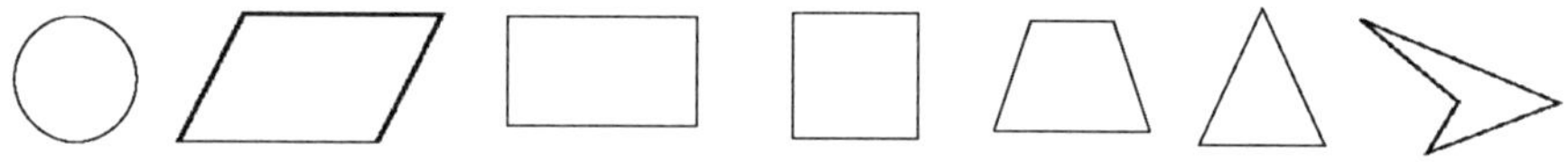

师：这些图形中哪些是四边形？

生：平行四边形、正方形、平行四边形、梯形、其他四边形。

师：以小组为单位，每人在方格纸上画出一个形状和大小不同的四边形，并写上图形的名称，比一比看谁完成得最好！（学生以小组形式开展画图）

老师实物投影逐一展示学生优秀作品，并让学生描述这些图形的特征。

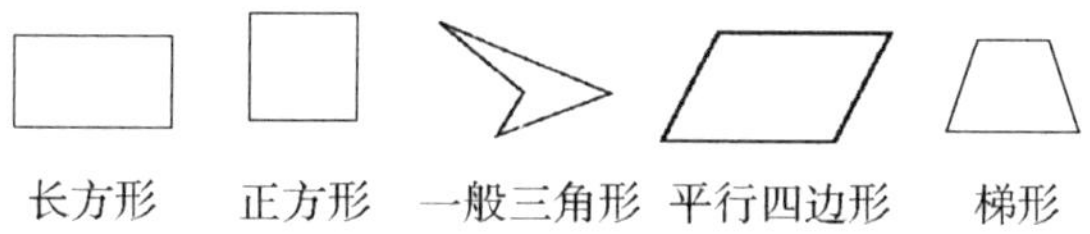

预设：学生能较快较准确地描述长方形、正方形的特征，但描述平行四边形和梯形时会遇到困难。

师（点出主旨）：看来同学们对长方形和正方形的特征掌握得很好，但是还有很多知识值得我们探究，今天我们进一步认识四边形。

【设计意图：以熟悉的校园开头，一下子激发了学生对学习本节课内容的浓厚兴趣，既复习了长方形和正方形的特征，又为概括平行四边形和梯形的特征做好准备。学生画出图形后，可以将图形自主张贴在黑板上，这样既让学生体验了成功感，又很自然地形成了初步的板书。】

（二）合作探究，构建新知

1. 分

师：你能根据边的特点把黑板上的平面图形进行分类吗？（板书：分）

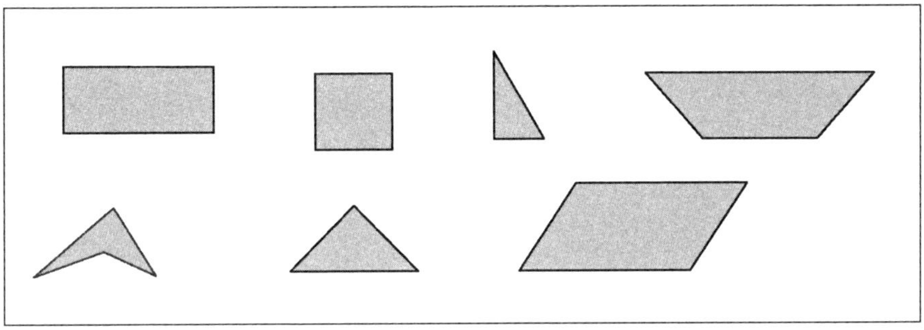

（1）预设。

生1：可以分成五类，一类是长方形，二类是正方形，三类是平行四边形，四类是梯形，最后一类是不规则的四边形。

生2：我认为分成四类，长方形和正方形分成一类，其他的同意刚才同学的意见。

生3：我认为三角形都有三条边，分为一类，剩下图形都有四条边全部分为一类。

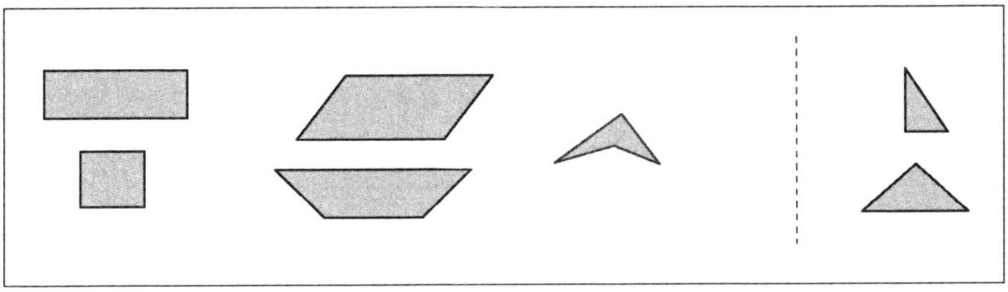

（2）点题。

师：数学上把由四条边围成的图形叫四边形（板书：四边形）。这两个四边形叫什么名字？（板书：平行四边形、梯形）今天我们主要学习“平行四边形和梯形”。（板书：和）

【设计意图：把握学生学习的生长点，设计简单的图形分类，让学生留意到平面图形可按边的数量的多少来分类，又让学生感受到平行四边形和梯形是四边形中的两种图形，为抽象出数学语言来描述图形的特征，建立平行四边形和梯形的概念，做好知识的脉络的整理。】

2. 找

（1）大胆猜想。

师：请同学们看着黑板上的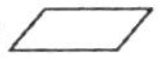和，猜一猜，它们各有什么特征？

生 1：平行四边形这样的两条边平行，梯形这样的两条边平行。

生 2：平行的两条边相等。

……

老师根据学生的汇报板书（“两组对边分别平行，对边相等。”“一组对边平行”），并打上“?”。

（2）合作探究。

师：伟大的发明创造很多是源于大胆的猜想，但我们的猜想是否正确呢?通过操作实践验证它。

①出示学习单，读一读要求。

学习要求：

1．比一比：两组对边的位置怎样?

2．量一量：各边的长度怎样?

3．说一说：你发现了什么?

平行四边形：________________。

梯形：____________________。

②小组长拿出学习单，四人小组进行合作探究。

③学生汇报（实物投影上边汇报边示范比和量的过程）做出以下预设。

生 1：通过用尺子比一比，发现平行四边形的两组对边分别平行。

生 2：平行四边形的两组对边的长度分别相等。

生 3：发现了平行四边形的两组对边分别平行且相等。

生 4：梯形只有一组对边平行，但长度不等，另一组对边不平行也不相等。

（3）实践验证（电脑动态演示验证过程）

师：我们用三角板和长尺比一比两组对边的位置关系，首先验证了平行四边形上下对边是平行的，左右对边也是平行的，这就是说，平行四边形两组对边分别平行。（出示结论：两组对边分别平行）

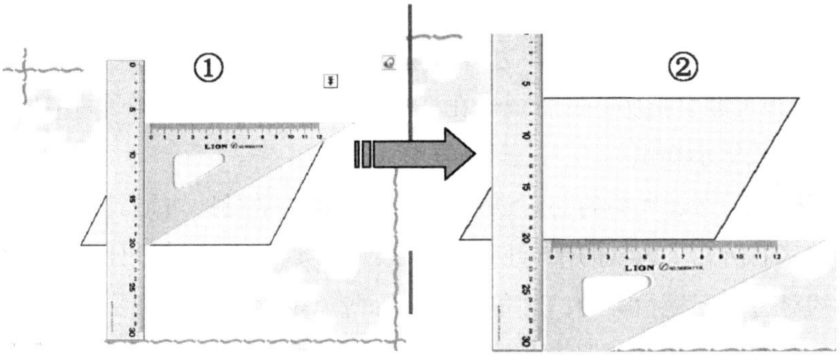

师：再用尺子量一量，验证了平行四边形的两组对边分别相等。（出示结论：两组对边相等）

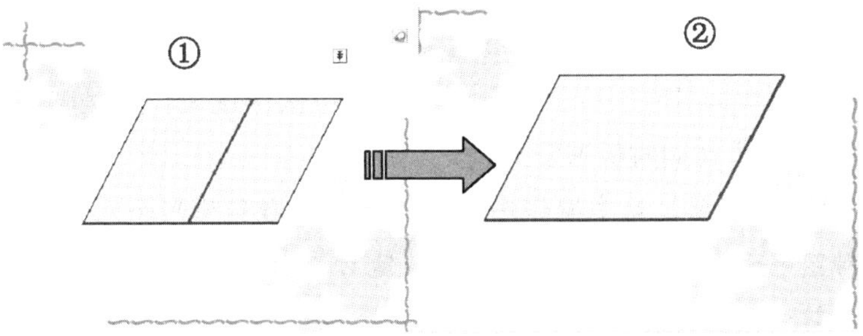

师：而梯形比一比发现只有一组对边平行，四条边都不相等。（出示结论：只有一组对边平行）

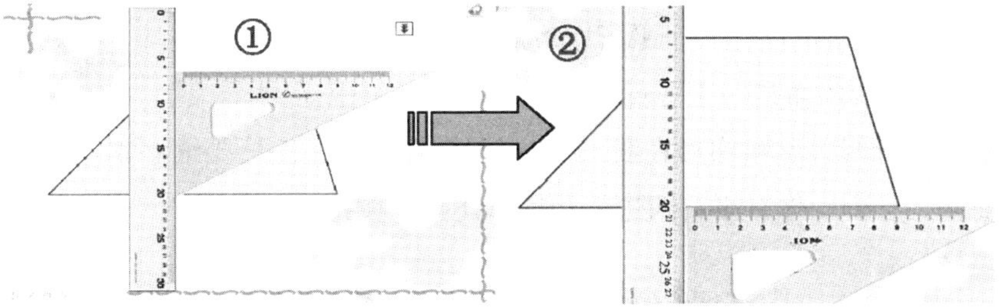

只有一组对边平行

【设计意图：图形的建模是图形感知培养的逐步推进过程，让学生在“找”中经历猜想验证的全过程，通过同伴合作探究、动手操作，小组汇报发现的平行四边形和梯形的特征，逐步建立平行四边形和梯形的基本特征，为完成平行四边形和梯形的整体建模打下基础。】

3. 说

师：什么样的图形叫平行四边形和梯形呢？

（学生很可能会把所有的特征合在一起作为平行四边形和梯形的定义。）

介绍“数学小知识”。

师：同学们通过大胆猜想、动手验证，发现了平行四边形具有这么多的特点。数学家们研究了大量的平行四边形，发现了只要两组对边分别平行的四边形，它的对边一定是相等的，对角也一定相等。也就是说，只要具有“两组对边分别平行”这一特征的四边形就一定是平行四边形。

师：现在谁可以用最简练的语言告诉大家，什么是平行四边形？

师：请同学们好好看一看，平行四边形和梯形有什么关系？

引导学生说出：共同点是对边平行，不同点是两组对边分别平行和只有一组对边平行。在书上画出自己认为关键的字。

师：现在请同学们看着黑板上的图形，给学习伙伴说说什么是“平行四边形”，什么是“梯形”（同时板书定义）。

【设计意图：学生经过动手操作发现了平行四边形和梯形个别属性的特征，要上升为一种图形的特征就要找到其共性的地方。通过“说”，学生学会在比较、分析、理解中形成对图形基本属性的概括，使学生能用准确的数学语言说图形的基本特征和定义，真正理解两种图形的共同属性和差异性。】

4. 辨

师：我们的教室也有好多的平行四边形和梯形，请大家一起来辨一辨。

生 1：数学书的面是一个平行四边形。

生 2：黑板的面是一个平行四边形。

师：平行四边形和梯形在我们的生活中无处不在，只要细心观察、善于发现就能找到它们。你看平行四边形和梯形还藏在图形中，请再辨一辨！

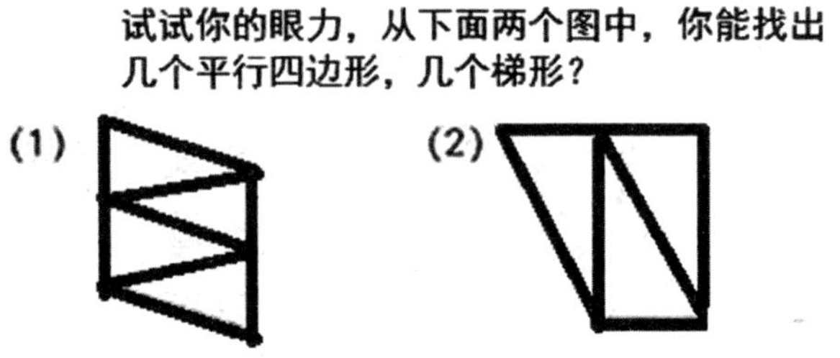

【设计意图："学以致用"是学习的最高境界，数学知识源于生活，服务于生活。通过辨出生活中的平行四边形和梯形，让学生在复习图形中"辨"出平行四边形、梯形的特征，进一步积累数学经验，培养学生的模型思想，掌握学习数学知识与技能的科学方法，发展数学能力。】

（三）观察对比，明确关系

1. 判断图形

电脑逐一演示图形，让学生判断是否为平行四边形或梯形，并说明判断的理由。

（1）第①图是一个梯形，因为它只有一组对边平行。第②图是一个平行四边形，因为它有两组对边分别平行。第③图是一个梯形，因为它有一组对边平行。第④图是一个普通四边形，因为它由四条线段围成，但没有平行的对边。

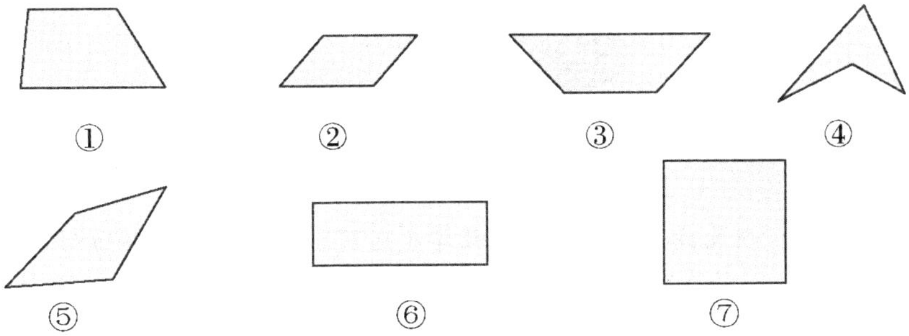

（2）判断到第⑤图时，电脑演示验证两组对边都不平行，所以第⑤图，既不是平行四边形也不是梯形。

（3）第⑥、⑦图同时出现，让学生争论长方形和正方形到底是不是平行四边形，并说明理由。

（4）得出结论：长方形和正方形具有平行四边形的特征，都是特殊的平行四边形。

（5）老师小结，并在黑板上边解释边划线。

师：我们发现，四边形分为三大类（画四边形大圈）。一类是有两组对边平行的，我们称它为"平行四边形"（把平行四边形画在圈里），因为长方形和正方形同时具有"两组对边分别平行"特征，所以，长方形和正方形都属于平行四边形（把长方形和正方形放进圈里）。第二类是有一组对边平行的四边形，它就是梯形。（画圈）剩下的是没有对边平行的四边形，就是最一般的四边形。

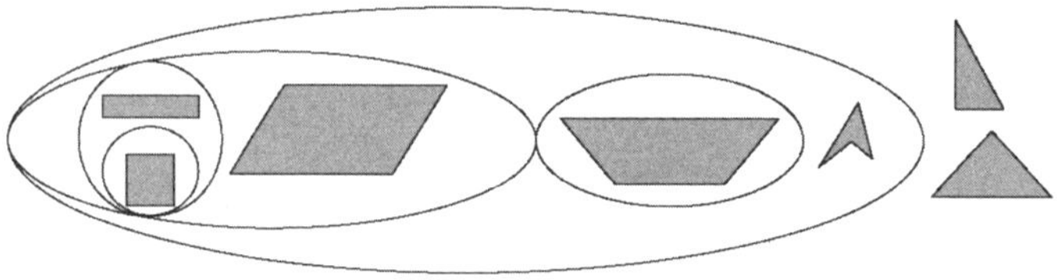

2. 总结归纳

电脑以动态的形式展现四边形的集合关系，让学生跟着老师的演示，复述四边形之间的关系。

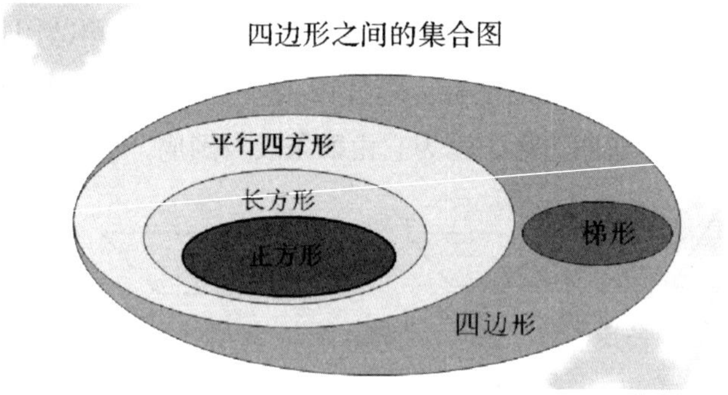

【设计意图：在此设计判断题，是让学生运用刚学到的平行四边形和梯形特征去判断，加深对这两个图形的特征的认识，厘清四边形的隶属分类关系，形成关系集合图，解决长方形和正方形属于平行四边形的范畴，有效突破了本课的难点。】

（四）精心设练，灵活运用

1. 判一判

1. 火眼金睛判对错。

（1）长方形是特殊的平行四边形。（　　）

（2）有一组对边平行的四边形是梯形。（　　）

（3）用两个完全一样的梯形可以拼成一个平行四边形。（　　）

每次判断都要说明自己判断的依据。对于第三题，给学生准备好两个一模一样的梯形，让学生们动手验证，得出结论。

2. 画一画

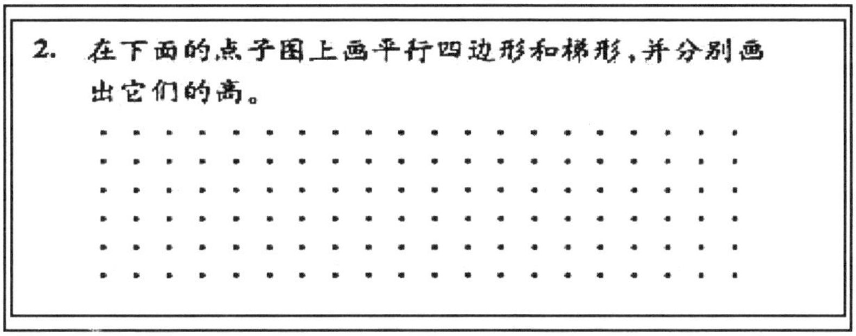

2. 在下面的点子图上画平行四边形和梯形，并分别画出它们的高。

画出一个平行四边形和一个梯形，再请画好的学生说说把图画好的方法。

3. 剪一剪

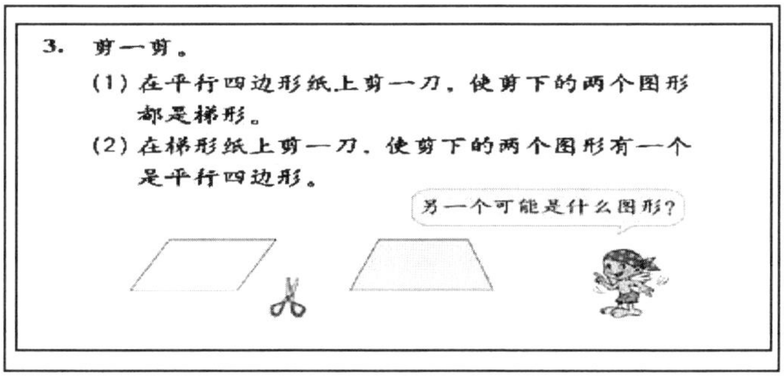

3. 剪一剪。

(1) 在平行四边形纸上剪一刀，使剪下的两个图形都是梯形。

(2) 在梯形纸上剪一刀，使剪下的两个图形有一个是平行四边形。

（1）让学生动手实践，试试在书上画出剪痕。

（2）让不同的学生展示自己不同的剪法设计，说出自己的想法。

（3）小结。同学们设计了很多种不同的剪法，也证明了平行四边形和梯形可以互相转化。只要把平行四边形的两组对边中的一组对边，剪成不平行的对边，就成了只有一组对边平行的梯形。相反，把梯形变成平行四边形，只要把原本不平行的另一组对边剪成平行的对边就可以了。

4. 量一量

量出书本中平行四边形各个角的度数，看能发现什么。

学生自己动手进行测量，得出结论“平行四边形对角相等”并把结论补充到黑板的板书上。这是平行四边形的又一个特征。

【设计意图：练习以判、画、剪、量等动态形式出示，具有较明显的层次性，进一步明晰平行四边形和梯形的外延和内涵。学生在动脑和动手中练习，在活动中互相启发，在观察中探究图形的性质，符合四年级学生的思维发展特点，激发了孩子们的学习兴趣，轻松地获取数学知识，发展数学能力。】

（五）全课总结，体验收获

师：今天这节课你有什么收获？你觉得自己的表现怎样？

师：同学们，图形世界千变万化，还有更多的奥妙有待我们努力探索！

【设计意图：教学不仅要关注学生的学习结果，更要关注学生的学习过程体验。让学生谈谈自己的收获和评价，有利于将每个成功的经验转化为大家的财富，也有利于学生知识体系的形成，获得较好的情感体验。】

【板书设计】

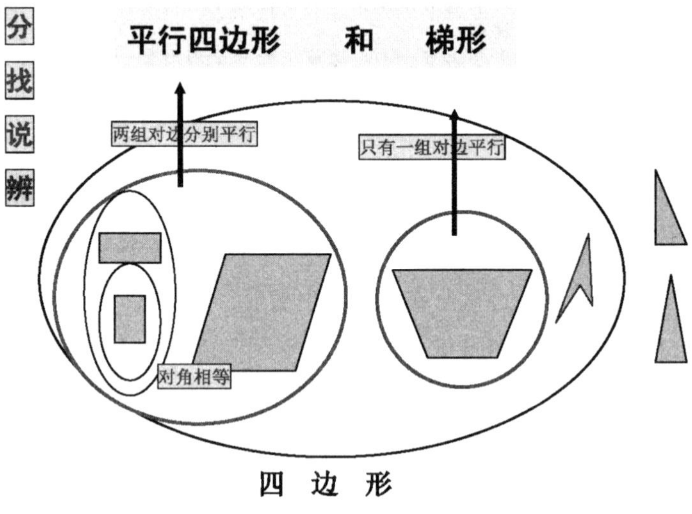

“确定物体的位置”教学设计

【教学内容】

人教版《义务教育课程标准实验教科书·数学》四年级下册17—18页。

【教材分析】

小学阶段的“图形与几何”课程内容以发展学生的空间观念、几何直观、推理能力为核心展开。主要包括图形的认识、测量、图形的运动、图形与位置四个部分。在第一学段中，确定物体的位置有两种方式：一是“上、下、左、右、前、后”，二是“东、南、西、北”。前者是一种相对位置的确定，后者是绝对位置的确定。另外还通过第几行、第几列这两个条件初步认识了确定物体的位置。本单元在此基础上，让学生学习根据方向和距离两个条件确定物体的位置，并描述简单的路线图，使学生依据参照物进一步从方位的角度认识事物，更全面地感知和体验周围的事物，发展空间观念。教材选取了公园定向运动这样的现实生活素材，让学生了解确定物体位置的作用和价值，从而激发学生学习的欲望，掌握几何的概念和语言，培养空间的观念。

【学情分析】

在第一学段学习的基础上，学生已经积累了一些有关“空间与位置”的知识和经验，形成了一定的空间感，他们对空间位置的感知和理解的能力在不断提高。但是因为本节课要通过方向和距离确定物体的具体位置，涉及角度问题，因而学生学起来会有一定的难度。因此，课的设计必须从学生的生活实际出发，创设各种生活情境，充分利用学生已有的知识经验，使学生在熟悉的环境中，通过自主探索和合作交流解决实际问题，掌握根据方向和距离确定位置的方法，发展空间观念。

【设计理念】

在《课程标准（2011 年版）》中将发展空间观念定为核心概念和目标。可见发展学生的空间观念是“图形与几何”的教学主旨。此目标的达成不能一蹴而就，它需要不断地积累经验以及丰富的想象力，所以离不开观察、想象、比较、综合、抽象和分析的长期积累。“图形与位置”中的内容是发展学生空间观念的优质素材，而现实生活中的位置关系是学生学习图形与位置的重要的素材。所以本课的设计在于充分地关注学生已有的知识基础和生活经验，创设一连串与生活密切相关的学习情境，以小组合作学习为主要学习方式，为学生提供探究的空间，激发学生观察、分析、思考探究的欲望，利用独立思考、合作交流等方式，让学生不断产生思维与思维的碰撞，进一步从方位的角度认识事物，并培养学生自主探索、交流合作的能力，最终达到发展空间观念的目标。

【设计亮点】

通过既有趣又贴近生活的情境导入学习，激发学习兴趣；注重通过不同层次的学习活动让学生探究确定位置的方法，体验知识的形成过程；教学设计注重形话结合、直观化教学、方法提升及生活化练习，教师注重引导和小结，采用小组合作的学习方式，凸显学生主体地位，提升学生学习能力，课堂数学味浓烈，教学扎实有效。

【教学目标】

知识目标：通过具体活动，认识方向与距离对确定位置的作用，并能根据任意方向和距离确定物体的位置。

技能目标：让学生在探索知识的过程中发展空间观念，并增强其识图能力，以及运用所学知识解决实际问题的能力。

情感目标：感受确定位置的丰富现实背景，体会数学的价值，产生对数学的亲切感。

【教学重点】

使学生明确要根据物体的方向和距离才能确定物体的具体位置。

【教学难点】

根据方向和距离准确描述物体的位置。

【教具学具】

多媒体课件、量角器，学生每人一张学习单。

【教学过程】

（一）课前活动

师：同学们，今天我们很荣幸能坐在这里上课，在上课之前先活动一下好不好？全体起立！

师：假设我们黑板的方向是正北方向，现在请转向正南方，再转到正西方向，接着转到正东方向，最后转回正北方向。现在请转向东北方，再转到西北方。很好，请坐，同学们反应很快，方位知识学得很扎实！

师：刚才我们从正东方向转到正北方向，刚好转了多少度？（老师手指黑板上的方向标，做到形话结合）

【设计意图：好的开头是一节课成功的开始，用向东、南、西、北转身的游戏活动引入，既帮助学生在游戏中复习了旧知识，又能让学生在活动中感知东南西北之间其实存在着角度，活动设计快乐而有效。】

（二）引入新知

师：同学们，如果我这样转，从正东方向转到这个点的方向上（在东北方向上点一个点）。有什么办法知道我转了多少度呢？

生：把交点与那个点连起来，形成一个角，再测量这个角的度数。

师：好办法！居然想到了把两个点连起来，使它成为一个角，再量出角的度数！今天我们要学的知识就跟夹角的度数有密切的关系。

师：打开书本第 17 页，同学们请看，一群小朋友集中在森林公园门口，他们要参加一项什么比赛呢？（公园定向越野赛）观察得真仔细！那是一种定向运动，风靡了欧洲各国，在我国也正在逐步兴起。（老师播放视频）

师：所谓定向运动，简单地说就是按规定方向行进的体育运动，参赛者要通过预先设置的各个检查点，以最短时间到达终点者为胜。你想参加这么有意思的体育运动吗？

师：要顺利完成这项运动，首先要有确定物体位置的知识，现在我们先来学习这个内容！（板书课题：确定物体的位置）

【设计意图：捷克教育家夸美纽斯曾说：“一切知识都是从感官开始的。”教师必须用情感激发学生的学习欲望，这是有学习意义的情感前提。教师创设了有趣的生活情境，自然地将学生带入数学学习中，有效激发了学生内在的学习欲望和参与意识，学生情绪高涨，学习效果自然良好。】

（三）探究新知

1. 引出问题

师：假设我们现在所在的位置是森林公园的门口，以这个门口为起点，比赛的第一个任务就是要尽快到达 1 号点。现在以起点为观测点（在黑板粘贴“起点”“1 号点”）。谁能用自己的话说说 1 号点大概在起点的什么方位上？

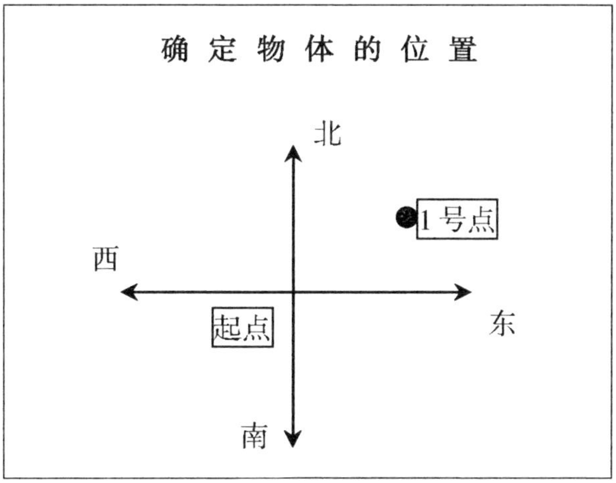

生：1 号点在起点的东北方向。（师演示图 1）

师：这位同学说得不错，他讲清楚了谁在谁的什么方向上。只是，这里整个区域都可以说是东北方向，能又快又准地找到 1 号点吗？（师演示图 2）

生：不能。

师：那怎样才能准确地描述 1 号检查点的位置呢？

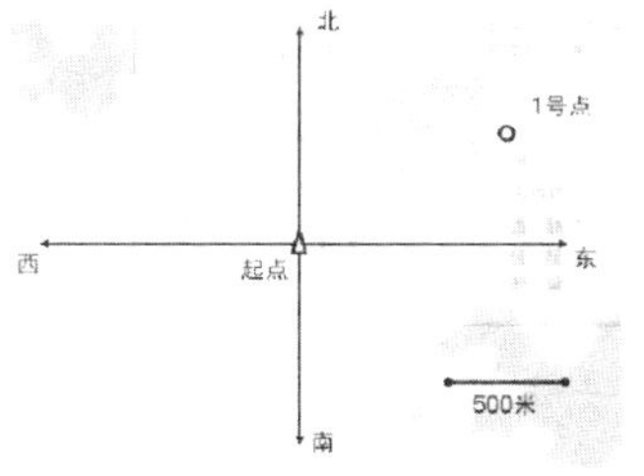

图 1

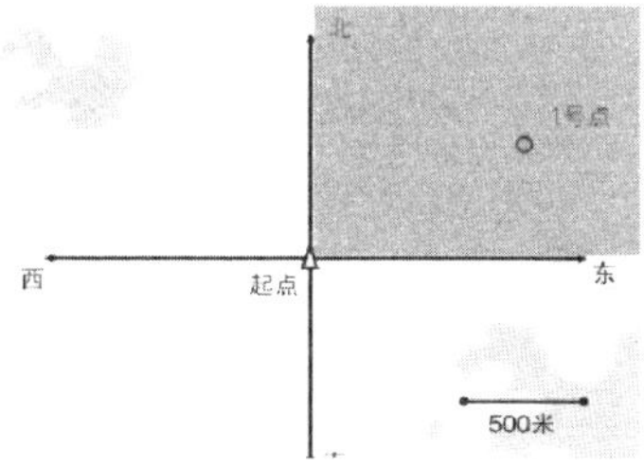

图 2

【设计意图：心理学家指出，学习者如果遇到疑惑，其内心就会处于一种不平衡状态，产生解决问题的心理需要。本课借助情境交流的问题，让学生感受到原有的知识不能解决新问题，学生就会迫切寻求解决问题的新方法，激发强烈的探究新知的欲望，下面的探究活动的开展水到渠成。】

2. 探究确定位置的方法

（1）小组探究。

师：下面请小组长拿出学习单，先独立思考再四人小组合作，在下面的方位图上动手画一画，量一量，最后描述出1号点的具体位置，活动开始！

《确定物体的位置》学习单

四人小组合作

1. 在下面的方位图上画一画，量一量，探究1号点的具体位置。

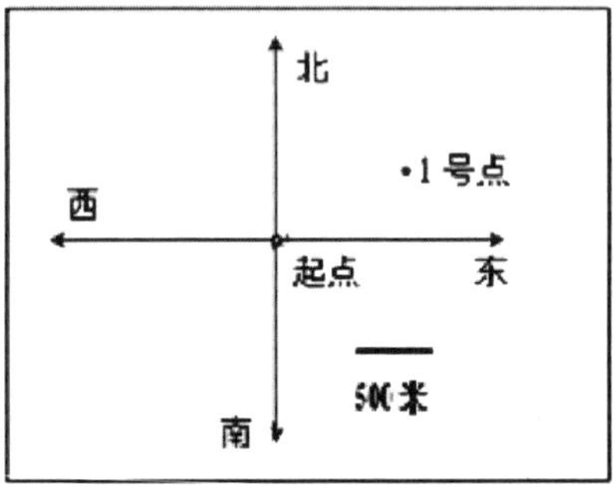

2. 说一说1号检查点的具体位置：

1号检查点在起点的__________________

（2）学生活动，教师巡视指导。

（3）反馈交流。

师：现在请小组的同学汇报，要求一个同学在投影上说出怎么画和怎么量的，另一个同学在黑板上操作一遍。

生1：先把1号点和起点用线连起来，用量角器量得1号检查点在起点的东偏北30度的方向上。

师（点评）：这个小组的研究有了新的突破，他们发现了这条线是在起点的东偏北30度的方向上。但是只有这个条件就可以确定1号点的位置了吗？谁还有更多的发现？

生2：我们还发现了图中一段这样的距离表示500米，从起点到1号点有两段这么长，所以表示1000米。也就是说，1号检查点在起点的东偏北30度的方向上，距离是 1000 米。

师（点评）：这个小组的同学观察得真仔细，他们注意到了这一角的图标用 1 厘米代表 500 米，并因此计算出距离，实在太棒了！

师：这里的方向除了可以说是东偏北 30 度，还有别的说法吗？

生：还可以说是北偏东 60 度。

【设计意图：培养学生的空间观念，就要转变以往的学习方式，变学生的被动接受为主动探索。这个环节是本节课的重点，也是学生认识上的难点。老师先是大胆放手，给学生广阔的独立思考和互相交流的空间，让学生在活动交流中思维得到启发，思想得到碰撞，探索描述位置的方法，体现了以生为本的课堂理念。接着教师采用追问的方式，让学生不满足单一的描述，培养学生更全面更灵活的思维方式。】

3. 电脑演示并总结

师：这位同学的思维非常灵活，其实“北偏东 60 度”这样说也是可以的，但是我们习惯上先说与物体所在位置离得较近的方位，也就是夹角较小的那个方位。所以 1 号检查点的位置我们一般会说是“东偏北 30 度”，而较少说“北偏东 60 度”。

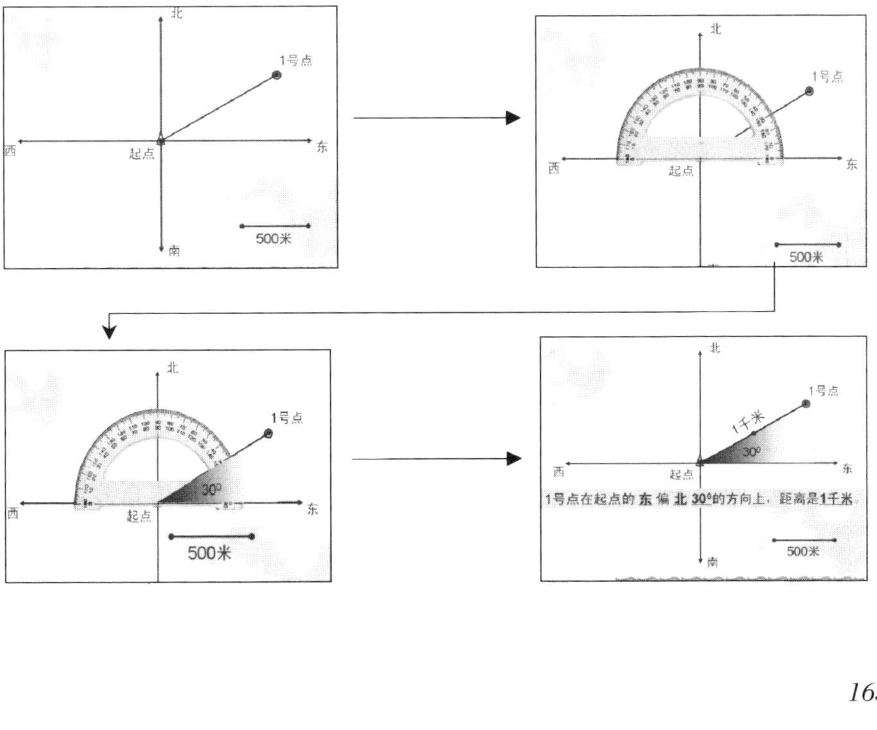

师（结合电脑的演示）：我们先以起点为观测点画出方位图，再连接起点和1号点，用量角器以东为0刻度量出这个夹角是30度（板书），再量出这条线段长2厘米，因为1厘米相当于实际500米，所以实际距离是1000米（板书：东偏北30度的方向上，距离1000米）。我们就说1号检查点的位置是在起点的东偏北30度的方向上，距离是1000米。

师：下面请每个同学跟同位指着手中的图，说说你是怎样确定1号点的位置的。

师：刚才我们准确描述了1号点的位置，现在请同学们回顾一下，要确定一个物体的位置，除了要确定观察点以外（板书：定），还需要依据哪些条件？

生：方向和距离。

师：非常棒！其实要确定物体的位置，关键就是方向和距离这两个条件（板书：方向、距离和箭头）。

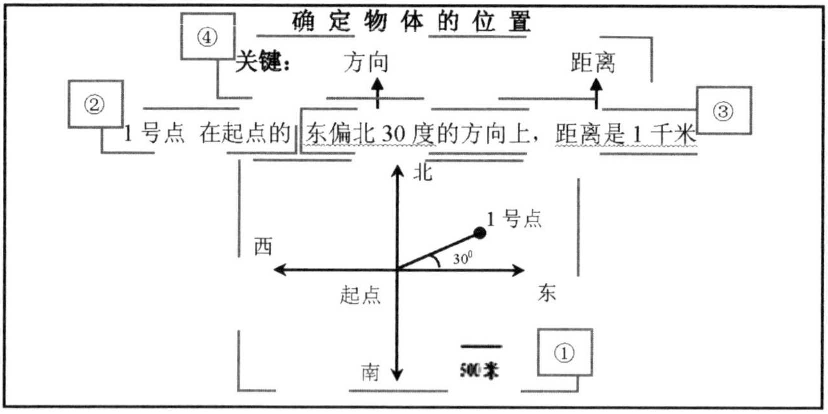

4. 变式练习

（1）师：现在老师考考大家，擦掉图标，把一段改成300米呢？谁能读出1号点的位置？

（2）师：请看屏幕，在森林公园外面有个停车场，谁能说出它的位置？

预设：南偏西45度，距离500米处。

师：西偏南45度或南偏西45度，也可以叫正西南。

（3）师：在森林公园里面有个天鹅湖，可漂亮了，它的位置又在哪里呢？

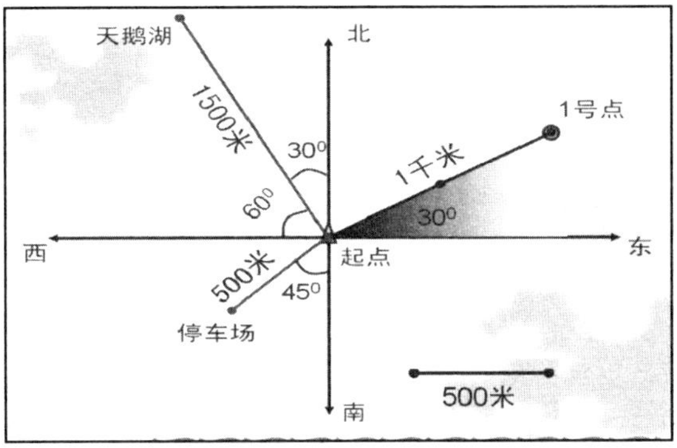

生 1：天鹅湖在起点的北偏西 30 度的方向上，距离 1500 米处。

生 2：天鹅湖在起点的西偏北 60 度的方向上，距离 1500 米处。

师：我说“天鹅湖在起点的北偏西 60 度的方向上，距离 1500 米处”可以吗？为什么？

生：不可以，因为北偏西那个夹角不是 60 度，是 30 度。

师：你们的想法非常科学！在量方向时，夹角与方向是要对应的，这里的北偏西就是要量从北到西的这个角，量的时候要用量角器的 0 刻度线对准正北方位。（师演示课件）

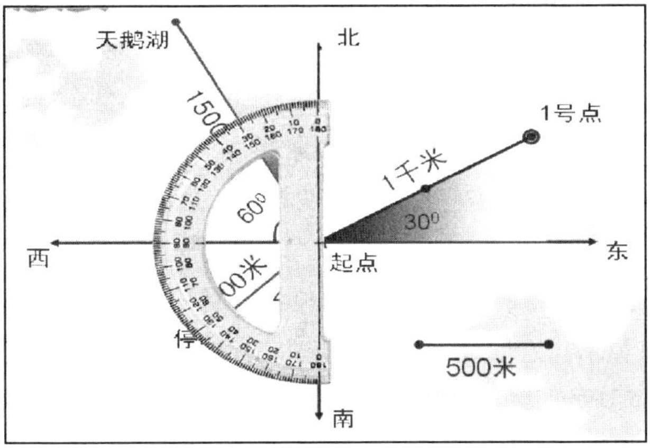

【设计意图：变式练习的设计有很强的针对性，能层层深入地引导学生思考与探索，最终使易错点、易混点越辩越明，很好地突出重点、突破难点。第一道是为了让学生学会关注图中关于距离的描述；第二道，让学生明白“西偏南 45 度”就是“正西南”，与生活中的常用表达联系起来；第三道，让

学生学会如何摆放0刻度线正确度量出方向。不同情境的创设，让学生获取方位知识，发展分析能力，并习得积极的情感体验。】

（四）巩固练习

师：下面继续考考大家，请打开课本独立完成18页“做一做”，做完后，四人小组交流。

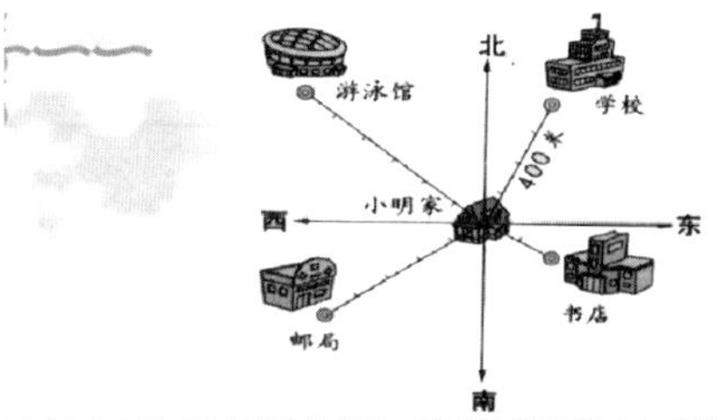

学校在小明家北偏____ ____的方向上，距离是____米。
书店在小明家____偏____ ____的方向上，距离是____米。
邮局在小明家____偏____ ____的方向上，距离是____米。
游泳馆在小明家____偏____ ____的方向上，距离是____

师：下面四人小组汇报答案。

师：刚才我们做了许多练习，现在请同位讨论一下：怎样确定方向和距离这两个条件？（实物投影）

学生同位讨论，教师巡视指导，请一组同位上台用实物投影汇报。

生1：确定一个物体的方向时，先观察坐标的方位是什么，用量角器的0刻度线对准这个方位来量角，就可以确定方向。

生2：确定距离时，先看一段表示多少距离，再量出有多少段，就可以算出距离是多少。

师：说得真棒！要确定一个物体的位置，有三个步骤：定观察点，量方向，算距离。（板书：定　量　算）确定方向时要注意，如果量北偏东的角，就以北为0刻度开始量。如果是量东偏北，就以东为0刻度开始量。而确定距离时，要观察给出的一段是多少，图中的线段有多少这样的一段。再算出实际的距离。

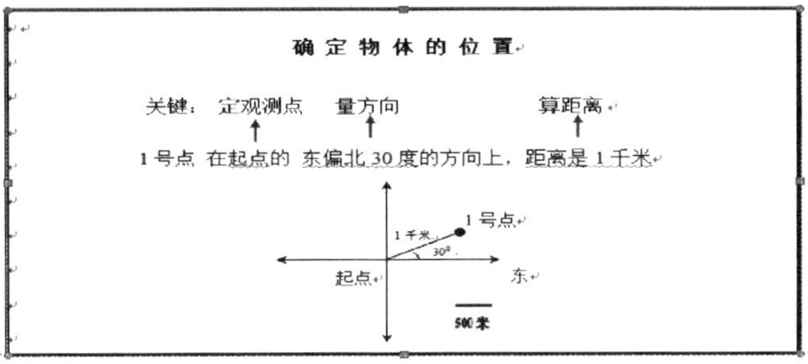

教师带领学生进行拓展练习。

师：同学们，这是东莞市地图，请你根据下面的描述，在A、B、C、D中找出下面镇区所在的位置。做完后，同位互相说说你关心的镇区所在的位置，认识一下我们的家乡。

根据下面的描述把地图补充完整：

（1）麻涌在莞城的最西面。（　）

（2）虎门在莞城的南偏西35°的方向上。（　）

（3）石排在莞城的东偏北30°的方向上。（　）

（4）樟木头在莞城的东偏南25°的方向上。（　）

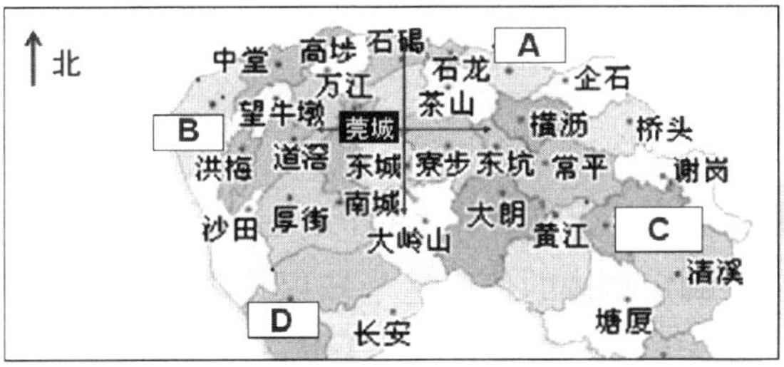

师（小结）：同学们，学会了看图确定位置，就可以更好地了解我们的家乡，长大后把家乡建设得更美丽了！

【设计意图：《课程标准（2011年版）》指出，重视直接经验就是要把学生的个人知识、实践经验、生活世界看成是重要的课程资源。给东莞的孩子提供家乡的地图，极大地激发学生的探究热情，让学生感觉到生活中真是处处有数学，并体会到“学以致用”的愉悦感。】

（五）生活运用

师：生活中确定位置的知识运用得可多了，不光可以帮我们看地图找路线，它还广泛应用于地质勘探、观察星象、方向导航、雷达定位、军事战斗等方面。

师：大家还记得神舟七号太空飞船吗？经过几天的太空漫游，准备要返航了，请看屏幕。(播放视频，创设情境，熏染紧张气氛。)

师：返回舱从太空中回到地球时，落到了茫茫的大草原上，现在老师请同学们帮忙完成最后一项任务，请马上拿出学习单，开始动手操作，看看谁是最棒的指挥员！

师：哪位指挥员确定了返回舱的位置？请来对搜索分队和安全保卫分队下达命令！

【设计意图：陶行知曾说过，生活即教育，社会即课堂。生活中、社会中蕴藏着丰富的教育资源，是孩子们求知的大课堂。演示地质勘探、观察星象、GPS导航和雷达定位等图片，让学生进一步理解确定物体位置在生活和科技上的运用。播放神舟七号太空船太空漫游和降落搜救的视频片段，激发学生利用所学的知识当好指挥员的责任感，体会学有所用的愉悦感。】

（六）总结全课

师：这节课快要上完了，你有什么收获？感觉自己表现如何？

师：我们学到了确定物体的位置这个知识，并利用这个知识成功指挥了对返回舱的营救，实在太棒了！请给自己送上热烈的掌声！

【板书设计】

确 定 物 体 的 位 置

关键： 定观测点 量方向 算距离

↑ ↑ ↑

1号点 在起点的 东偏北30度的方向上，距离是1千米

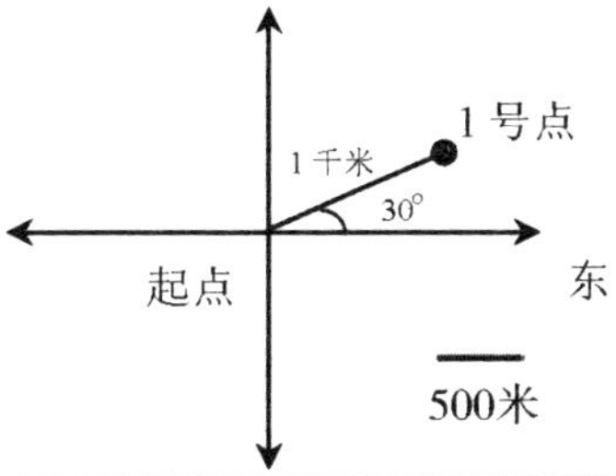

【设计意图：优秀的板书是真正体现课堂教学艺术的灵魂所在！本课的板书提纲挈领地揭示知识的内在规律、形成过程及知识与知识间的联系与区别，串联了课堂，留住了精彩。】

“数形结合”教学设计与实践反思

【教学内容】

《义务教育教科书·数学》六年级上册第八单元数学广角 107—108 页。

【教材分析】

数形结合是一种非常重要的数学思想，把数与形结合起来解决问题可使复杂的问题变得更简单，使抽象的问题变得更直观。

本单元的教学内容分为两个层次。一是使学生通过数与形的对照，利用图形直观形象的特点表示出数的规律。二是借助图形解决一些比较抽象的、复杂的、不好解释的问题。

在例 2 的教学中属于第二个层次的内容，解决$\frac{1}{2}+\frac{1}{4}+\frac{1}{8}+\frac{1}{16}+\frac{1}{32}+\frac{1}{64}+\cdots$的求和问题，教材利用分数意义的直观模型，使学生直观地理解“无限”的抽象概念；再如，练习二十二第 6 题，通过画示意图的方式可以比较便捷地解决比较抽象的问题。

【教学目标】

（1）让学生经历观察、操作、归纳等活动，帮助学生以“形”助“数”，借助“形”解决一些与“数”有关的问题。

（2）培养学生通过数与形结合来分析思考问题，从而感悟数形结合的思想，提高解决问题的能力。

（3）感受数学在生活中的价值，增强学生应用数学的能力和审美意识。

【教学重点】

借助“形”感受“形”与“数”之间的关系，培养学生用“数形结合”的思想解决问题。

【教学难点】

让学生体会极限思想，掌握合适的解决问题的方法。

【教具学具】

学习单、直尺。

【教学过程】

（一）复习引入

1. 开门见山，揭示课题

师：同学们，这节课我们继续学习“数与形”。（板书课题）

2. 计算累加，寻找规律

师：请大家认真观察并找出以下算式计算的规律。

出示口算：$\frac{1}{2}+\frac{1}{4}$。

师：如果继续加$\frac{1}{8}$这个算式的结果是多少？如果$\frac{1}{2}+\frac{1}{4}+\frac{1}{8}$要继续往下加的话要加多少呢？

使学生找出后一个数是前一个数的$\frac{1}{2}$。

师：计算$\frac{1}{2}+\frac{1}{4}+\frac{1}{8}+\frac{1}{16}+\frac{1}{32}$，你是怎么想的？还有不同的想法吗？

引出算式的结果可以说用$1-\frac{1}{32}$表示。

3. 借图体验，感受联系

师：这个算式在图中表示什什么？（要求的结果就是涂色部分的面积）“1”

和“$\frac{1}{32}$”在图中表示什么？要求涂色部分的面积就是：$1-\frac{1}{32}=\frac{31}{32}$。

【设计意图：数学知识具有抽象性，教学$\frac{1}{2}+\frac{1}{4}+\frac{1}{8}+\frac{1}{16}$中要变抽象为具体图形演示，使学生在无序中发现规律。这样才能在图形的运用中，更好地为数学教学的抽象开启一扇通向成功的大门，为教学极限思想奠定基础。】

（二）教学新知

1. 以形析理，教学新知

教学例2。

师：如果不停地加下去，会怎么样？（课件出示例2的内容）

师：猜一猜“和”是多少？（预设1；$1-\frac{1}{a}$；$\frac{a-1}{a}$）。

师：请用“形”来解释这个结果。

学生自己画图理解，教师引导图示过程（如图）

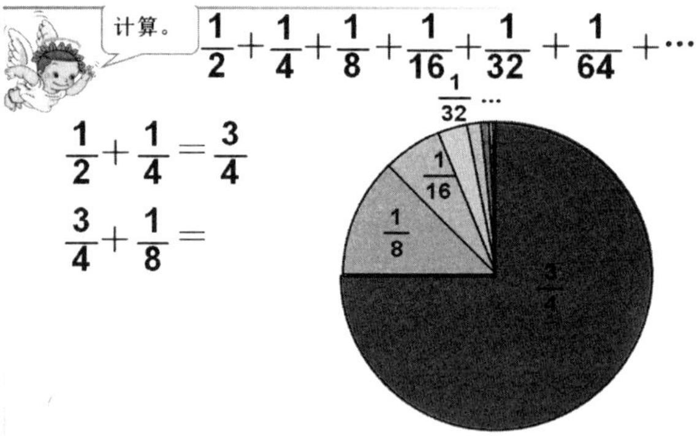

2. 以图明理，探知规律

师：减去的是什么呢？（剩下的空白部分）

师：如果不停地加下去，空白部分会怎么样？（理解无穷小）

师：带颜色部分的结果怎么样？（无限接近1）

【设计意图：数学思想方法是数学学习的精髓，理解无限接近1和无限接近0的意义，变抽象推理为形象具体图形演示，让形表示数的变化关系，以数反映出形的算理。使学生在画图的过程领悟无限的思想，真正地走进数学学习的

大门。】

（三）深化提升

1. 深化理解，触类旁通

$0.9+0.09+0.009+\cdots=$

师：结果是多少？能用“形”来解释这个结果吗？

师（小结）：数与形的联系非常紧密！其实生活中我们有很多问题通过画图来解决会更直观！

2. 拓展延伸，文化渗透

教学“杨辉三角”。

（1）读题。

（2）介绍杨辉三角的历史。

（3）小组讨论。

（4）独立完成。

【设计意图：数学的美在于数学的探究性，数学思想方法是解决数学问题的钥匙，理解无限思想和探究数形结合的特点，降低学习坡度，激发学生学习的欲望，变“要我学为我要学”，为更好地学习数学助力。】

（四）拓展练习

1. 小林、小强、小芳、小兵和小刚5人进行象棋比赛，每2人之间都要下一盘。小林已经下了4盘，小强已经下了3盘，小芳已经下了2盘，小兵已经下了1盘。请问小刚一共下了几盘？分别和谁下的？

用连线的方法试试，

（1）学生读题，理解题意。

（2）分析题意，得出文字描述比较抽象的局限性。

（3）学生进行连线练习。

（4）学生演示解释理由。

师（小结）：有时候图可以帮助我们直观地解决问题，有时候也能帮助我们分析问题，厘清题目意思。

2. 练一练

师：为什么“$a\times b-a\times c=a\times(b-c)$”？请画图来解释。

（1）同桌交流。

（2）独立完成，反馈。

3. 连一连

课本108页第6题独立完成。

【设计意图：数学经验来源于数学活动的体验，多角度的思维能使学生把数学知识与方法更好地融会贯通，形成自己解决问题的思想，理解图能助数、数能解图的真正含义，拓宽思维的深度。】

（五）课堂总结

1. 介绍我国数学家华罗庚对数形结合的理解诗句。

2. 总结今天这节课主要学习了什么，学生有什么收获。

【教学反思】

数学学习要关注学生的发展，要让学生主动参与，经历知识的探究过程，形成数学思想方法。数学思想方法作为数学学习的精髓，是解决数学问题的钥匙。本课运用数与形的结合进行教学，使数学知识变得离我们那么近，降低了学生学得知识的坡度。本课学生表现得探究热情高涨，达到了预设的教学目标。现总结有如下几点。

（一）数形结合理解极限

有效的教学必须建立在学生已有的知识和经验之上，数学极限思想的理解是本课的难点，为了让学生更好地理解无限接近1和无限接近0，我们首先在课堂中让学生找出计算$\frac{1}{2}+\frac{1}{4}+\frac{1}{8}+\frac{1}{16}$的规律，有一步一步计算的，有用1减去末项的，还有学生认为可根据数的特点用图表示出来。老师通过图的展示，让学生清楚看出每加一个数就越接近1，体验不停地加就不断地接近1。从形的无限接近整体到数的无限接近1，建立数与形关联的印象，更容易帮助学生理解无限接近的极限思想，为教学例2的$\frac{1}{2}+\frac{1}{4}+\frac{1}{8}+\frac{1}{16}+\cdots$无限数列打下基础。

（二）画图体验交还学生

数学知识不能单纯依赖模仿和记忆，学生在经历探究规律过程中采用动手实践、自主探索、讨论交流等学习方式，培养自己的归纳、推理能力。体验数学思想方法是比较抽象的过程，学生通过画图表现$\frac{1}{2}+\frac{1}{4}+\frac{1}{8}+\frac{1}{16}$，充分感知越往下画剩下的部分越小，越来越小。让学生充分感知“…”就是无限接近“1”，也就是到极限“1”的意思。运算定律“（a－b）c＝ac－bc”让学生画图解释，是把探究活动交还学生，让学生主动进行学习，有效地提升课堂的教学效率，发展学生的实践能力和归纳推理、体验感悟数学思想方法的能力。

（三）形数渗透解决问题

数学学习是培养高级思维的过程，“杨辉三角”和“逻辑连线”都是渗透了以形助数及数量关系的过程。学生初步认识数学著名的定律和现象，有利于树立运用数学解决问题的自信心，感受数学在生活中的价值，增强应用数学的能力。

“鸡兔同笼”教学设计与实践反思

【教学内容】

二年级“鸡兔同笼”。

【学生分析】

二年级的学生没有接触过鸡兔同笼的问题，但在之前的学习中，学生能够用画图的策略来解决简单的问题。小学生的思维处于由具体形象思维向抽象逻辑思维过渡的阶段，而且这时的抽象逻辑思维在很大程度上仍然带有很大的具体形象性。二年级的学生更是形象思维占主导地位，图形表征是学生学习数学的一种手段，是数学学习中不可或缺的数学语言。因此在二年级采用画图的策略来解决鸡兔同笼的问题，适合学生的思维发展水平。

【设计理念】

“鸡兔同笼”是四年级的教学内容，也是小学数学的一个难点内容，把它放在二年级上是一种尝试和探究，意在通过二年级的教学，让学生提前经历鸡兔同笼的问题，获得初步的解决问题的经验，并渗透数学的思想和方法，为学生的后续学习做好认知上的铺垫，分散这个教学内容的难点。

本节课的教学设计体现以下两点：一是通过尝试画图，让学生经历图形抽象成符号的过程，体现“数学化”；二是利用画图的形象思维来解决问题，初步渗透假设的思想方法。

【教学目标】

（1）经历将图形抽象成数学符号的过程，培养学生的符号意识。

（2）通过想想、算算、画画来解决“鸡兔同笼”的问题，掌握“画图”的策略，初步渗透假设的思想方法。

【教学重点】

用画图法来解决“鸡兔同笼”的问题。

【教学难点】

用“假设”的思想方法来画图。

【教学准备】

磁性圆片、磁性小棒、答题纸。

【教学过程】

（一）图形引入，初步感知

课件出示：

师：人有几个头，几只胳膊，几条腿？如果我要从数学的角度画出人 1 个头、2 只胳膊、2 条腿的特点，怎么画呢？

课件出示：

师：这幅图简单地表示出了人1个头、2只胳膊、2条腿的特点。

师：这节课我们也要从数学的角度学习画鸡和兔，来研究有关鸡兔同笼的问题。

（板书课题：鸡兔同笼）

【设计意图：从人的简笔画入手，让学生初步感知用圆形、小竖线来表示人的特点比较简单，并学会从数学的角度观察，培养学生的数学意识，为后面抽象出鸡、兔的图形埋下伏笔。】

（二）自主探索，尝试画图

1. 尝试画鸡和兔

（1）课件出示：鸡。

师：鸡有几个头？几只脚？

学生回答。

师：如果我们要表示鸡有1个头、2只脚的特点，怎么画比较简单呢？

学生动手画，展示作品。

师：哪幅图能表示出鸡1个头、2条腿的特点？

老师（引导学生）：鸡可以用这样的图形表示：。

（2）课件出示：兔子

师：同理，兔子也可以这样表示：。

2. 比较鸡兔的异同

课件出示：

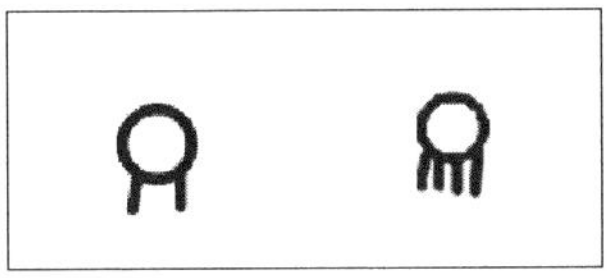

师：观察一下，你发现了什么?

生：1 只鸡比 1 只兔少 2 条腿，1 只兔比 1 只鸡多 2 条腿。

【设计意图：用“○”表示头，用“|”表示腿，用和分别表示鸡和兔，这时鸡和兔的外在属性被忽略了，而只抽取了与数学有关的“头”和“腿”的数量特征，得到既是形象的图画，又是抽象的符号。这一过程是学生将头脑中的表象概括化的过程，获得的是用画图策略解题的活动经验。】

3. 猜一猜

课件出示：

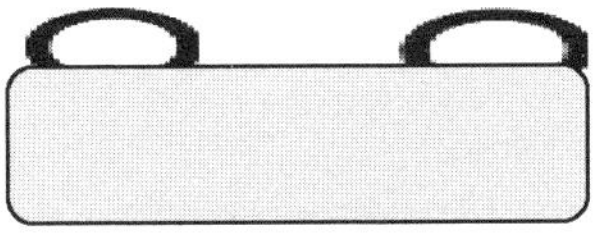

师：刚才我们用简单的图形表示出了鸡和兔，有个小朋友也画了鸡和兔，但是只能看到 2 个头，你猜猜腿的数量会是多少呢?

课件出示：

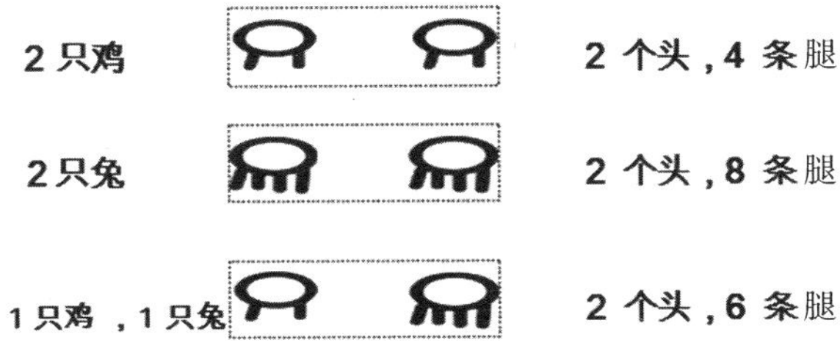

4. 思维拓展

（1）师：现在有 3 个头，6 条腿，猜猜会是什么呢？

学生动手摆。

（2）师：现在有 3 个头，8 条腿。你发现了什么？现在应该怎样摆呢？

（3）师：如果有 3 个头，10 条腿，猜猜有几只鸡，几只兔呢？

【设计意图：通过猜一猜和思维拓展，解决数据简单的鸡兔同笼问题，使学生初步了解鸡兔同笼问题的结构，获得初步的解题经验，在此过程中初步渗透假设的思想方法。】

（三）问题驱动，渗透方法

课件出示：

鸡和兔关在一个笼子里，数他们的头一共有 5 个，数它们的腿一共有 14 条，请问有几只鸡？几只兔？

师：通过读题，我们知道了什么，这道题要求什么？

师：怎么解决呢？先把自己的想法画在纸上。

学生独立完成。

全班交流。

展示学生的画法：

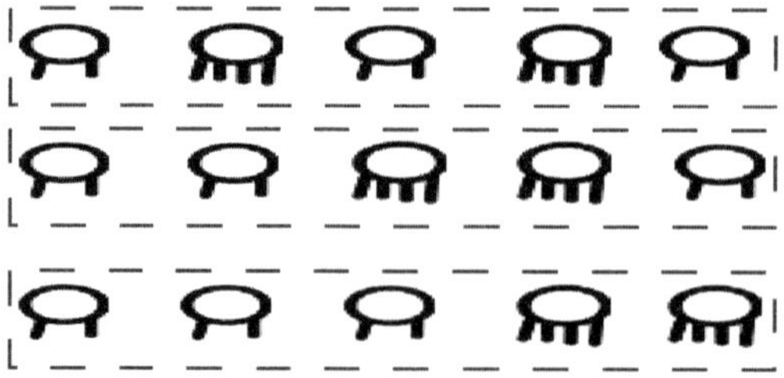

师：刚才我们的结果都是 3 只鸡，2 只兔，画对了吗？你怎么知道？

师（小结）：刚才我们是用画图的方法解决鸡兔同笼问题的，同学们想出了几种不同的画法，我们一起来回顾一下。（课件出示最后一种画法）

第一步：先画 5 个头。

第二步：如果把它们都画成鸡，每个头的下面画 2 条腿。

第三步：算一算，一共画了 10 条腿，题目要求我们画 14 条腿，还少了 4 条腿。我们把少的 4 条腿添上去，原来的 2 只鸡变成 2 只兔子啦！

第四步：最后的结果是 3 只鸡，2 只兔。

【设计意图：让学生自主探索出解决鸡兔同笼问题的方法，在画图的过程中积累基本的数学活动经验，并初步渗透假设的思想方法。】

（四）巩固技能，迁移提升

课件出示：

> **鸡和兔关在一个笼子里，数他们的头一共有 5 个，数它们的腿一共有 14 条，请问有几只鸡？几只兔？**

学生独立思考，画好后全班汇报。

（五）总结收获，效果反馈

师：今天我们学习了什么？你有什么收获？

学生讨论并总结知识点。

第四篇 04

主动总结
理论反思

设计图形操作的学习过程　提升空间抽象的思维能力

——浅谈“面积和面积单位”一课的学习过程设计

空间与图形的知识源于现实世界，但又是现实世界的抽象，因而似乎很具体，理解起来又很不容易。动手实践在“空间与图形”的学习过程中，帮助学生理解知识，培养空间观念尤其具有重要意义。作为助学者的教师要设计学习过程，包括确定目标、引导学习、创设交流互动平台和合作氛围等，使学习效率得到提高。下面以笔者设计的“面积和面积单位”三个片段为例，深入剖析操作·体验·感悟式的学习过程。

一、动手操作，搭建思维、语言与动作三者之间的结合平台

苏霍姆林斯基说过：“在手和脑之间有着千丝万缕的联系，这些联系起着两方面的作用，手使脑得到发展，使它更明智；脑使手得到发展，使它变成创造的聪明的工具，变成思维工具和镜子。”可见，动手操作在教学中的重要性。所以在教学空间与图形的内容时，要努力为学生搭建一个能使操作、思考和表述三者有机结合的平台，让学生在操作中建构自己的空间知识，获得空间体验。

（一）动手摸一摸，感知“面积”的定义

师：我们身边所有的物体都有面，你能看到或摸到哪些物体的面？请同学们找一找，摸一摸。注意，摸的时候要把整个面摸完。

生（边摸边说）：这是桌子的面，这是书本的面，这是长方形的面……

师（利用多媒体出示）：这是黑板的面，这是桌子的面，这是电视屏幕，还有长方形、正方形等封闭图形的面，全部都没有逃出同学们的眼睛，你们观察得真仔细！

师：同学们，在你动手摸这些物体的表面和封闭图形的时候，你有什么感受？请闭上眼睛再摸摸看。

生：平平的，有大有小，光滑的。

师：大家刚才摸到的物体的面是平平的，有大有小；请你猜一猜，面的大小与面积有什么关系呢？

生：面比较大，面积就大；面比较小，面积就小。

师：什么是它们的面积，请同学们再摸一次，并说一说你是怎样理解面积的。

生（汇报）：（1）物体表面的大小，就是它们的面积；（生拿起实物讲）（2）封闭图形的大小就是它们的面积。（生拿起图形讲）

师（拿物体和图形）：同学们说得真好！像书本、作业本这些物体表面的大小，或者长方形、正方形这些封闭图形的大小，就是它们的面积。如书面的大小就是书面的面积。

（利用多媒体出示）

师：请同学们也拿起物体或图形边摸边说给同位同学听什么是它的面积。

【设计意图：在这次的学习过程中，共设计了学生三次动手摸“面”。通过三次边摸边说，学生对“面积”的理解已经很到位了。而背诵这样的概念无助于学生的理解，只会让学生“知其然”而“不知其所以然”，所以就不要让学生死记硬背了。】

（二）动手摆一摆，理解统一单位的重要性

著名数学家波利亚说过：“学习任何知识的最佳途径是由学生自己去发现。因为这种发现，理解最深，也最容易掌握其中的内在规律和联系。”

师：下面我们来比较书与黑板面积的大小，你是怎样知道的？

生：一下子就可以看出来。

师：一看就看出来的，我们给这种方法起个名字叫“观察法”。

师：要是比较书与练习本面积的大小呢？

生：也可以用观察法看出来，也可以把它重叠在一起看一看。

师：这种方法我们叫它“重叠法”。

师（出示两张纸片）：像这样形状不一样的两张纸片，又怎样比较呢？请同学从桌面上拿出纸片来比一比。

生：在纸片上摆小图形，看谁摆得多！

师：这个提议大家觉得怎样？请用 1 号信封中的小图形，根据屏幕上的要求摆一摆看能不能受到启发？请看合作要求。（信封里有小正方形、小长方形、三角形和小圆若干）

（1）四人小组操作要求：

摆：分别在两张卡纸上摆小图形。

数：数出各含几个。

说：你认为哪张卡纸面积比较大，为什么？

（2）四人小组活动。

（3）交流汇报：

师（小结）：由此可见，比较两个图形的面积大小，要用统一的面积单位来测量。

【设计意图：学生再一次发现有些问题靠看和想是解决不了的，必须动手摆一摆，才能弄清楚而且印象才深刻。只有摆过了，对不同的摆法讨论过了，学生才明白：①用不同形状的小图形去摆是无法比较的；②即使图形相同，大小不一样也是无法比较的；③只有用形状大小都一样的小图形去摆，才能比较出结果。这一大堆的结论，要是靠老师讲解，难以让学生深刻理解，但是在小组合作、动手操作中，学生只花了几分钟就有了深刻的感悟：作为面积单位，只有统一了才有意义。】

二、动手操作与目测相结合，提升学生空间经验

活动：估一估、量一量。

学生以小组为单位，在教室里选择一个物体，先每个人都来估计一下这个物体表面的面积，再用恰当的面积单位去量它的表面面积。比比谁最有眼光。

学生走出座位进行活动，通过操作增加学生的体验感，培养空间感觉。

【设计意图：在这个学习过程设计中，安排了好几个目测与用面积单位测量的实践活动，这比纯粹的测量要求又进了一步。学生在一次又一次的猜测、验证的过程中，不断地实践与反思，不断地积累面积的感觉，提升空间与几何的经验。】

总而言之，要让学生掌握空间与图形的有关知识，注重学生的观察、操作等活动。充分地活动，不断地探索的结果就是让学生能从具体实物中抽象出数学概念，建立表象，并借助图形表象进行推理，培养初步的空间观念。学生是通过自己的经验和思维来得到对新知识的理解、顿悟的，这需要有发现—创造—失败—反思—再创造的过程。我们应更多地留给学生感悟的时间和空间，让感悟过程丰富多彩，进一步提升学生的空间抽象思维能力。

浅谈计算教学中培养学生的策略意识

——“两位数加两位数的口算”课例策略意识深度分析

小学数学中，计算教学占了很大的比重，但在实行课改后，我们对“在计算目标（速度和正确率）方面两极分化现象严重”“学生的计算能力（口算能力和笔算能力）严重下降”等问题不得不思考，计算教学只有教会学生计算加减乘除吗？计算教学只有通过多磨多练才能达到提高准确率的效果吗？不！那我们该如何把计算课上活？该如何把计算与生活接轨，提高学生用数学的能力，以至于达到纵横驰骋、运筹帷幄的境界？

知识的分类有多种方法，其中一种是把它分为：知道性知识、程序性知识和策略性知识。在过往的教学中，老师一直很关注知道性知识，因为考试考的就是这一部分的知识，学好了这部分的内容，学生就能考高分，对教师的评价自然就上去了，因此就产生了题海战术，反复操练，以至于与生活脱节，也泯灭了学生的创新精神。现在我们终于知道了：策略性知识与程序性知识比知道性知识来得更重要，它往往决定了我们的解决问题的方式方法。

如何在计算课堂中培养学生的策略意识呢？下面结合我校二年级同课异构“两位数加两位数的口算”课例的一些做法，谈谈对计算教学中策略的培养想法。

一、教材的分析

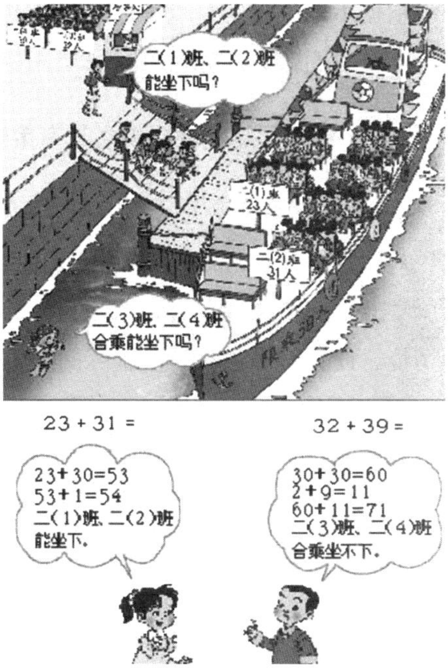

在教学这节课前，学生已学习了口算整十数加减整十数，两位数加、减一位数，两位数加减整十数以及两位数加减两位数的笔算。口算两位数加两位数是前几册100以内数的口算的延续，是在100以内口算和笔算基础上的教学。掌握这部分口算，不但在实际生活中有用，而且是以后学习笔算的基础。教材创设了二年级同学准备坐船“去鸟岛”的热闹场景，意在通过解决老师和小精灵提出的问题“二（1）班和二（2）班能坐下吗？”“二（3）班、二（4）班合乘能坐下吗？”引出两位数的不进位加（23＋31）和进位加（32＋39），然后鼓励学生采用自己最喜欢的口算方法进行计算，其出发点是尊重学生的个性差异，满足不同学生的学习需要。而这部分内容在编排上能联系学生生活实际，让学生在生动、丰富的背景中学习数学，感受数学与现实的联系，体会学数学的实用性，学有用的数学。

二、如何在计算教学过程渗透策略意识

根据本课教材的特点和二年级学生的认知水平，我们在计算教学中着重从以下4个方面培养计算策略意识。

（一）创设问题情境，使之具有策略意义

《新课标》强调，计算教学时“应通过解决实际问题进一步培养数感，增进学生对运算意义的理解”，“应使学生经历从实际问题中抽象出数量关系，并运用所学知识解决问题的过程”，“避免将运算与应用割裂开来”。合理运用创设问题情境，使计算算理在解决实际问题中得以掌握，有利于提高学生的计算能力。

在“两位数加两位数的口算加法”一课中，开始设计了如下的教学流程。

师：学校组织同学们去郊游，同学们观察主题图，你能从中发现什么数学信息？（学生汇报每班有几人，一条船限乘68人）

师问：二（1）班、二（2）班合乘能坐下吗？（学生列式：23+31=54，能坐下）

师又问：二（3）班、二（4）班合乘能坐下吗？（学生列式：32+39=71，不能坐下）

小结口算两位数加两位数的方法。

这样的教学流程，符合教材的编排意图，简单明快，学生用很少的时间就可以学习到这节课应该掌握到的口算方法。但在这一节课之前，学生已经有了许多计算的经验了，在这一节课的时间里，学生可以学习到更多的东西，而且教材的编排切合生活的实际，在实际生活中，我们是怎样安排乘船的？应该把问题抛给学生，而不直接问学生“二（1）班、二（2）班合乘能坐下吗？”于是根据大家的分析做了如下的设计。

师：大家看今天外面的天气多好呀，我们学校正准备组织大家去旅游，你们想去吗？好，现在我们马上报名，想去的举手。唔，让我数一数，一共有39人想参加呢，而其他三个班的同学都已经报名了，请看屏幕，你能从中发现什么数学信息？

课件出示：一班23人，二班31人，三班32人，四班39人。（每艘船限乘

68 人）

师：哪位同学可以告诉老师，“限乘 68 人”表示什么意思？50 人可以吗？67 人行不行？69 人呢？

生：可以坐 68 人或比 68 少的人。

师：那请大家估算一下，一条船能坐得下 4 个班的同学吗？如果不能，最少要几条船才能够坐下？现在请你来当小船长，你能想出什么乘船方案？请你拿起尺和笔把它画在“乘船方案卡”中，比一比谁的动作最快！

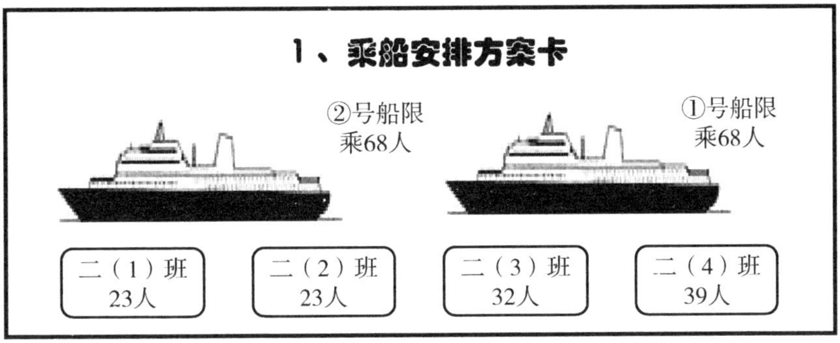

师：老师发现同学们已经想到了 3 种不同的方案，请这些同学汇报一下。

生 1：1 班和 4 班合乘 1 号船，算式表示是“23 + 39 =”；2 班和 3 班合乘 2 号船，列加法式子表示：“31 + 32 =”。

生 2：1 班和 2 班合乘 1 号船，算式是：“23 + 31 =”；3 班和 4 班合乘 2 号船，算式是：“32 + 39 =”。

生 3：1 班和 3 班合乘 1 号船，算式是：“23 + 32 =”；2 班和 4 班合乘 2 号船，算式是：“31 + 39 =”。

【设计意图：创设旅游情境，一方面让学生体验生活与数学的密切联系，另一方面也把学生置身于如何安排乘船的问题情境之中，让学生大胆进行推理，到底一条船可以坐几个班，需要几条船，哪两个班合坐一条船最简单合理？乘船方案卡摆在面前，同学们的心中马上产生一种任务意识，思维马上处于兴奋状态。又因为思维的水平不同，有的同学已经知道了“限乘 68 人”是一个限制条件，想出了比较完善的安排方案；有的同学就比较简单地认为 1 个班坐 1 条船，空位太多，3 个班坐 1 条船又坐不下，应该 2 个班合坐 1 条船。但是哪两个班呢？就没有细想。这样就产生了多种合乘方法。这正是我们所需要的，既真

实地体现了学生的思维层次，又为计算教学提供了很好的教材。】

两种教学模式比较之下，后者的处理教材方式，既能体现学生的真实情况，给教师及时调整教学进程的启示，又能创设一个富有策略意义的问题空间，启发学生思维。

（二）以策略意识引领，鼓励学生算法多样化

《新标准》在第一学段“教学建议”中指出：“由于学生生活背景和思考角度不同，所使用的方法必然是多样的，教师应尊重学生的想法，鼓励学生独立思考，提倡计算方法的多样化。”即在教学设计中要体现“算法多样化”的思想。

师：感谢几位同学的分享，请同学们看一看，这些算式都是几位数加几位数？两位数加两位数的笔算方法我们已经学会了，今天我们一起来学习两位数加两位数的口算方法。

师：首先我们看这条算式“31+32”谁会计算？能把你的想法大声地告诉我吗？

生1：把31分成30和1，32可以分成30和2，30+30=60，1+2=3，所以60+3=63。

师：这位同学说得真清晰，还有不同的想法吗？

生2：把32分成30和2，31+30=61，61+2=63。

师：大家看一看，这两个同学的计算方法有什么不同？第一个同学是把两个加数都分别分成整十数和一位数。先算十位上的数相加，再算个位上的数相加，然后把他们合并起来，真棒！再看第二位同学的方法，就更简便了，才用了两步就算出答案了，大家看得出这个方法和刚才的方法有什么不一样？

生：只把32拆开，而31没有分开，再用两位数与整十数相加，最后加上一位数，节省了一步。

师：老师为这种方法打上“＊”，希望有能力的同学能学习用这种方法来计算。

师：这两位同学都能用以前学过的旧知识来解决今天遇到的新问题。真是好样的！还有没有其他方法呢？

生：把31分成30和1，32+30=62，62+1=63。

师：这一回是把31拆开，而32没有分开，同样是节省了一步。而这种只拆开一个两位数，然后用另一个两位数加整十数再加一位数的方法，我们都把它看作是第二种方法。

师：同学们开动脑筋想出了这么多的口算方法，真是了不起，现在请用你最喜欢的方法来算一算“23＋39＝”这一道算式吧！

23＋39＝

师：除了以上两种方法，同学们还有没有新的方法？

生3：把39看成是40，23＋40＝63，63－1＝62。

师：这种方法很独特是不是？其他同学明白这个算式吗？有没有疑问？

生：哪来的40？为什么63要减1？

师：这位同学的想法真是太妙了，能提出疑问的同学同样值得我们学习，老师带头为你们鼓掌。

师：在计算31＋32时，个位没有满十，而23＋39的个位满十，所以十位上本来是5的，现在多了1变成6；因为39接近40，所以多了这种特殊的算法。老师布置一道作业，请同学们在课下思考：你认为要正确计算两位数加两位数要注意什么？

【设计意图：算法多样化与培养学生的策略意识息息相关，回头审视我们的算法多样化，本身就是为了尊重学生的实际情况，找到适合自己思维方式的计算方法。“新课标”对计算的要求不再是单纯的又快又准，还要提倡“算法多样化”，实质上是尊重学生个性化的发展，提倡个性化的学习。要鼓励学生用自己喜欢的、熟悉的思维方法去解决问题，鼓励学生从多样化算法的讨论中吸纳别人的经验，把他人的思维精华纳入自己的认知领域，以提高和发展自己。有的学生喜欢用笔算的方法，相同数位相加减，也有的同学想到了用一个两位数加另一个两位数的十位部分再加上个位部分的方法。这些想法都很切合学生的实际，是他们以往的计算经验的提升以及思维方式的真实体现。在教学过程中，老师尝试以策略意识作引领，有目的地让学生在课堂中通过对各种解法所进行的互动交流、讨论比较，经历对各种算法的再认识过程。这可能花费了一些时间，但这个过程恰是最有价值的。它有利于构建学生优化的思维方法，有利于激活学生自主探究的热情，有利于学生学会与他人合作、交流，也有利于增进他们学习数学的情趣，从而提高数学计算的能力。】

在计算“23 +39”时，学生用刚学到的计算方法得到了计算结果，但实际上学生面对个位数比较大时，往往心里面会产生恐惧感，遇到要进位时心里更是紧张，这时优生的思维方式又是怎样的呢？“23 +40 -1”这种计算方法本身就是一种策略，只要学生能明白“39”可以看成是“40 -1”，这样计算题的难度就会降低很多，这实际上也可以看成计算过程的策略。低年级的孩子天真无邪、活泼可爱，他们会认真地问你：老师你会算“99 +99”吗？知识面再广一些的则会问“999 +999”等于几？如果你把答案说出来，他会特别崇拜你。其实这里头蕴含的就是数感的问题。我们有责任引导学生善于抓住某些数字的特征，寻找解题规律，随机应变，提高解题策略，增强学生的数感。

（三）在比较小结的过程中，提升学生的策略能力

师：算到这里，我们找到乘船的方案了吗？哪一种方案可行？为什么？

生：方案一可行，因为每一艘船的人数都没有超过68人。

师：那么剩下的两种方法都合理吗？谁来说说？

生：方案二中32 +39 =71，超过68人，所以不合理；方案三中31 +39 =70，也超过68人，所以不合理。

师：关于这两种方案，你能想出一种方法使它变得合理吗？

生：把多出的一些人调到人数少的船里。

师：这真是一个解决问题的好办法，到底调多少人呢？那是下一节课的内容。

【设计意图：教学过程到了这里，学生不但解答了书本上提出的“二（1）班和二（2）班合坐一条船能坐下吗？”“二（3）班和二（4）班合乘能坐下吗？”的问题，还得出了多种乘船方案，在这些方案中，符合要求的方案显而易见。到了这里，授课老师没有就此打住，而是就方案二和方案三的情况问学生：“你能想出一种方法使它变得合理吗？”这时学生的思维正是“山重水复疑无路，柳暗花明又一村”，马上想到了把多出来的一部分同学调到另一条船去。这又是一个解决问题的策略。】

（四）在练习中，设计能提高学生策略能力的题型

计算教学中计算性质的练习题是基本，但不能一直停留在这一层面上，考

虑到计算练习比较枯燥，所以我们在设计时注意形式的多样、层次的上升，并以买船票、捡贝壳、掷骰子和买纪念品等游戏，使练习与新授内容成为一个完整的故事。而在练习题中，特别注重开放性练习题的设计，希望学生在这个过程中最大程度地学到口算知识，提高策略能力，培养热爱数学的情感，例如第四题买纪念品。

师：鸟岛商店的商品真多呀，小明同学逛了一圈，找了 4 种最想买的纪念品，但他只带了 100 元，请你帮他算一算，他能买哪些纪念品？得花多少钱？

①轮船模型 27 元　②贝壳饰品 38 元 ③海豚玩具 62 元　④海星精品 19 元 小明只有 100 元，他可以买________， 算式是________，花了________元。

师：请同学们拿出购物卡，帮他填完整。

这种练习题比较灵活，答案不是唯一的，既可以让学生练习到计算，又提高了策略意识。老师有意识地设计开放性的练习，使学生的学习计算过程成了快乐的学习体验过程，成了理解数学本质的过程。

总之，过去计算教学中单调、机械的模仿和大量重复性的过度训练是要不得的。但是，在计算教学时只注重算理理解和解决实际问题，对计算技能形成的过程如蜻蜓点水一带而过，也是不利于培养学生的计算能力的。特别需要指出的是，在学生初步理解算理，明确算法后，不必马上去解决实际问题，因为这时正是计算技能形成的关键阶段，应该根据计算技能形成的规律，及时组织练习，使学生在学习过程中培养计算的策略意识，在计算过程中形成策略思维，用合适的策略使学生计算能力进一步得到提高。

整体建构　合理渗透　度出精彩

——例谈“平行四边形面积”教学中数学思想方法的渗透

《义务教育数学课程标准》(2011 年版) 在课程总目标中明确提出：“通过义务教育阶段的学习，学生能够获得适应未来社会生活和进一步发展所必需的重要数学知识以及基本的数学思想方法和必要的应用技能。”数学知识是一条明线，写在教材里；而数学思想方法是一条暗线，体现在知识与技能的形成过程中。知识是基础，方法是中介，思想才是本源。有了思想，知识与方法才能上升为智慧。我们教学中应该有“明修栈道，暗度陈仓”的想法和策略，“明修”数学知识技能，“暗度”数学思想方法。在“有形”的数学教材知识中，一定蕴含着“无形”的数学思想方法。笔者认为，数学思想方法的“暗度 ”需要润物无声的合理渗透，更需要整体的建构体验。整体建构体验是指学生获得数学思想具有系统性，不是零碎的、断断续续的，体验贯穿于教学活动的全过程。合理渗透是指适时适度渗透数学思想方法的教学，使学生获取成功打开数学知识殿堂大门的钥匙。这两者只有相互促进和谐统一，始终为学生更好地获得、体验、运用数学思想方法服务，才能真正使学生获得良好的数学教育。

数学思想方法蕴含于教材等显性知识材料之中，它引领和联系着一个个知识点，只有从知识整体性上建构合理渗透和体验，才会焕发出生命力。这样才会实现教学中数学思想方法的“暗度”。下面以“平行四边形面积的计算”教学为例，谈谈如何在教学中实现思想方法的整体建构和合理渗透。

一、厘清“暗度”关系——在教材知识中充分挖掘

教师在钻研教材时要站在数学思想方法的高度，对教学内容进行整体挖掘，

把隐藏在具体知识内容背后的思想方法整理出来，使之成为学生可以理解，也可以学到手的内容。每一章节要渗透哪些数学思想方法，如何结合具体的教学内容进行渗透，这些问题我们在备课时都要考虑到，才能合理确定数学思想方法。

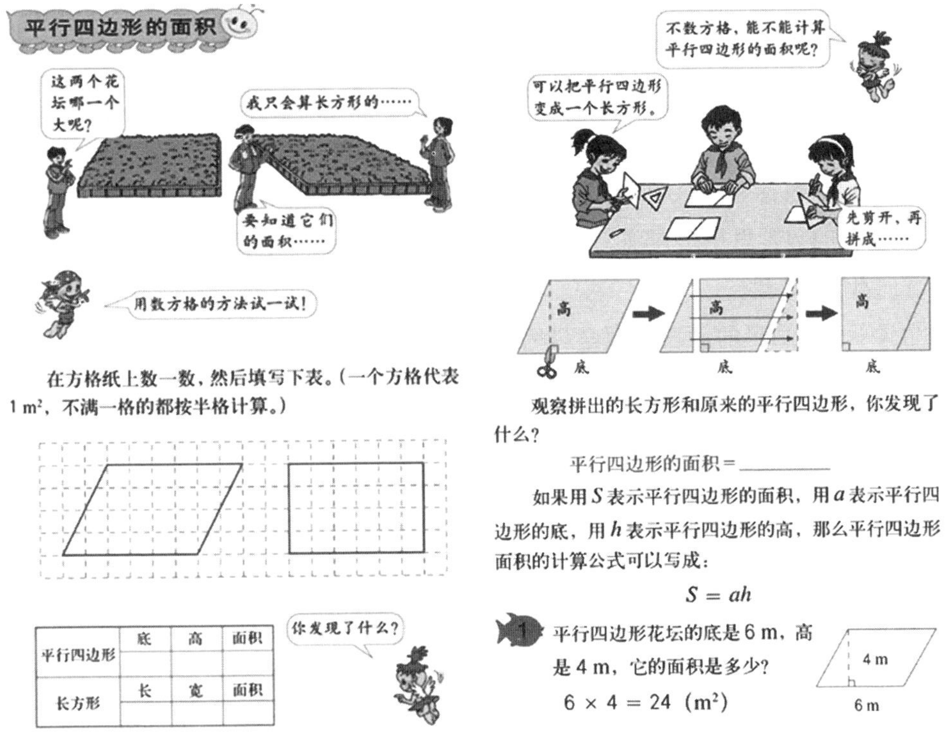
平行四边形的面积

这两个花坛哪一个大呢?

我只会算长方形的……

要知道它们的面积……

用数方格的方法试一试!

在方格纸上数一数，然后填写下表。(一个方格代表1 m^2，不满一格的都按半格计算。)

平行四边形	底	高	面积
长方形	长	宽	面积

你发现了什么?

不数方格，能不能计算平行四边形的面积呢?

可以把平行四边形变成一个长方形。

先剪开，再拼成……

高 底 高 底 高 底

观察拼出的长方形和原来的平行四边形，你发现了什么?

平行四边形的面积＝______

如果用S表示平行四边形的面积，用a表示平行四边形的底，用h表示平行四边形的高，那么平行四边形面积的计算公式可以写成：

$$S = ah$$

1 平行四边形花坛的底是6 m，高是4 m，它的面积是多少?

$6 \times 4 = 24$ (m^2)

4 m 6 m

“平行四边形面积计算”教材是分三个步骤安排的。首先引入课题，从主题图中的两个花坛引出如何计算平行四边形面积的问题。其次用数方格的方法计算等底等高的平行四边形和长方形面积。最后是探究平行四边形面积计算公式，用割补的方法说明算理。其中探究平行四边形面积公式是本课的重点，也是渗透思想方法的生长点。在教材中用图的方式完整地展示了把平行四边形分割成直角三角形和直角梯形或两个直角梯形这两种情况，体现转化的思想。教材编排后两个步骤为转化做辅垫和暗示，推导过程还体验了数形结合、符号化、图形的平移、旋转等数学思想方法。整体把握教材，厘清知识关系，为合理渗透思想方法做好意识和思想的准备，这是实现“暗度”的前提条件。

二、设计“暗度”目标——在教学目标中合理体现

教学目标是教学行为的指挥棒，知识与技能目标是教学的基石和载体，学生数学思考、解决问题的形成和情感、态度与价值观的培养，都是依附在探索知识的过程中得以形成和发展的。而三维目标必须依托教学活动的过程来实现，通过过程的体验和感悟，上升到数学思想方法目标的呈现成了四维目标，这样更能明确课堂教学的“灵魂”，提高课堂教学的效率。例如，在设计“平行四边形的面积”目标上应该根据教学重点，简明扼要地呈现表述突出猜测、验证过程和转化的数学思想。在确定教学目标要合理体现数学思想方法是把握好教学“方向盘”的问题。

《平行四边形的面积》教学目标可以这样设计：

（1）引导学生通过猜想、验证、操作、交流、归纳等数学活动，探索平行四边形的面积计算公式，并解决相应的实际问题。

（2）让学生经历平行四边形面积公式的推导过程，通过操作、观察、比较，发展学生的空间观念，渗透猜想验证及转化、数形结合、符号化的思想方法。

（3）通过演示和操作，使学生感悟数学知识内在联系的逻辑之美，并从中获得积极的情感体验。

这样的教学目标设计，明确了渗透转化等思想方法，为整节课的实施指明了方向和目的，利于学生在充分地进行割补操作活动中体验转化思想，为其他平面图形面积的学习做了思想方法的铺垫，解决了“暗度”向哪边走的问题。

三、撒播“暗度”种子——在课前导入中有效铺垫

俗话说：好的开始是成功的一半。一节课能否吸引住学生，激发学生的求知欲望，一个好的开头是至关重要的，对下面环节的教学起着有效铺垫的作用。由于平行四边形的面积公式推导的过程中都采用将平行四边形转化为长方形这一方法，转化的方法是重要的突破口。因此，设计此环节时采用“开门见山，直奔主旨”的转化思想式引入，这有利于学生对后续将平行四边形转化成长方形有很好的迁移作用。

课前感知——播撒转化思想的种子

(1) 曹冲称象的故事引出：把大象转化为石头，重量不变。

(2) 不规则图形的面积计算：把不规则图形转化成熟悉的长方形。

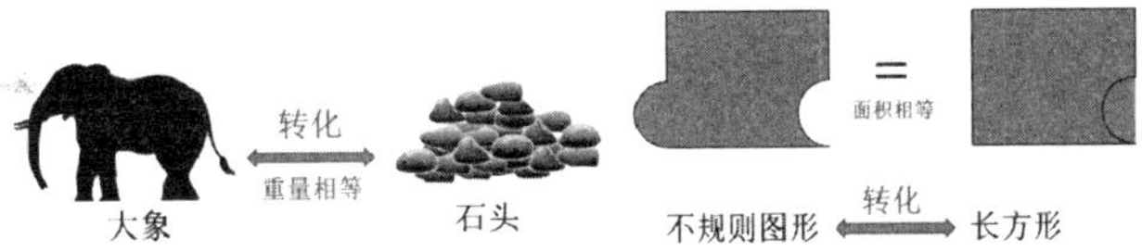

小结：我们可以把未知的知识转化成已知的知识，把不熟悉的内容转化成熟悉的内容。今天我们就用这种“转化”的方法，一起来研究一个新的数学问题。

转化思想是本节课学习的主线，是学生开启数学探究活动大门的钥匙。教师在教学的导入阶段让学生充分感知、运用转化思想——把未知的图形面积计算转化为已学的图形面积计算，为下面的探究学习活动撒播下了数学思想方法的种子，点起学生尝试应用数学思想方法意识的火把，有效地提升了教学的效果。

四、体验“暗度”过程——在知识形成中充分感悟

数学思想方法蕴含在数学知识之中，尤其蕴含于数学知识的形成过程中。在学习每一个数学知识点时，尽可能提炼出蕴含其中的数学思想方法，即在数学知识产生形成过程中，让学生充分感悟。

（一）解决知识形成过程中的认知冲突

数学知识学习过程是一个学生认知在“问题—探究—解决”中不断螺旋上升的过程，教师应该依据学生当前知识的起点，巧妙设置问题情境，激发学生求知的欲望，不断地在解决认知冲突的过程中进步、提升，在体验数学思想方法中前行。

1. 推一推

师：请同学们注意看，老师把这个长方形向左推一推，它现在变成了一个什么图形？

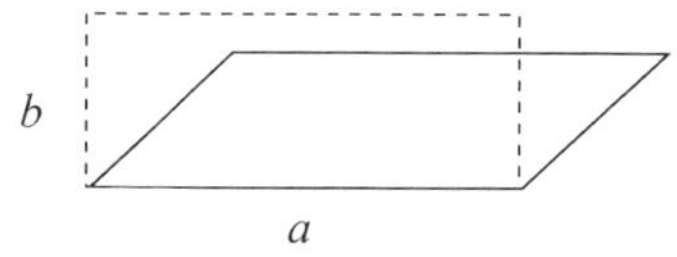

师：这样一推，a 的长度变了吗？b 呢？

师：现在把长方形推动变成平行四边形，但 a 和 b 的长度都没变，你认为平行四边形的面积又该怎样计算呢？

2. 猜一猜（“$a \times b$”和“底乘高”）

生 1：面积就是长 × 宽，理由是 a 和 b 的长度都没有变化。

生 2：应该是底乘高。

师：两个图形的面积都用 $a \times b$ 计算，说明推动以后的平行四边形的面积和原来的长方形的面积大小相等，否则 $a \times b$ 不对。到底面积变了吗？

学生在“长方形面积 = 长 × 宽”的模型思想影响下，也会产生“平行四边形面积也等于长乘宽”的认知冲突，为新知识的建构撕开一个口子，为在后续的探究活动中合理渗透思想方法留下空间和切入点。

（二）加强在操作中体验数学思想方法

数学是一门重要而又抽象的基础学科，实验操作是学生参与数学实践活动的重要手段。实验操作是经历知识发生的全过程，有利于学生对知识的建构，并使他们在操作活动中获得数学思想方法，这样会更形象，更深刻，更能实现迁移，有利于提高学生的学习能力。因此，在引导实验操作时，不能仅停留在为理解知识而操作，更要让学生知道为什么这样操作，使操作成为有效学习的途径，也就是要领悟其中的数学思想方法。

课中体验——展开转化思想的翅膀

通过转化探究联系

师：既然不能用 a×b 来表示平行四边形的面积，那刚才同学们说的底乘高又对不对呢？我们再来验证它。

1. 动手操作

(1) 我们能不能像课前的小游戏一样，把平行四边形转化成我们学习过的图形？

(2) 学生动手操作把平行四边形转化为长方形。

2. 渗透转化

(1) 学生在展示交流的过程中，可能会有以下几种不同的方法：

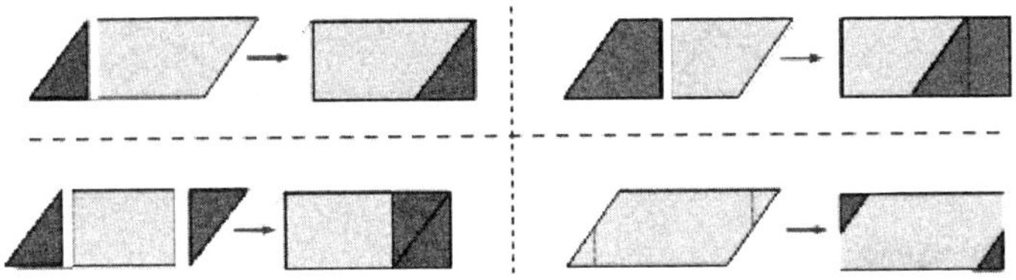

(2) 通过问题引发学生思考：

①为什么要沿高来剪？

②剪拼后长方形与原来的平行四边形相比，什么变了？什么没变？

③剪拼后的长方形的长和宽与原来的平行四边形的什么有关？

数学思想蕴含在数学知识之中，隐藏在教学活动中，学生在经历知识形成的过程中，通过观察、实验、抽象、概括等活动体验到知识负载的方法、蕴含的思想，那么学生所掌握的知识就是鲜活的、可迁移的，学生的数学素质才能得到质的飞跃。经历知识发生过程，感受数学思想方法的神奇力量，使学生更好地变知识为能力。

五、收获“暗度”成果——小结反馈中及时提炼

波利亚在《怎样解题》中指出：解题包括四个步骤，检查已经得到的答案、回顾解题的过程是解题的重要步骤之一。小结归纳有助于学生在学习过程中自悟数学思想方法，引导学生反思“我们是用怎样的方法来学习知识的”，感悟数学思想方法的作用，形成用数学思想方法学习更多新知的愿望。

课末提升——收获转化思想的果实

1. 练习题组

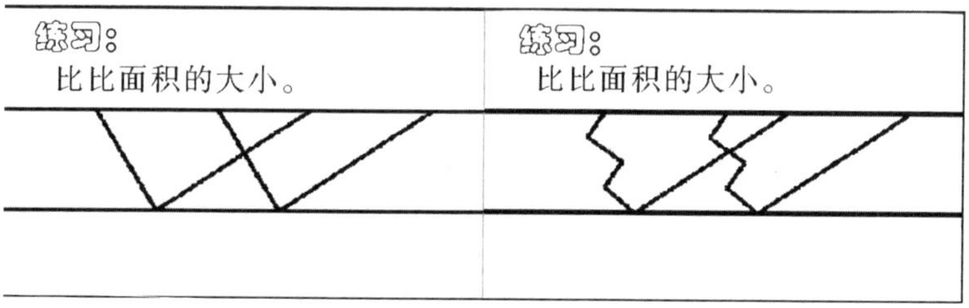

2. 畅谈收获

师：同学们，通过这节课的学习，你有什么收获？我们是用怎样的方法来学习的？

师：看来转化的方法不但在推导平行四边形面积时有用，在计算其他平面图形的面积时也适用。

学生通过对学习过程的回顾，在教师的点拨下对学习的知识技能的归纳与整理，有利于使学习的知识上升为学习的能力，更重要的是让学生感悟转化等数学思想方法。适时小结使学生知道了不单只在推导平行四边形面积计算时应用转化的方法，接下来学习其他平面图形面积计算也可以用这些思想方法来解决，这种思想方法的迁移，让孩子受益终身。教学中一个个的知识点不再是单一的存在，而是由思想方法这一条主线把它们串联起来，变学生“学会”为“会学”，实现数学知识的学习上升到数学思想方法的运用，这样的课堂才能称得上真正的有效课堂。

知识和思想方法，常常被比喻为“鱼和渔”。古人云“授人以鱼，不如授人以渔”，要打造高效的数学课堂需要从“授人以渔”入手，整体建构蕴含数学思想方法的数学课堂，教师只有从教学教材和目标开始挖掘，才能撒播数学思想方法的种子，体验合理渗透的数学思想方法，实现以方法引领知识的学习转变。教学中授学生以数学知识只能解决一时的问题，授学生以思想方法才能解决学生一辈子的学习问题。因此，我们要重视对渗透数学思想方法的数学课堂整体建构，适时适度渗透，如春雨般润物无声而能使学习高效水到渠成，“度”出课堂的精彩。

高效的课堂从重视数学思想方法的渗透开始

——“搭配问题”的两节课例深度对比分析

美国心理学家布鲁纳指出，掌握基本数学思想方法能使数学更易于理解和更易于记忆，领会基本数学思想方法是通向迁移大道的“光明之路”，使学生终身受益。数学思想方法作为构成数学知识脉络中具有潜在价值的“暗线”，它是构成数学教材的“血脉”灵魂。有了这样的数学思想做灵魂，各种具体的数学知识点才不再成为孤立的、零散的东西。可见，数学思想是数学的内在形式，是学生获得数学知识、发展思维能力的动力源泉。教师在课堂教学中如能重视渗透数学方法思想这一主线，便能高屋建瓴，使教学见效快、收益大。

上学期，我校二年级的两位数学老师共同上了小学数学第五册“数学广角——搭配问题”，下面就这两节课的如何渗透数学教育思想和方法进行分析，和大家共同探讨。

一、两节课例全过程

（一）课例一

师：同学们，二年级时我们已经学习了一些关于搭配的知识，哪位同学知道，1 件上衣和 3 件下装能搭配出几种穿法？请同学们拿出学具卡片，动手摆一摆。

生：3 种。

师：怎样把搭配的过程记录下来呢？老师教大家一种方法，叫连线法。1 件上衣和 1 件下装是一种穿法，用一条线连起来。（师在黑板上连第一条线，剩下两条线由一学生完成。）

师（小结）：从这个连线的过程中我们发现，1 件上衣和 1 件下装搭配就是 1 种穿法，1 件上衣和 3 件下装能搭配出 3 种穿法。那么，现在有 2 件上装，3 件下装，又有多少种穿法呢？请同学们拿出学具，动手摆一摆，看一共有几种穿法？

学生（汇报）：第一件上衣和 3 件下装搭配，第二件上衣又分别和 3 件下装搭配，一共有 6 种穿法。

师：还有别的想法吗？

生：先确定一件下装，再用上衣去搭配。

老师用课件演示搭配的方法，并小结：分别有 2 种搭配的方法，一种是以上装为标准搭配下装，另一种是以下装为标准搭配上装，都是有 6 种穿法。

师：谁会用算式表示出来？

生：$2 \times 3 = 6$（种）。

（二）课例二

1. 创设情境，提出问题

师：聪聪、明明就要参加海南岛 5 天游了。妈妈帮明明收拾衣服，请看都有什么衣服呢？

师：明明一看，只有两件上衣，就发愁了，那岂不是只有两套衣服换着穿吗？我想和小朋友拍一些漂亮的照片留念，5 天游里，我希望能每天穿得都不一样呢！

生：可以多带几件衣服！

师：但是行李箱空间有限！

生：可以搭配着穿！

师：这个主意怎样？什么叫搭配？

生：就是把衣服配合起来穿！

师：说得真好！在日常的生活中，我们就经常把衣服搭配起来穿，衣服的搭配蕴藏着许多数学问题呢！这节课，我们一起来研究搭配问题。

2. 小组探究，解决问题

（1）任务布置，出示操作要求。

师：请利用你手上的衣服卡片动手摆一摆，看一共有几种穿法？边摆边想怎样搭配才能保证不重复也不遗漏？最后思考，可用什么巧妙的方法把搭配的结果记录下来？

（2）学生活动。

①每个人利用手中的小卡片动手摆一摆，看有几种搭配方法。

②以 4 人为一组，交流各自的搭配方法，并思考哪种方法能保证不重不漏。

③讨论并合作在本上把结果表达出来。

（3）反馈交流。

第一组学生记录如下：

短袖衣 + 短裙　　　短袖衣 + 长裤　　短袖衣 + 长裙

长袖衣 + 短裙　　　长袖衣 + 长裤　　长袖衣 + 长裙

师：哪位同学能听明白他们的方法？说说你的看法！有顺序地搭配就能做到不重复不遗漏，所以我们平时要做到有顺序地思考！跟他们的搭配方法一样的请举手，还有不同的方法吗？

第二组学生：我们拿着下装去搭配上装，1 件下装分别和 2 件上衣搭配就得到了 2 种穿法，有 3 件不同的下装，就能得到 6 种穿法了。

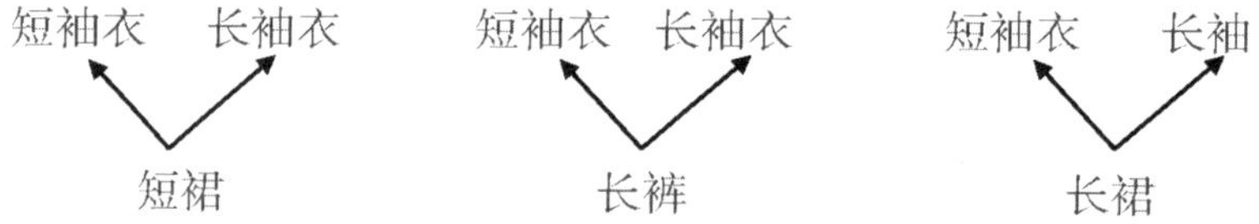

师：你们的记录方法很特别，请说说你们的想法！

生：我们觉得很难画图，所以用文字来表示，然后用“↗”来表示搭配。

师：大家觉得这种方法怎样？用“↗”来表示搭配，非常直观哦！

（4）师（小结）：其实 2 种方法都有规律，做到不重复不遗漏。我们在平时思考问题的时候也要注意像这样有顺序地思考，就能做到不重复不遗漏了。

师：还有不同的方法吗？

第三组学生：我们的搭配方法跟他们一样，但是表示方法不同。我们是这样记录的。（在实物投影上显示）

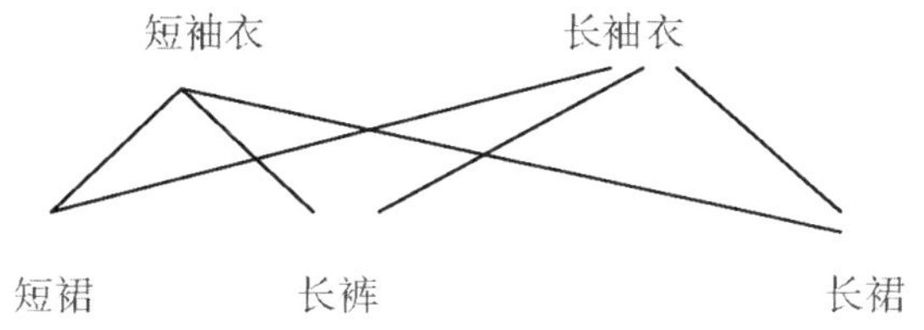

师：对于这种记录方法，你们觉得怎样？

生：很简洁。

师：黑板上是用上装搭配下装，电脑上演示的是下装搭配下装，请大家观察一下黑板上和电脑上演示的综合图，两综合图有什么关系？

生：是一样的！

师：眼睛真明亮！为什么会这样呢？

生：这就是说，只要你是按一定的顺序思考的，即使顺序不同，但是一样能得到不重复不遗漏的答案。

师：刚才出来汇报的几个小组，他们的记录方法都各有特色，但都离不开用文字来表示，文字嘛，写起来用的时间比较多，我们能不能想出一些更快更巧妙的方法呢？

生：用字母表示上衣，用数字表示下装。就成了：

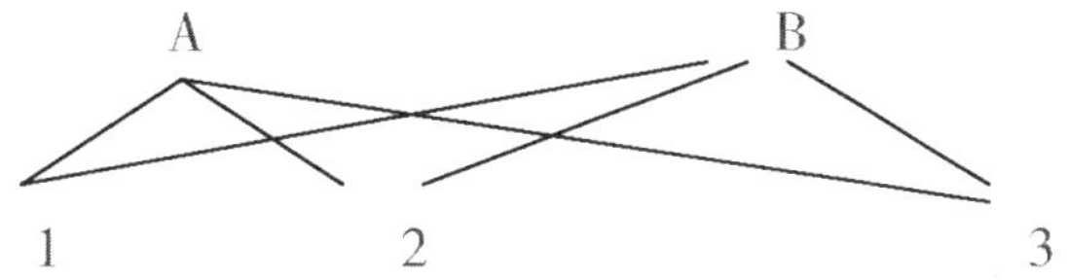

师：除此之外，我们还能用哪些符号来表示呢？

生1：△、□、☆、◇等。

生2：所有符号都可以！

师：用图形或数字来表示，都属于符号表示法，表示的意思是一样的，都既简便，又能表达清楚。同学们你们喜欢哪种记录方法呢？

生：不管哪一种表达方法，其实就是2个3，一件上衣可以分别和3件下装搭配，另一件上衣又可以分别和3件下装搭配，所以可以用乘法计算：$3\times2=6$（种）。

二、分析与思考

在小学数学教学阶段，重视向学生渗透一些基本数学思想方法是提高学生数学能力和思维品质的重要手段，是数学教育实现从传授知识到培养学生分析问题、解决问题能力的重要途径，也是小学数学教学进行素质教育的真正内涵之所在。俗话说："授人以鱼不如授人以渔。"课堂的高效体现在学生的高效，在教学过程中渗透数学思想方法，从本质上改变学习的盲目性，把学习知识上升为学习方法，培养学生的各种数学思想，从而提升学生的数学修养，提高课堂的效率。

三、几点感想

（一）教学目标应渗透新课标的数学思想

教学目标是课堂教学的出发点和归宿，也是教学的动力，它是实现有效教学的首要条件。知识与技能仍然是新课程的重要目标，是教学的基石，同时，它又是载体，学生数学思考、解决问题能力的形成和情感、态度与价值观的培养，都是依附于知识的发生、发展，是在探索知识的过程中得以形成和发展的。而知识与技能，情感、态度与价值观的目标必须依托教学活动的过程来实现，没有过程就没有体验和感悟，也不可能形成技能。新课标指出：那种不注重过程与方法而专注于学生对知识与技能的获取是不可取的。数学课堂应该根据新课标的要求，着重在渗透思想和方法，落实数学思考，培养学生有序、全面地思考问题的意识。

案例一和案例二对把握教学目标有着不同的层次感受。案例一教学目标是停留在教给学生搭配的方法，学生是在接受老师灌输的知识，素质得不到有效提高。

案例二学习目标是相当明确的，就是使学生通过观察、猜测、实验等活动，找出简单事物的排列数；培养学生初步的观察、分析和推理能力，以及有序地、全面地思考问题的意识；培养学生优化的思想和符号感。研究的层面比一般的数学知识技能更高，属于数学思想方法的范畴。在小组合作探究方面充分展开，使学生思维经历从具体到抽象的过程，并培养学生的“有序意识”与“符号化意识”。

（二）创设教学情境要生活化

“让学生在生动具体的情境中学习数学”是新课标的一个重要理念，也是数学教学的一个重要思想。情境教学是提高教学有效性的一项重要教学策略。特别要注意选取生动有趣、密切联系儿童生活的素材，使“数学问题生活化”，这也是体现了数形结合、还原数学知识于生活模型的数学思想方法，降低了学习的难度，增强了学习的趣味性，使学生感到生活中处处有数学，数学知识在我们的生活中，学会用数学方法解决生活问题，进一步激发学生认知的需要、学习的兴趣和探索的动机。

案例一的教学方法开门见山，用“一件上衣搭配三件下装”的问题唤起了学生在二年级所学过的旧知，引导学生进入思考的状态，也为后面学生建立“搭配三件下装，一件上衣就有三种穿法，两件上衣就有‘两个三’种穿法”的思想做好了铺垫，像是开了一个很不错的头。但仔细一想，一切都在老师的掌控之中，学生在老师的暗示之下学习显然比较被动。解题的难度分解了，学生比较容易掌握例题的解答方法，但这不是学生动手探索所得。教师如此设问，学生的思考性和挑战性都减低了，学生可能学到知识，但违背了自主构建的新课标理念。有效的情境创设，可以使原本枯燥、抽象的数学知识贴近生活、形象生动、饶有趣味。

案例二的情境就相当吸引人，从上船到海岛购物，学生就带着愉快的心情在这样的情境中学习，兴致盎然。

利用生活中的矛盾实例创设情境：既不想带太多的行李又想每天穿得不一样！为了帮助明明解答这个问题，学生开始了积极思考，并感觉到学习搭配知识有着重要的意义和趣味。

教学环节安排周密而巧妙，如教师把聪聪、明明的头像张贴在黑板，不但是为了创设情境，更是为在后面研究拍摄问题提供了素材。“看明明带了什么衣服?”逐一出示衣服卡片并张贴时，统一了衣服的名称，又为后面利用卡片搭配和连线做好准备。用海南岛天气炎热作为理由，也更好地解释为什么只研究一件上衣搭配一件下装的这种情况，下面教学的开展更加顺理成章。

（三）渗透数学思想方法的数学活动过程更实效

精心设计数学活动，让学生“在参与中体验，在活动中发展”，真正体现以学生主体实践活动为基础的有效课堂教学。

搭配的思想的建立并非一个活动的过程，教师提供丰富的、生动的、具体的材料，并引导让学生进行观察、比较、分析、综合、抽象、概括，最后建立起数学的概念。

一直以来，数学的教学都倾向于列式解答所求的问题，所以案例一中的老师，没几下就沉不住气了，教起了学生用乘法计算这类求搭配数的问题。

如果在老师的引领下，学生经历多次的动手搭配以后，是可以领悟出，“二”和“三”进行搭配，会有六种不同的效果的，但老师太急于把计算的方法教给学生了，在第一次的搭配中就问学生怎样列式，虽然有学生能答出来，但答案是生硬的，那不是学生自己脑海里面的东西，只是个别尖子生的领悟，大部分的学生还是不明就里，没有所得。如果说在后面大量的练习中可强化列式计算的训练，但也只是记住了解题的列式方法，数学化的思想是再也落实不了了。

案例二中老师以准确的教学评价引导学生探索，在学生得出“二三搭配有六种”的结论下，老师没有戛然而止，而是一步一步地引导学生用符号来表达搭配的过程，学生经历了深刻而活泼的知识的形成过程。

从案例二的设计中我们明确感受到了，给学生提供动手实践的机会，变“听数学”为“做数学”。学生对数学的体验主要是通过动手操作，动手操作能促进学生在“做数学”的过程中对所学知识产生深刻的体验，从中感悟并理解新知识的形成和发展，体会数学学习的过程与方法，获得数学活动的经验。它是学生参与数学活动的重要方式。

（四）让孩子爱用数学思想去思考

学生要学会运用数学的眼光和思维方式去观察、分析现实社会，去解决日常生活和工作中的问题。国际上已将“数学式思考”列入终身可持续发展计划。

案例二的教学能很好地挖掘当中的联系，和新授过程成为一个完整的情境。

让学生的兴趣一直保持下来，并在不同的问题情境下迸发出新的激情。练习的过程中，老师仍一直在强调“有序”和“不重复不遗漏”的数学思想。

教学中，学生的“有序思想”“优化思想”“符号化思想”等数学思想的形成才是教学的价值之所在，而这些目标的达成，要在研究过程中充分展开，让学生经历动手探究才能实现，如果急于提炼解决问题的方法以及巩固应用，那么，数学学习将成为结果的记忆和模仿，数学思想难以构建。方法与思想比记住知识更重要，让高效课堂从重视数学思想和方法渗透开始，提升数学课堂的“含金量”。

巧用数形结合　点燃思维之火

——浅谈二年级上册数形结合思想方法的渗透

数学是研究数量关系和空间形式的科学。“数”与“形”是数学中两个最古老、最基本的研究对象。华罗庚曾说过：“数缺形时少直观，形缺数时难入微。数形结合百般好，隔离分家万事休。几何代数统一体，永远联系莫分离。”数形结合思想是义务教育阶段一种重要的数学思想，数与形是密切相关的两个教学表象，如何把它们巧妙地结合起来，根据需要而相互转化，使学生看到数想到形，看到形则想到数，最终达到优化解题途径，提升学生思维能力的目的呢？

下面，结合本学期所教的内容和二年级学生的特点，谈谈课堂教学中如何抓住时机渗透数形结合思想，燃起学生思维的火花，实现其思维能力的发展。

一、巧用形助数，把握知识本质

借助形的几何直观阐明数之间的某种关系，使得抽象的数学问题直观化、生动化，能够变抽象的思维为形象的思维，有助于把握数学问题的本质。在二年级上册的教学内容中，以下两个知识点使用数形结合思想方法，能使繁难的问题变得简单。

（一）渗透数形结合思想，在解决问题的过程中，提高学生的思维能力

1. 借助线段图学习解决求较大数（较小数）是多少的问题

在二年级上册的第二单元“100 以内的加减法（二）”中，安排了“求比一个数多几的数是多少”以及“求比一个数少几的数是多少”的问题解决。以贴

近学生生活的“卫生评比”的情景切入，让学生感觉亲切易懂，对解决“二班（三班）得了多少面红旗?”这个问题充满信心。可是数理关系却是抽象的，为了避免学生见“多”即加，见“少”即减，需要学生深刻理解数理关系，正确把握知识的本质。

一班得了 12 面小红旗，二班比一班多得 3 面。
二班得了多少面?

可以先引导学生把自己对题目的理解用画图法直观呈现各种信息，有利于学生直观理解并分析各种数量之间的关系，水到渠成地获得解答问题的方法。

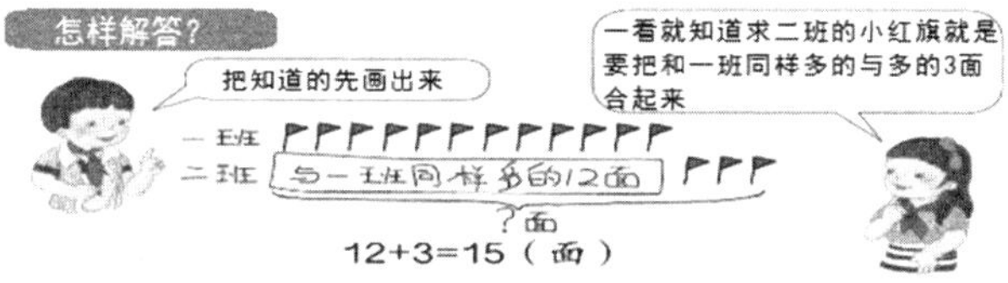

在这里学生所画的红旗是有着具体的数量的，是线段图的雏形，这个年龄段的孩子数感还在初级阶段，需要看见实实在在的 12 面红旗，才能理解 12 面红旗的量的含义。小部分思维层次较高的孩子还会用○、△等图形表示红旗的数量。孩子从直观图中发现了规律，数量越多的红旗（圆形、三角形），排成的队伍越长，在孩子们的这个意识进一步深化以后，就可以脱离实物示意图，直接用线段的长短表示数量的大小关系，这样抽象思维能力得以提升。

2. 借助图形厘清乘法和加法解决问题的区别

7 比较下面两道题，选择合适的方法解答。

（1）有 4 排桌子，每排 5 张，一共有多少张？

（2）有 2 排桌子，一排 5 张，另一排 4 张，一共有多少张？

“几个几相加”与“几和几相加”一直是孩子们学习中的易错点和易混点，解决办法是引导学生多读几遍题目，收集出有用的信息，再引导学生用图形把信息和问题表达出来。利用图形的直观性，学生可以区分乘法和加法的意义，并能选择正确的方法解答。

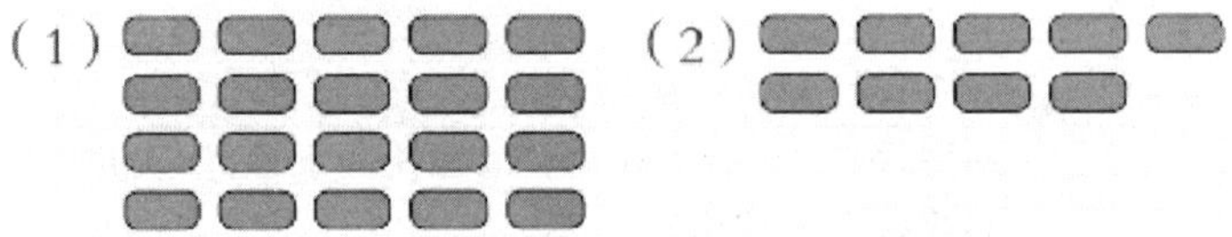

3. 借助列表、连线等手段解决排列和组合的问题

2 有 3 个数 5、7、9，任意选取其中 2 个求和，得数有几种可能？

得数有□种可能。

本学期的数学广角中的内容为“搭配”，具体分为“排列”和“组合”。这一块蕴含的主要数学思想为“有序思想”。但在渗透有序思想的过程中借助的是连线法和表格法，运用连线和表格，不重不漏地找出所有的排列数和组合数，在此过程中，学生感受着数形结合的方法，同时利用方法学到了知识的本质。

由此可见，数形结合的方法帮助了学生理解信息，掌握这类问题的解决办法，而思想方法的习得反过来也帮助学生提升了思维能力。

（二）渗透数形结合思想，使乘法口诀形象化，帮助学生理解口诀意义

乘法口诀的学习是本学期的教学重点和难点，也是数学知识的重要基石，如何学好45句乘法口诀？教材根据孩子的年龄特点和思维特征，有层次地编排了点子图、七巧板、数轴、表格分等直观图形帮助学生理解乘法的意义和口诀的推导，体会数形结合的方法。

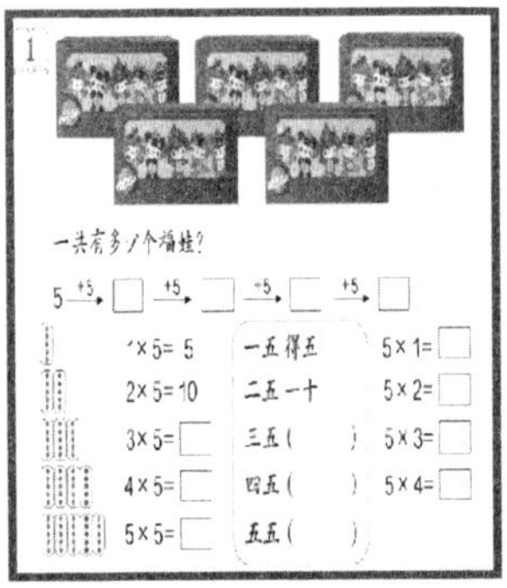
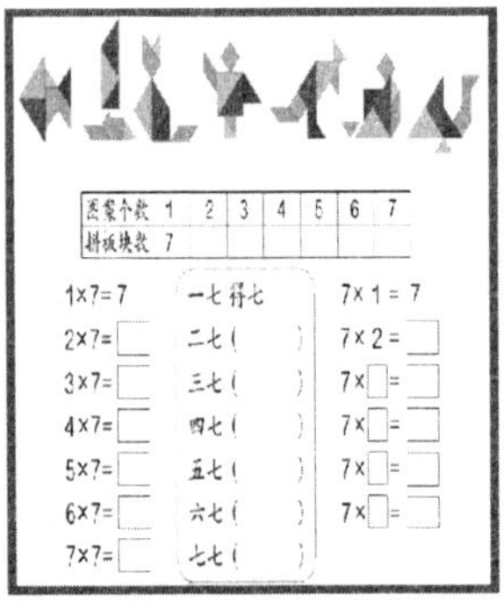
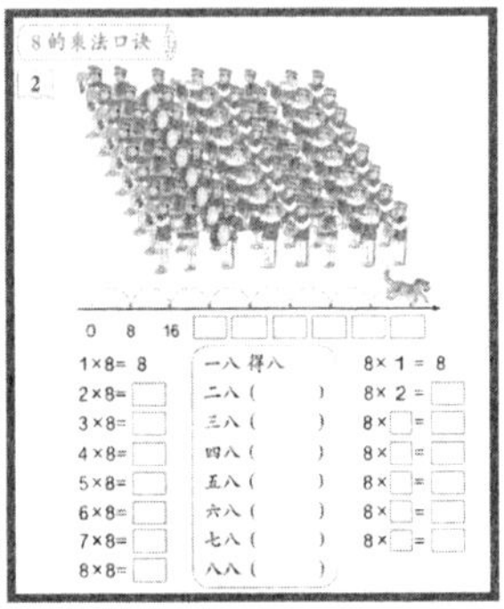

如此一来，数在学生的脑海当中就成了具体的量，乘法口诀还原成“几个几相加的和是多少”的顺口溜，数感在数与形的结合中得到培养。

二、巧以数解形，促进思考深入

“形”具有形象直观的优势，但也有其粗略、烦琐和不便于表达的劣势。这时可以辅以简洁的数据，促进学生思维力的发展。也有些形过于简单，直接观察看不出规律，需要借助数的精确性来阐明形的某些属性。

（一）结合测量的数据，加深对线段的认识

学生在认识线段这一几何图形时，感受到的是线段“直直的”“有两个端点”，但对于线段的可测量以及线段有长短之分的认识不深。教学中可以让学生量一量不同线段，得出不同的数据，或者按要求画出指定长度的线段，便能加深学生对线段长短的认识，使学生更进一步思考。

（二）从数的角度描述角，准确认识角的特征

在二年级的上册，角是以角的图形出现而让学生认识的，学生感受到角有直直的边和尖尖的顶点。让学生数一数有几条边、几个顶点，学生对角的认识便会从感性认识上升到理性认识。

这些物品中都有角。

上面的图形都是角。一个角有几个顶点？有几条边？

在二年级这个阶段，学生容易对角的大小与边的长短关系产生误解，因为生活中面的大小会对角的大小产生负迁移，在孩子们的眼中，当边延长以后，整个角所占的面的大小的确是增大了，为什么还说角的大小跟边的长度没有关系呢？有一部分孩子会感觉很疑惑。这个时候我们可以利用活动角进行展示，活动角的边的长度是固定的，它能剔除边的长度的干扰，让学生直观理解——随着两边的张开，角就越大。两边靠拢，角就缩小。然后让学生用自己创造的角进行比较，验证角的大小跟边的长度无关。

通过各种角的展示和比较，学生的感性认识会累积，为以后上升为理性认识做准备。但是对角的大小真正地掌握，需要等他们到了四年级，学习了量角器以及角的度量方法以后才能明晰。角的大小是指张开的程度包含了多少个角的度量单位，是用度数来量化的，所以角的大小跟两边张开的程度有关，与边的长短无关。对角的大小的认识，至此才真正地完成。

由此可以看出，形与数之间的关系是非常紧密的，只有让数与形有机结合，相辅相成，才能更好地帮助学生掌握知识，提升思维能力。

巧妙处理教学关系　深度促进思维发展

——"口算整百、整十数乘整十数"的教学思考

数学是思维的体操，数学教学的最终目的是培养学生的思维能力。《课程标准》明确指出，在小学第一学段关于计算教学的总体要求是："应重视口算，加强估算，提倡算法多样化；应减少单纯的技能性训练，避免繁杂计算和程式化地叙述'算理'。"下面，结合《口算整百、整十数乘整十数》这一课，浅析在课堂教学实践中，如何把握好各种关系，促进学生思维发展。

一、教学片段

完整出示题目：邮递员叔叔想考考大家，他每天要送 60 份报纸、300 封信，那么，他工作 10 天，要送多少份报纸，多少封信？工作 30 天呢？

根据学生的口述，教师板书：60×10、300×10、60×30、300×30。

小组合作学习并汇报计算方法，其余同学补充。

师：我们已经知道 $60\times10=600$（份），请同学们说说你是怎样得到这一结果的。

生 1：$60\times9+60=540+60=600$。

生 2：因为 10 个 10 是 100，所以 10 个 60 是 600，则 $60\times10=600$（份）。

生 3：60×10 先算 $6\times1=6$，接着在 6 的末尾添上 2 个 0，所以 $60\times10=600$（份）

……

其他算式同理。

师：接下来，我们进行算法优化。比赛计算 60×30，并结合以上同学说的三种方法，比较一下，你最喜欢哪一种，为什么？

生：最喜欢第三种方法，先算 $6\times3=18$，再添 2 个 0，就是 1800。

师小结：虽然算法多种多样，但是大家都感觉用 6×3 再添两个 0 的方法来计算比较简便。但是为什么要添 0 呢？怎样确定添几个 0？请同学们以 $300\times30=9000$ 为例来说一说。

生 1：300 是 3 个百，30 是 3 个十，3 个百乘 3 个十就是 9 个千，所以在 9 后面添 3 个 0。

生 2：300×30，我们会算 300×3 得 9 个一百，于是想到 300 乘 30 得到 9 个一千，所以在 9 后面添 3 个 0。

二、分析与思考

（一）理解多样化与优化的关系，发展学生思维的灵活性

在传统计算教学中，只重视计算的结果，忽视算理的推导，学生的学习只是停留在算对、算快的层面上，以至于在学生心中“计算”与“枯燥”同义。课改初期，计算教学转到了另一个极端，十分重视“你是怎样算的？还可以怎样算？”而缺乏最优方法的提炼，最终的结果是学生计算技能不熟练，计算效率无法提高，甚至是新旧知识无法衔接。

要正确理解这两者的关系，要从摆正学生的主体地位开始，我们的教学对象是一个个独立的个体，有着自己独特的内心世界、学习经验和思维模式。课堂教学要从学生的学习需要出发，充分鼓励学生大胆发表自己的看法，让不同层次的孩子有展开思维的机会和思考的动力。由此可见，算法多样化是课堂教学中固有的属性，它不因新课标而产生。

算法优化是老师早就想教给孩子们的“正规”方法。它是最简单最直接的，有助于学生提高计算速度和正确率。传统计算教学就是单刀直入只教最优的方法，结果是学生没有机会自主探索和展开思考，表面上看是节省了教学时间可以多做几道练习题，却容易引起“认知的被动”和“思维的终止”。学生只需要模仿教师的教学步骤计算，所学知识就成了囫囵吞枣，难以消化，更遑论发

展思维能力了。

在“口算整百、整十数乘一位数”的教学实践中，不同的孩子计算 300×10 所用的方法是不同的，有些同学认为可以直接在300后面添一个0，有些同学从10个100是1000，想到了10个300是3000，还有的同学以整百数乘一位数作为思考的起点，先想9个300是2700，再加上一个300得到3000。在这个过程中学生思维充分展开，根据自己的理解找出计算方法。但是，在比赛计算 60×30 环节，几乎所有的同学都使用 $6\times3=1\dot{8}$，然后添上2个0这种方法计算。究其原因，是学生都认为这种方法最好用。由此可见，学生会自主寻找最佳的思维方法进行计算，摒弃陈旧或繁复的计算方法。因此，优化的算法不应该是老师赋予的光环，而是“优胜劣汰”的自然法则所决定的，正确处理算法多样化与优化的关系使学生的思维既充分展开又有机提升，有助于思维灵活性的培养。

（二）沟通算理与算法的关系，发展学生思维的深刻性

计算教学中，算法和算理的关系密不可分。算法是计算的方法，解决的是怎样算的问题；算理是计算方法的原理，解决的是为什么这样算的问题。算理为计算提供了正确的思维方式，保证了计算的合理性和可行性；算法为计算提供了便捷的操作程序和方法，保证了计算的正确性和快速性，两者相辅相成。没有了算理，算法是无本之木，学生只知其然而不知其所以然，学习知识与发展思维就会脱节。如果只有算理，没有算法，那么学生每一次计算都要详尽地展开思维过程，对培养计算能力不利。“算理”是学生走向“算法”的桥梁，是学生学习“算法”的知识基础，而“算法”是学生学习的中心任务。由此可见“算法”和“算理”必须有效连接起来。

算法是解决问题的操作程序，算理是算法赖以成立的数学原理。所以算理与算法的呈现，一般是先有算理的展开，然后再压缩成算法，简称“以理推法”，如三年级下册学习的笔算两位数除以一位数。

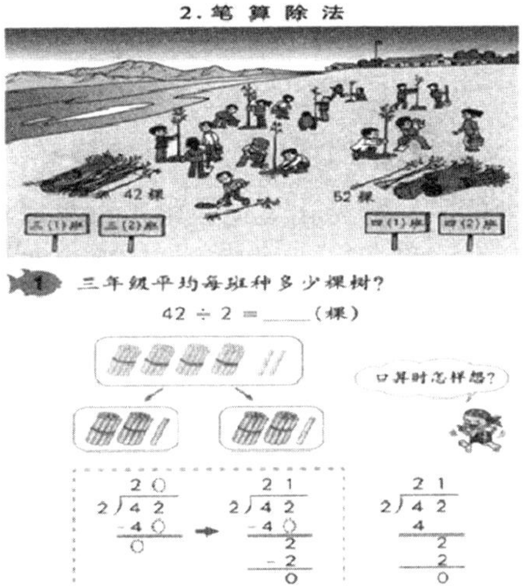

教材通过让学生经历把42根小棒平均分成两份的过程，在脑海中建立两位数除以一位数的算理，在此直观的算理基础上抽象出两位数除以一位数的算法，符合从具体到抽象的思维特点。

但是老师又不能拘泥于“先理后法”。以本教学实录为例，学生有了整十、整百数乘一位数做基础，对整十、整百数乘整十数充满了好奇，急于表达自己的见解。如果教者非要按部就班地寻找算理，再提升算法的话，必然会压抑学生的表达欲望。教学案例中老师尊重学生急于表达的需要，让同学们各抒己见，引发思维的碰撞。但是学生的思维层次较浅，如何引导学生转入深层次的思维？把算法和算理沟通起来的引导就显得非常重要：0前面的数相乘后，在后面添0的道理是什么？激发学生思考支撑算法背后的道理：300是3个百，30是3个十，3个百乘3个十就是9个千，所以在9后面添3个0。

在此过程中，既培养学生探索问题根源的习惯，又发展思维的深刻性。因此我们倡导的做法是探究并理解算理、提升并呈现算法。

（三）明晰过程与结果的关系，发展学生思维的创新性

教学过程是为了教学结果服务的，确立学生在学习活动中的主体地位，让学生在自主探索新知、小组合作交流的过程中，自觉习得能力。在探究新课环

节中，为学生提供思考与合作交流的空间。让学生通过动脑、动口，发现、分析得出各种口算方法，深刻领悟新知识。学生在学习口算乘法的知识的同时发展了能力，同时累积获得数学活动经验。

对于小学生而言，对数学问题产生一个新的见解、提出一个不同的看法，都是学生创新思维的体现。在本课中以学生的学习需要出发，让学生经历探求算理、提升算法的过程，展开算法的讨论，探索算法后面的算理等。这些学习过程的展开，就是培育孩子们求新求异的意识，使学生在理解中加强记忆，在过程中获得数学活动的经验并培养了创新意识和思维。

（四）调控预设与生成的关系，发展学生思维的积极性

具有思维积极性的学生就会具有强烈的好奇心和求知欲望。在同样的条件下，学生参与活动的积极性越高，活动水平就越高，也就越能促进智力达到更高的发展水平。

教师在教学的预设过程中就要考虑如何激发学生思维的积极性，如在充分理解教材的基础上准确把握孩子们的学习起点，了解孩子们学习的心理状态，根据学生的现实状况预设教学过程。同时还应在充分了解学生的基础上，在教学的生成点上预设多种通道，使教学预设更具有灵活性和普遍性，为学生的个性化的活动和发展创设更大的空间。

正如布鲁姆所说："人们无法预料教学所产生的成果的全部范围。"课堂是一个动态的、开放的、不断生成的过程，生成的资源包括学生的提问、回答、争论以及错误回答、突发事件等。如果没有以生为本、以学定教的教育理念，当出现"节外生枝"时，教师往往会手足无措，浪费生动的教学资源。教学中的生成资源往往是教学的重难点，处理好了有助于突破难点，激发学生学习的积极性，成为课堂亮点。所以老师在精心预设课堂的同时，一定还要用心倾听，及时捕捉和充分利用生成资源。

课堂的生成资源的利用与尊重学生主体地位一脉相承，当预设与生成出现矛盾时，不应硬拉学生的鼻子走，而应该充分尊重学生，鼓励学生发表自己的见解和认识，并引导探索，从而激发学生的探究欲望。

总而言之，计算教学不能只局限于掌握某种方法和求得计算的结果，而是应当把计算学习与发展思维联系起来，注重学生的思考过程，在计算活动中突出算法与算理的思考，探索算法多样化，处理好预设与生成的关系，在提高计算技能的同时提高学生思维的品质。

创设自由空间　释放无穷潜能

曾看过这样的一个故事：美国北部的一个小镇，因保持着淳朴的民风和20世纪的建筑格局而成为旅游旺地，于是两个洞察这一商机的年轻人约翰和杰克同时向长老会提出申请，要在小镇上建一个超市，向游客提供日用品和旅游纪念品。长老会经过反复磋商，同意了两个人的要求，但附加了一个条件，那就是超市必须建在距小镇10千米以外的地方，以免破坏小镇的格局。

因约翰曾到过一些大城市，了解规模对于一个超市的重要性，因此他充分利用这块土地，建成一家货物种类齐全的豪华超市；而杰克却只使用土地的一半建成了自己的超市，店里的货物也远没有约翰的种类齐全。两家超市同一天开张，经营状况却出现了一边倒：大部分游客都涌进了杰克的超市，而约翰这边却很萧条，最终也未能扭转自己破产的命运。破产的约翰决定远走他乡，临行前他拜访了自己的对手，并对杰克说："我想知道，我究竟输在哪里？"杰克微笑地告诉约翰："这里距游客的观光地——我们的小镇还有10千米的距离，所以无论是观光的游客，还是小镇的居民，他们都要驾车前来，我为他们留出的那片空地——停车场，就成为他们到我超市的理由，那片空间的价值就在于此！"

"空间的价值"很有韵味，也很有道理。故事留给我们一个思考，即新课程理念下的课堂教学给学生创设自由的空间……

一、教例描述

（一）创设情境空间，激趣引入新知

"认识图形"课的开始，老师就请出了4个机器人，它们的双腿分别是长方

体、正方体、圆柱体和三角台，学生的注意力一下子被吸引住了。

师：想一想，机器人走过后会在雪地上留下什么形状的脚印？

生 1：我想 1 号机器人的脚印是三角形。

生 2：2 号机器人的脚印是圆形。

师：你见过这些图形吗？关于这些图形你已知道些什么？

（二）激疑导思，给学生留下思考的空间

教学“右左”一课时，为了突破教学难点，让学生认识“左右”的相对性，老师是这样引导的。

让学生举起右手，老师与学生同向也举起右手。

师：老师举的是哪只手？

生齐答：右手。

这时老师往右手腕上戴上一只红手套，问：你们的右手和老师的右手在同一边吗？

生：在同一边。

老师转过身来，面向学生，再问：老师的右手和你们的右手仍在同一边吗？

生：不在同一边。

师：老师的右手和你们的右手怎么会不在同一边呢？

一石激起千层浪，学生们马上展开了激烈的讨论。

（三）提供操作空间，提高学习能力

“分类”课上通过一系列生动活泼的操作活动，学生在课堂上愉快地学会了按一定标准进行分类的方法：

（1）为小鸟、老鹰、小兔等小动物们分班——激发分类意识。

（2）为小熊整理房间——明白分类意义。

（3）小组合作整理信封里的图形——渗透分类的方法。

（4）给糖果分类，放手让学生观摩，自由讨论，思考交流——引导学生探索总结出不同的分类标准，便有不同的分类方法。

（5）请出一个小组的 6 位同学，请全班的同学为他们分类，要求说出按什么标准来分，分类的结果怎么样，这时，学生的分类能力已较为成熟，学生提

出很多种分法，赢得了在场老师的阵阵掌声：

①按是否戴红领巾来分。

②按高度来分。

③按性别来分。

④按年龄来分。

⑤按是否扎辫子来分。

⑥按鞋子的颜色来分。

（四）把探索的空间留给学生，体验成功的快乐

“长方形的面积计算”一课。

准备：每个学生准备20个1平方厘米的纸片作学具。

第一步：发给每个学生一张长4厘米，宽3厘米的长方形纸片（长度已在长方形纸中标明）。要求学生利用手中的学具准确测量出长方形的面积，学生都能准确量出12个平方厘米。

第二步：发给学生一张长8厘米，宽6厘米的长方形纸片（标明长度）。还是要求学生利用手中的学具求出它的面积，操作中遇到的问题，小组内讨论解决。

提示：最好能想出一种比较快的方法。

现有学生在操作中遇到了问题：如果用前一次摆法，自己手中的20个1平方厘米学具不够用，怎么办？经过思考、操作，出现了几种方法。

组1：小组合作，把几个人的学具放在一起拼一个长方形。3个人的学具合在一起就能拼出结果48平方厘米。

组2：一部分一部分地量，先摆好20个1平方厘米。然后做一个记号，再把小正方形拿走，去摆其他的地方，最后把20个1平方厘米、20个1平方厘米和8个1平方厘米加起来，就是长方形面积48平方厘米。

组3：折纸，把长方形沿长边对折2次，把长方形纸片分成4等分，量出其中一部分是12平方厘米，乘4后得出长方形纸的面积为48平方厘米。

组4：巧摆法，分别沿着长边和宽边各摆一行。长边一行摆了8个小正方形。宽边能摆6个，说明能摆6行，可以预计出，摆满整个长方形要用$6\times8=48$平方厘米。

在这4种方法中，学生已经在心里比较出折纸法和巧摆法较好，因为用这种方法的小组明显快一些。

第三步：出示一块长20厘米，宽16厘米的木板。让学生想一种最合适的方法，因为木板面积较大又不能折叠，绝大多数同学选用了巧摆法。在实际操作中，同学们又发现虽然只需摆出一条长和一条宽，但仍然是一件挺麻烦的事。于是，产生了讨论的心理需要。

讨论：你能不用单位直接测量就求出长方形的面积吗？

这时学生经过三次操作的经验，又经过观察、思考和讨论，发现了沿着长边所摆的1平方厘米的小正方形的个数就是长方形长的厘米数。同样，沿着宽边所摆面积为1平方厘米的小正方形个数就是长方形宽的厘米数。联系巧摆法的原理，用“长×宽”就能求得长方形的面积。因此，长方形的面积计算公式为“长×宽=长方形面积”。学生为自己的发现而欢呼。

二、案例反思

以上几个教学片段让我们对学生是教育的主体、活动的主体、参与的主体、思维的主体有了更深刻的认识，感受到创设自由空间的重要性。

新课标指出：“学习知识的最佳途径是通过自己的实践活动去发现，因为这样理解最深，也最容易掌握内在的规律、性质和联系。”在教学中给学生开放学习的空间，开放思维的空间，让学生自己去体验、自己去探究，即：给学生一些权利，让他们自己去选择；给学生一个机会，让他们自己去体验；给学生一点困难，让他们自己去解决；给学生一个问题，让他们自己去找答案；给学生一片空间，让他们自主地思考、探究。只有这样，才能顺其自然，促进学生积极主动地参与学习。

（一）创设情境，把想象的空间留给学生

赞可夫说：“教学法一旦触及学生的精神需要，这种教学法就能发挥高度有效的作用。”创设富有趣味性的情境，就是给学生提供思考的合适的土壤，启迪学生积极思维。例如，教学片段一中”认识图形“一课，学生已经感性地认识到立体图形和平面图形是有着某种关系的，但是具体是什么关系，又道不清说

不明。教学过程中，老师用机器人留脚印的情景很直观地告诉学生“面在体上”，而且拓展了学生的想象空间，使学生能从具体的情景中辨别出这4种图形来。把思考、想象的空间留给学生，他们会给你一个满意的惊喜。因此，只要“线”不断，我们只需要做好一个“后勤部长”，“风筝”就会越飞越高，学生的学习潜能就可以得到充分的发挥。

（二）创设空间，把思考的机会留给学生

“老师的右手和你们的右手为什么不在同一边?”是”左右”一课的重点和难点，老师从尊重学生的主体地位出发，让他们根据自己的生活经验和知识水平，用自己的思维方式去尝试解决新问题。正因为老师创设了自由的空间，学生们才敢于走出座位，发挥自己的聪明才智，通过不同角度的探索、观察，发现自己的右手与老师的右手方向正好相反，从而大胆发表不同的见解，创造性地解决问题。同时让他们从中体会到思考的乐趣、成功的喜悦，并使之成为不断激发他们思考的动力，让他们陶醉在思考的世界里，并以此为乐。

（三）创设时间，把操作的机会留给学生

操作一直以来是公开课的必备环节，但在课改之前多数是为操作而操作，含有很大的装饰意味。“分类”一课创设了大量的时间，让操作贯穿整节课，不但使学生学会分类，更重要的是让学生经历分类思想的形成过程。如果沿用旧的教学方法，这节课可以上得很轻松，就是告诉学生每一道例题的分类标准，然后让学生们依葫芦画瓢地完成练习题。何必准备这么多的学具，精心创设这么多的情境呢?但当我们仔细观察，就会发现，这节课的学生是主动参与的、是乐于探究的、是积极思考并勤于动手的，他们的合作交流能力、分析解决能力和获取新知识的能力都得到了锻炼；课堂气氛热烈，学生思维开放，而且学生的回答童真、稚趣，又妙语连珠，使我们对操作的重要性有更深一层面的认识。给学生创造一个自由的空间，把课堂上的时间交由学生来支配，把探索知识的主动权还给学生，让学生敢想、敢说，不断碰撞出知识的火花，还有什么比这些更具效果的呢?

（四）提供探索空间，释放学生的无穷潜能

在“长方形的面积”一课中，教师大胆地创设了问题情景，让学生操作贯

穿新授过程。整节课用在操作上的时间占了 25 分钟，而且课前要准备大量的学具，但课堂气氛热烈，学生在课堂上有充分的时间进行实践、观察、猜想、交流、验证。这激发了学生学习的主动性和积极性，帮助他们在自主探索与合作交流的过程中真正理解和掌握基本的数学知识与技能、数学思想和方法。因此，一切准备工作都很有价值。在后来的知识检查中，长方形的面积计算虽未经过大量的练习，但正确率达 98%，与周长混淆者为 2%。数据证明了成功的课改有助于提高学生各方面的能力，有助于知识的掌握。让学生有探索的空间，学生便会用不同的方法得到让人意想不到的结果。惊叹之余更感受到学生无穷的潜能。

阿基米德说过："给我一个支点，我将撬起整个地球。"而学生就像一根撬起地球的杠杆，只要给他们一个"支点"，他们就会释放无限的学习潜能。因此，数学课堂教学中必须给学生创设自由的空间，让他们如雄鹰般在"探索求知"这一片蓝天上翱翔。

把握知识内在本质　有效渗透思想方法

——小学数学教学中渗透数学思想方法的有效策略探究

在小学数学教学中渗透一些基本的数学思想方法，把握知识的内在本质，运用有效的教学策略，有利于在教学过程中开发学生的潜能，有利于发展学生的认知结构，有利于学生把知识与能力的培养以及智力的发展有机地统一起来，从而更好地理解数学知识，更好地解决生活中的数学问题，更好地提升思维能力。

数学思想方法是学生学习的魂，有效渗透思想方法的教学是高效数学课堂的重要标准，化繁为简、把握本质、发展思维是数学思想方法渗透的总策略。那如何在教学中渗透到位？现在对策略运用的情况进行总结和分析。

一、吃透教材与学情，巧挖思想与方法

（一）钻研教材

教师在钻研教材时要站在数学思想方法的高度，对教学内容进行整体挖掘，把隐藏在具体知识内容背后的思想方法整理出来，使之成为学生可以理解，也可以学到手的方法。每一章节要渗透哪些数学思想方法，如何结合具体的教学内容进行渗透，这些问题我们在备课时都要考虑到，才能合理确定数学思想方法。

如“植树问题”（两端都栽）一课，引导学生学会解决这一类问题是教材中的明线，而引导学生感受“化繁为简思想”“数形结合思想方法”，利用“对应思想”理解植树问题的关键之处，在逐步建模的过程中感受“建模思想”才

是本课的重点和难点。如果教者对教材的隐含思想挖掘不够，理解不深，那么学生在这一课中将会错失一个感悟数学思想、提升数学思维的机会，收获的只是一些解题的皮毛和细枝末节。因此，我们上课时利用了几棵小树苗卡片边贴边画示意图边说明："1 棵树对应 1 个间隔，就这样对应下去，因为是两端都栽，最后多出了 1 棵树没有间隔跟它对应，所以棵数总比间隔数多 1。"

"图"与"话"的结合，帮助学生直观地理解了"棵数"与"间隔数"的对应关系，并渗透解决问题的思考方法。有了这个思维工具，学生以后再碰到类似的问题时，头脑中浮现的将是丰富的形状和数据，而不是单独的关系式。遇到两端都不栽和只栽一段的情况就能灵活变通了。

（二）钻研学生

学生是课堂的主体，尊重学生已有的知识水平和生活经验必定是渗透数学方法的起点。建构主义认为，每个人都以自己的方式理解事物的某些方面。从这个意义来说，学生已有的知识经验也是重要的课程资源。在数学教学过程中，教师要善于利用学生已有的知识和生活经验，让学生产生想要学的心理，从而主动地进行知识建构。

教师应根据学生的认知规律和现有水平，领会教材的编写意图，同时不受教材的约束和限制，学会灵活地处理教材，创造性地使用教材，实现数学思想方法有机地融合在数学知识的形成过程中。在研读教材时，要多问自己几个为什么，如怎么样才能唤起学生进行深层次的数学思考，如何引导学生主动探究新知识，怎样根据教材的编排意图适时地渗透数学思想方法，等等。努力让数学课本上看得见的思维结果，折射出课本上看不出的思维活动过程，弄清新知识的形成过程，将教材的编排思想内化为自己的教学思想，找准新知识教学的生长点。

例如，"数与形"的课前谈话。

师：最近老师发现，我有一项非常神奇的本领。什么本领呢？我发现只要从 1 开始的连续奇数相加，比如，1 +3，1 +3 +5……像这样的算式，我都算得特别快。你们信吗?

生：不信!

师：不信也没关系，我们现场来比一比。

师生比赛，看谁算得快。

师：老师给你们一点点提示，我是借助图形发现这个方法的，今天这节课我们就来研究——数与形。

教师在钻研学生中预设到学生没有接触过这样的题目，在孩子的头脑里只有相同加数的连加才可以用乘法来简便运算，对于非相同加数连加感觉没有简便的算法。于是老师故意用这种比赛的方法激起学生的敬佩之情，激发学生的求知欲，后面的教学便顺理成章了。

二、合理定标与渗入，明掘思想与方法

教学目标是课堂教学的出发点和归宿，也是教学的动力，是实现有效教学的首要条件。知识与技能仍然是新课程的重要目标，是教学的基石。同时，它又是载体，学生数学思考、解决问题能力的形成和情感、态度与价值观的培养，都是依附于知识的发生、发展，是在探索知识的过程中得以形成和发展的。而知识与技能，情感、态度与价值观的目标必须依托教学活动的过程来实现，没有过程就没有体验和感悟，也不可能形成技能。新课标指出：不注重过程与方法而专注于学生对知识与技能的获取是不可取的。数学课堂应该根据新课标的要求，着重在渗透思想和方法，落实数学思考，培养学生有序、全面地思考问题的意识。

例如，在“找次品”一课中设计了这样开放的教学，放手让学生自己在“做”数学中感悟和体验优化思想，从而培养优化的意识和逻辑推理能力。

对于本节课要渗透的思想方法，教师要达到的目标是非常清楚的。在课开始前，上课老师与同学玩一个寻人的游戏，根据老师给出的线索，同学们一步一步缩小范围，最终找到了答案。先让学生体验到“缩小范围”是一个重要的解题策略。

接下来，设计了学生分小组操作，研究当称 3 瓶、5 瓶还是 9 瓶、8 瓶……

的方法是怎样的，结果是几次？让不同的小组、不同的学生展示汇报，“例1称5瓶”的3种方案对比和“例2称9瓶”的4种方案对比，让学生的数学思维在一种动态的过程中逐步形成，通过对比的手段，逐步得到优化的结论。

通过各环节的多种活动，在比较中向学生渗透和优化的思想方法，便于学生在实际生活中积极应用。在学生体验问题解决的过程中渗透数学思想方法，通过讨论、合作等活动，展开对问题的研究，充分挖掘学生已有的知识经验，从而使学生的思维得到进一步提升。

三、重视过程与体验，把握思想与方法

关注学生知识的形成过程，让学生在亲身经历和探索中体验思想方法。一是因为渗透数学思想方法必须通过具体的教学知识过程加以实现。因此必须把握好渗透数学思想方法的契机。二是注意渗透数学思想方法一定要精心设计，有机结合、自然渗透，有意识地启发学生领悟蕴含于数学知识之中的种种数学思想方法，切忌生搬硬套、和盘托出。

数学思想方法蕴含在数学知识之中，尤其蕴含于数学知识的形成过程中。在学习每一个数学知识点时，尽可能提炼出蕴含其中的数学思想方法，即在数学知识产生形成过程中，让学生充分感悟。

（一）直观呈现

在“打电话”一课中的教学重点是找到解决问题的不同策略，在对比分析中找到优化方法，逐步培养形成优化思想。以下是实施渗透思想方法的两个教学片段：

1. 比较方法

在研究的过程中，学生通过“画一画”“摆一摆”或“写一写”这三种方式，得出以下两种方案：

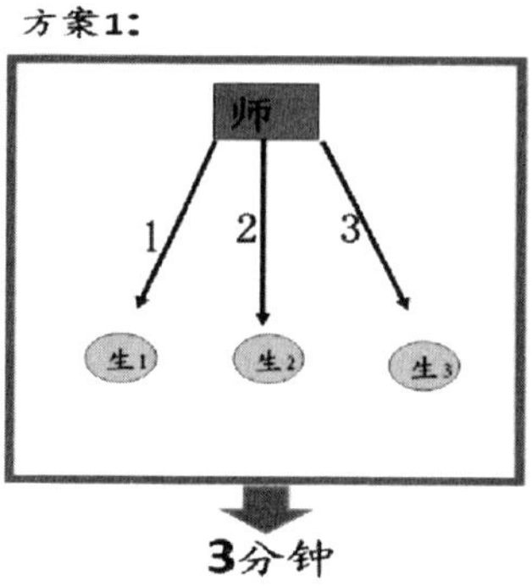

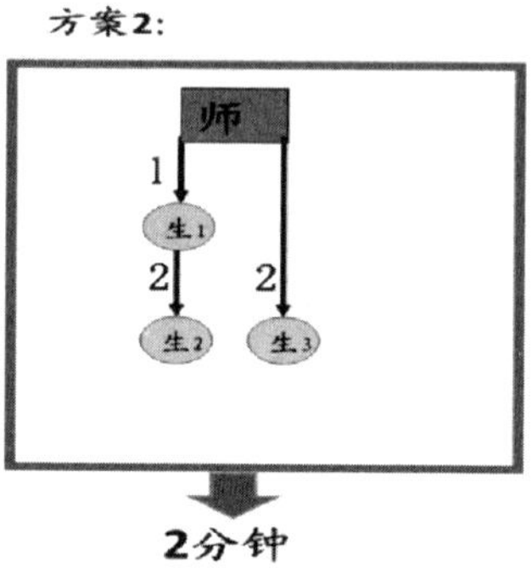

比较：为什么方案2会少了一分钟呢？

学生通过比较发现：方案1中，老师是一个一个地打给同学的，也就是逐一打；方案2在第二分钟里老师和接到通知的第一位同学同时通知了另外两位同学，节省了1分钟（板书：同时打）。“逐一打”和“同时打”相比较，学生可以清楚地看到“同时打”更节省时间，所以通知3个人至少需要2分钟。

师：如果通知7个人，又该如何打？至少需要几分钟呢？

接着老师让学生小组合作探究，并在巡视的过程中选出用时较少的两个方案展示在屏幕上。这两种方案对比“逐一打”无疑都节省了时间。

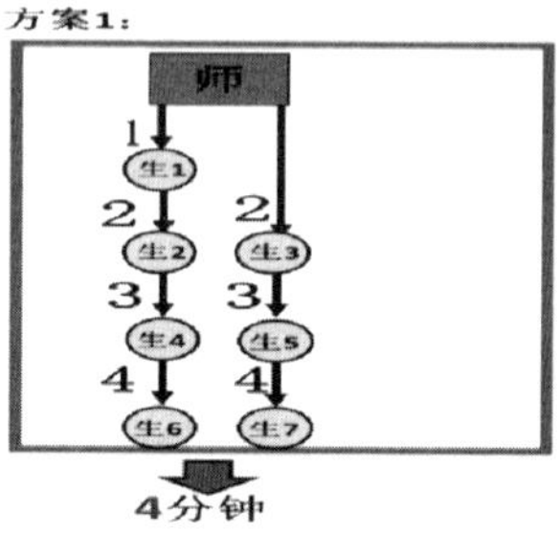

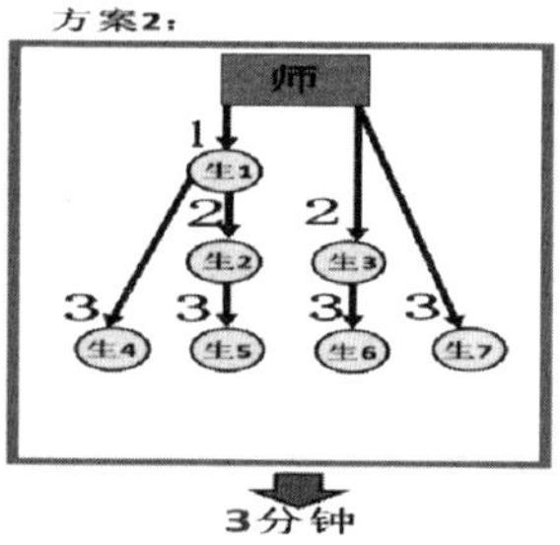

2. 发现奥妙

学生通过观察比较发现：方案1中，在第三分钟有两个人是空闲的，而第四分钟里有4个人是空闲的。但是，在方案2中，每一分钟里都没有人是空闲的。由此得出：“同时打 ”并且“不空闲”的方案才是最节省时间的，所以通知7个人至少需要3分钟。

（二）动手操作

数学思想蕴含在数学知识和教学活动中，学生在经历知识形成的过程中，通过观察、实验、抽象、概括等活动体验到知识负载的方法、蕴含的思想，那么学生所掌握的知识就是鲜活的、可迁移的，学生的数学素质才能得到质的飞跃。经历知识发生过程，感受数学思想方法的神奇力量，能使学生更好地变知识为能力。

例如，上“搭配问题”一课时，我们应当给学生提供动手实践的机会，变“听数学”为“做数学”。学生对数学的体验主要是通过动手操作，动手操作能促进学生在“做数学”的过程中对所学知识产生深刻的体验，从中感悟并理解新知识的形成和发展，体会数学学习的过程与方法，获得数学活动的经验，感悟有序思考的思想方法。

又如在教学“三角形的三边关系”一课中，借助吸管，让学生随意剪成三段，看能围成一个什么样的图形。不同的小组有不同的剪法，有能围成的有不能围成的，这样对学生心里的“三条线段围成一个三角形”的原有认知产生了冲击，同样是从吸管中剪出来的三段，为什么有的能围成三角形，有的却不可以呢？

通过小组讨论和动手实践，不同的小组有不同的剪法，激发学生们的强烈的求知欲望，再借助吸管这个直观的学具，以形解数，帮助学生寻求答案，同时感受到数形结合思想的便捷性。

（三）观察想象

同样是在教学“三角形的三边关系”一课中，教者利用吸管引发学生对三边关系的观察和想象。然后利用数与形结合让学生在仔细观察中推敲出三边的关系。

在这个过程中，老师没有过多地说教和灌输，只是提供了学具让学生自己去动手研究，并得出结论。随着认识的深入学生又去推翻自己的结论，再思考、再补充直到完善自己的结论。在这个过程中学生的主体性体现得尤为突出。老师只是一个引路人，脚下的路都是学生自己走出来的，所有的感悟和结论都是学生自己摸索和探究出来的。但是有一条隐含的线一直拽在老师的手中，那就是“数形结合的数学思想”。教者深入的备课以至于能准确地预设到学生走到哪里，思维程度去到哪里，在哪里放手让学生自己跳一跳摘果子，在哪里把数引到形中间来，让学生对形的理解更进一步，可谓把握得恰到好处。

四、有效练习与理解，领悟思想与方法

练习是巩固知识和思想方法归纳的重要环节，要巧妙设计综合性练习题，加强学生的整体理解，以及能力和方法的归纳的掌握，提高教学效率。例如，“三角形的三边关系”一课中，设计的练习部分是教师有针对性地想方设法培养学生的空间想象能力。

练习的设计层次分明，既有基础练习，即学即用，考察学生的掌握情况：

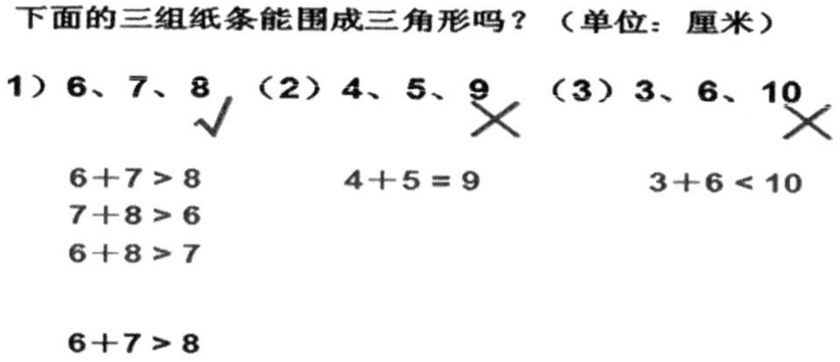

也有变式练习，它让学生充分地放开想象，在脑海中把数字转化成形状，再利用课件把具体的形状演示出来，对培养学生的空间感非常有帮助：

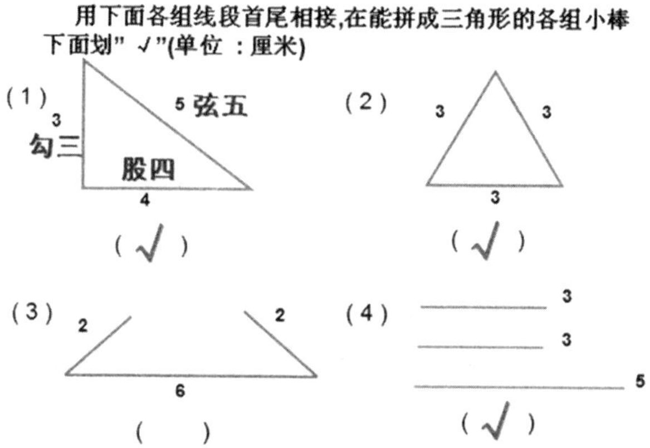

当中在一个三角形里，“调换其中的一根小棒，有哪些换法?”这一问题的设计以及老师给出的两根小棒都很好地引导着学生想象，随着数字的更换，脑海里面的形状也会随之变化，而空间想象能力就在这个过程中得以升华。

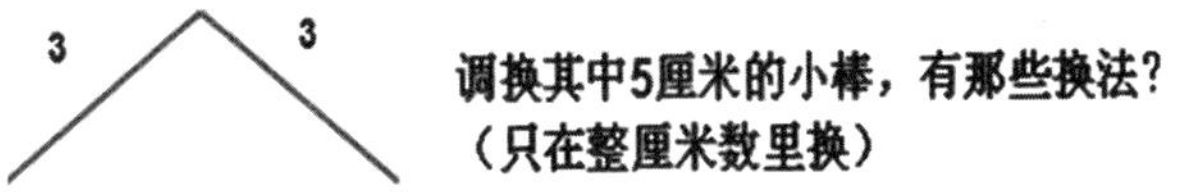

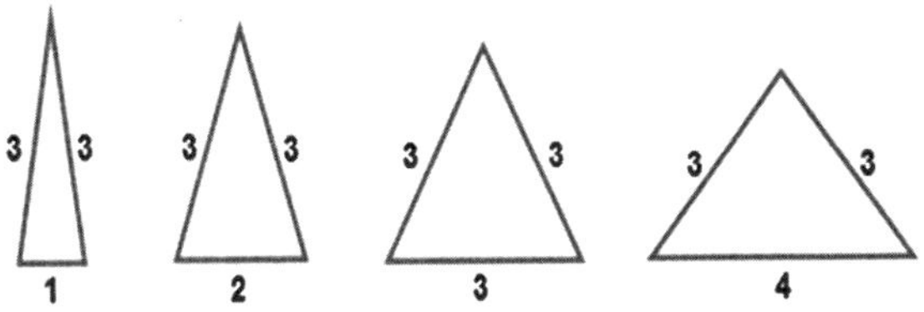

从本节课以及许许多多的课例都可以看出，数形结合思想可以使抽象的数学问题直观化、使繁难的数学问题简捷化，使得原本需要通过抽象思维解决的问题，借助形象思维就能够解决，提高了课堂的实效。更重要的是，在数与形的沟通和转化当中，有利于抽象思维和形象思维的协调发展，同时使学生的空间思维能力得到了提升。

五、及时总结与反思，升华思想与方法

波利亚在《怎样解题》中指出：解题包括四个步骤，检查已经得到的答案、回顾解题的过程是解题的重要步骤之一。小结归纳有助于学生在学习过程中自悟数学思想方法，引导学生反思“我们是用怎样的方法来学习知识的”。比如学习了“圆的面积”之后，让学生去回忆学习哪些知识时也是运用了“转化与化归”这一思想方法。既有横向的反思又有纵向的总结，使学生的思维得到良好的培养与发展，使学生从数学思想方法的高度去把握知识的本质和内在规律，逐步体会数学思想方法的实质，达到强化的效果。

在日常教学中应引导学生自觉反思自己的思维过程，使获得的数学思想方法更清晰、更深刻，对所学的知识进行更深层次的思考，养成反思的习惯，反思自己是怎样应用数学思想方法的，用了哪些有益的思考方法和技巧，积累了

哪些有益的成功经验，等等。

数学思想方法是数学知识的精髓，是知识转化为能力的桥梁。因此，渗透数学思想方法的教学有利于学生体会数学思想方法的美妙，有利于提升学习的效度。在小学数学教学中教师应站在数学思想方法的高度，以数学知识为载体，兼顾小学生的年龄特点，把握时机及时点播和引导，使隐藏在数学知识后面的思想方法渗透到学生的思维当中，帮助学生从感性的解题方法上升为理性的解题策略，完成从形象思维到抽象思维的飞跃。

参考文献

［1］中华人民共和国教育部．义务教育教学课程标准（2011 年版）解读［M］．北京：北京师范大学出版社，2012.

［2］教育部基础教育出版社课程教材专家工作委员会．义务教育数学课程标准（2011 年版）解读［M］．北京：北京师范大学出版社，2012.

［3］肖川，欧阳新龙．义务教育数学课程标准（2011 年版）解读［M］．武汉：湖北教育出版社，2012.

［4］刘范，张增杰．儿童认知发展与教育［M］．北京：人民教育出版社，1985.

［5］范文贵．小学数学教学论［M］．上海：华东师范大学出版社，2016.

［6］皮亚杰．发生认识论原理［M］．王宪细，译．北京：商务印书馆，2016.